Aufwertung
und
Obligationensteuer

Erläuterungen zur
III. Steuernotverordnung vom 14. Febr. 1924

Artikel I, II, III A, IV
mit den Durchführungsbestimmungen

von

Dr. Siegfried Wille
Rechtsanwalt
in München

und

Dr. Josef Wolfbauer
Oberregierungsrat
am Landesfinanzamt in München

1925
München, Berlin u. Leipzig
J. Schweitzer Verlag (Arthur Sellier)

Inhaltsverzeichnis.

Vorwort.

Die 3. Steuernotverordnung behandelt in den von den Verfassern zum Gegenstand der Kommentierung gemachten Abschnitten (Artikel I, II, III A, IV) das wohl schwierigste, jedenfalls das umstrittenste gesetzgeberische Problem der Nachkriegszeit, die Frage der Aufwertung der durch den Währungsverfall entwerteten Vermögensanlagen, sowie die steuerliche Erfassung der durch den Währungsverfall bei der Ausgabe von Schuldverschreibungen, der Inanspruchnahme von Krediten und der Ausgabe von Notgeld entstehenden Vermögensvorteile. Mit aufgenommen in diesen schwerwiegenden Komplex von Ausgleichsversuchen zwischen Nachkriegsgewinnen und -verlusten ist die Bestimmung des Artikels II, der die Verpflichtung des Reiches, der Länder und Gemeinden zur Verzinsung und Einlösung ihrer bis dahin ausgegebenen Anleihen einstweilen annuliert.

Diese Artikel, die nach ihren sachlichen Zusammenhängen ein Ganzes bilden, sind von den Verfassern aus den übrigen Abschnitten der 3. Steuernotverordnung, mit denen sie dank der jetzt üblichen primitiven Gesetzgebungstechnik nur äußerlich, aber nicht nach ihren Gedankengängen zusammenhängen, herausgenommen und erläutert worden.

Der erste Entwurf der von den Verfassern ausgearbeiteten Erläuterungen war Ende Juni 1924 fertig gestellt und dem Verlag zur Drucklegung übergeben worden. Kurze Zeit darauf setzte jedoch eine allgemeine Bewegung gegen die Grundgedanken der 3. Steuernotverordnung ein und verdichtete sich bis zu Abänderungsvorschlägen der politischen Parteien im Reichstag. Der Verlag stellte deshalb die Drucklegung im Einverständnis mit den Verfassern zurück.

Nach dem derzeitigen Stand der Verhandlungen der gesetzgebenden Körperschaften möchten wir vermuten, daß eine grundlegende Reform dieses Gesetzgebungswerkes nicht unmittelbar bevorsteht. Die Presse berichtet allerdings von weiterlaufenden

Verhandlungen in der Frage der öffentlichen Anleihen. Diese bilden jedoch ein Kapitel für sich und können ohne Gefahr erforderlichenfalls in einem Nachtrag behandelt werden.

Es ist deshalb nach unserer Auffassung ein längerer Aufschub nicht mehr veranlaßt. Andererseits wurde es durch den Aufschub ermöglicht, den weiteren gesetzgeberischen Ausbau abzuwarten und die Ergebnisse von Rechtsprechung und Schrifttum, die manche der schwierigen Fragen geklärt haben, zu verwerten.

Bei der erläuternden Darstellung des Rechtsstoffes waren die Verfasser mangels ausreichender amtlicher Quellen darauf angewiesen, die Erläuterung dem Sinne des Gesetzes zu entnehmen, verwandte Gesetze und solche, auf welche die 3. Steuernotverordnung aufbaut, mit heranzuziehen, um dem nach Orientierung strebenden Juristen und Laien ein möglichst klares Bild über die Rechtslage zu bieten. Es darf betont werden, daß diese Aufgabe angesichts der Schwierigkeit der Materie und ihrer eigentlich völligen Neuartigkeit nicht leicht war.

Die beiden Verfasser, die sich schon in früheren literarischen Arbeiten zusammengefunden haben, waren dabei bemüht, sich in allen Zweifelsfragen von jeder Einseitigkeit pro oder contra fernzuhalten und haben sich in Fällen, die ihnen zweifelhaft erschienen, auf die jeweils niedergelegte Auffassung geeinigt. Sie glaubten, auf diese Weise den Zweck, den mit der Durchführung der Aufwertungsgesetzgebung befaßten Behörden, wie den rechtsuchenden Kreisen Aufklärung zu bieten, am ehesten zu erreichen. Die Form der Handausgabe legte naturgemäß dem Umfang der Darstellung Beschränkung auf.

Bei der Verwertung der Literatur und der Bearbeitung des Abschnittes über die Obligationensteuer hat Herr Referendar Ernst Mantel in München in dankenswerter Weise mitgeholfen.

München im Oktober 1924.

Dr. Wille. Dr. Wolfbauer.

Abkürzungen.

AGBGB. = Ausführungsgesetz zum Bürgerlichen Gesetzbuch.
AGGBO. = Ausführungsgesetz zur Grundbuchordnung.
AG. = Aktiengesellschaft.
BGB. = Bürgerliches Gesetzbuch.
BayerRpflZ. = Zeitschrift für Rechtspflege in Bayern.
Bek. = Bekanntmachung.
DB. = Durchführungsbestimmungen.
DB. ohne Zusatz = Durchführungsbestimmungen z. Oblig.-Steuer.
DStZ. = Deutsche Steuerzeitung.
DV. (1., 2., 3., 4.) = Durchführungsverordnung (1., 2., 3., 4.) zu Art. I.
EGBGB. = Einführungsgesetz zum Bürgerlichen Gesetzbuch.
EGHGB. = Einführungsgesetz zum Handelsgesetzbuch.
ErbStG. = Erbschaftssteuergesetz.
FGG. = Gesetz über die Angelegenheiten der freiwilligen Gerichtsbarkeit.
Finger = Finger, Kommentar zum Erbschaftssteuergesetz v. 1922.
Frankenburger = Dr. Frankenburger, Kommentar zum Handelsgesetzbuch, 5. Aufl.
Gerhard-Hagen = Gerhard-Hagen, Kommentar zum Versicherungsvertragsgesetz.
GrBO. = Grundbuchordnung.
GmbH. = Gesellschaft mit beschränkter Haftung.
GS. = Gesetzessammlung.
GVBl. = Gesetz- und Verordnungsblatt.
Hager-Bruck = Hager-Bruck, Kommentar zum Versicherungsvertragsgesetz, 4. Aufl.
HBG. = Hypothekenbankgesetz
HGB. = Handelsgesetzbuch.
Jaeger = Jaeger, Kommentar zu Konkursordnung.
JW. = Juristische Wochenschrift.
KO. = Konkursordnung.
LG. = Landgericht.
Lehmann = Dr. Lehmann „Die Aufwertung von Markforderungen und die Besteuerung des Inflationsgewinns" (Steuer und Wirtschaft 1924 S. 250ff.).
Merzbacher = Merzbacher, Kommentar zum Erwerbs- und Wirtschaftsgenossenschaftsgesetz.
MNN. = Münchener Neueste Nachrichten.
Mügel = Dr. Mügel, Kommentar zur 3. Steuernotverordnung.
OLG. = Oberlandesgericht.

Pape = Kommentar zur 3. Steuernotverordnung, 3. Heft von Dr. Ernst Pape.
Parisius-Crüger = Parisius-Crüger, Kommentar zum Gesetz über die Gesellschaften mit beschränkter Haftung.
Parisius-Crüger = Parisius-Crüger, Kommentar zum Erwerbs- und Wirtschaftsgenossenschaftsgesetz.
RFH. = Reichsfinanzhof.
RGBl. = Reichsgesetzblatt.
RGBl. I, II = Reichsgesetzblatt Teil I, II.
RGK. = Kommentar der Reichsgerichtsräte zum Bürgerlichen Gesetzbuch.
RGU. = Reichsgerichtsurteil.
RStBl. = Reichssteuerblatt.
Saling = Saling, Börsenpapiere.
Schlegelberger = Schlegelberger, Kommentar zum Gesetz über freiwillige Gerichtsbarkeit.
Schlegelberger = Schlegelberger, „Die Aufwertung nach der 3. Steuernotverordnung".
Staub = Staub, Kommentar zum Handelsgesetzbuch.
Staud. = Staudinger, Kommentar zum Bürgerlichen Gesetzbuch, 7./8. Aufl.
Stern = Dr. Stern, Die Schuldverschreibungsgläubiger im Konkurse der Hypothekenbank.
V. = Verordnung.
V. ohne Zusatz = 3. Steuernotverordnung.
VAG. = Versicherungsaufsichtsgesetz vom 12. Mai 1901.
VStDB. = Durchführungsbestimmungen zur Vermögenssteuer.
VVG. = Versicherungsvertragsgesetz vom 30. Mai 1908.
ZPO. = Zivilprozeßordnung.

Übersicht über die Termine.

Fristen

der V. und ihrer DV.

Die Termine vom 31. Dezember 1924 durch Verordnung vom 4. Dezember 1924 (RGBl. I S. 765) bis zum 31. März 1925 verlängert.

1. Bis zum 31. Dezember 1924 müssen angemeldet werden:

a) das Verlangen auf Herabsetzung der regelmäßigen Aufwertung von Hypotheken und anderen Vermögensanlagen des § 1 Abs. 1, Ziff. 1—3 V. unter den Aufwertungssatz von 15% — § 2 Abs. 1 V. —;

b) die Papiermarkguthaben bei öffentlichen Sparkassen aus der Zeit vor dem 14. Februar 1924 — § 7 Abs. 1 V. mit § 1 Abs. 4 d. 2. DV. —

c) Die Anträge gem. § 7 Abs. 1, 3 der 1. DV. auf erhöhte Aufwertung des persönlichen Anspruchs aus den dort aufgeführten hypothekarisch gesicherten Forderungen.

d) Das Verlangen auf Berücksichtigung durch Umtausch erworbener Pfandbriefe und anderer unter die 3. DV. fallender Papiere mit dem Goldmarkwerte der in Umtausch gegebenen Stücke (§§ 16, 29, 30 d. 3. DV.).

2. Widerspruchsanmeldung bei Abfindungsangeboten einer Bank binnen 3 Monaten nach der 3. Einrückung des Angebots im Reichsanzeiger (§§ 20 Abs. 1; 21 letzter Satz d. 3. DV.).

3. Verlangen auf Herabsetzung oder Wegfall der Tilgung im Falle des § 22 d. 3. DV.: binnen 6 Monaten nach Stellung des Verlangens der Bank auf Zahlung der besonderen Tilgungsbeiträge.

4. Antrag auf Einleitung des Aufgebotsverfahrens oder auf Zahlungssperre anläßlich des Hinterlegungsverfahrens nach § 23 d. 3. DV.: innerhalb von 3 Monaten nach der 3. Einrückung des Bankverlangens im Reichsanzeiger, die Ansprüche anzumelden und die Pfandbriefe vorzulegen.

Einleitung.

Mark = Mark: Dieser Grundsatz verlor mit der steigenden Geldentwertung immer mehr seine Berechtigung. Solange die Entwertung der Mark sich noch in bescheidenen Grenzen hielt, fand man sich aus allgemeinen Erwägungen und Stimmungen heraus damit ab, daß die Vermögenssubstanz eine Verminderung erfuhr. Als sie aber in immer größeren Sprüngen fortschritt, und die Schuldner sich durch Rückzahlung der ursprünglichen Goldmarkschuld in Papiermark und zwar nach dem Grundsatz „Mark = Mark" — so war durch die BRV. vom 28. September 1914 (RGBl. S. 417) bestimmt worden, daß die vor dem 31. Juli 1914 getroffenen Vereinbarungen über Zahlung in Gold bis auf weiteres nicht verbindlich seien — dieser Schulden in für sie sehr vorteilhafter, die Belange des Gläubigers aber schwer schädigender Weise entledigten, setzte der Kampf gegen die Anwendung des Grundsatzes „Mark = Mark" auf immer breiterer Front ein. Eine der frühesten diesbezüglichen Forderungen war das Verbot der Rückzahlung von Hypotheken in entwerteter Papiermark.

Trotz vielen Versuchen, eine allgemeine gesetzliche Regelung des Entwertungsproblems herbeizuführen, erfolgte eine solche nicht — als besondere Regelung s. V. über die schiedsgerichtliche Erhöhung von Preisen bei der Lieferung von elektrischer Arbeit, Gas und Leitungswasser vom 1. Februar 1919 (RGBl. S. 135ff.), vom 11. März 1920 (RGBl. S. 329) und vom 9. Juni 1922 (RGBl. I S. 509); vgl. auch v. Dungern „Das Währungsrecht" (JW. 1923 S. 99) —. Es waren deshalb die betroffenen Gläubiger genötigt, in jedem einzelnen Falle die Wahrung ihrer Rechte bei den Gerichten zu versuchen. Die Gerichte kehrten sich auch immer mehr von dem Grundsatze „Mark = Mark" ab. Doch waren dies zunächst in der Hauptsache Entscheidungen von Untergerichten, die nicht ausschlossen, daß andere Gerichte einen abweichenden oder gegenteiligen Standpunkt in der Aufwertungsfrage einnahmen. Erst als das Reichsgericht die Aufwertungsmöglichkeiten in zahlreichen Entscheidungen bejahte — s. unsere Ausführungen zu § 12 der 3. Steuernotverordnung —, wurde für die Gläubiger eine feste Grundlage für eine Reihe von vermögensrechtlichen Ansprüchen geschaffen. Insbesondere brachte das bahnbrechende Urteil dieses Gerichts vom 28. November 1923 — Bd. 107 S. 78ff. — über die Aufwertung von Hypothekenforderungen klare Verhältnisse. Es bejahte die rechtliche Zulässigkeit einer Aufwertung hypothekarisch gesicherter Forderungen mit Rücksicht auf die starke Entwertung der Papiermark. Zur Begründung dieser Auffassung wurde ausgeführt, daß nach § 242 BGB. zu berücksichtigen sei, was Treu und Glauben mit Rücksicht auf die Verkehrssitte im einzelnen Fall erforderten. Diese erfordere billige Rücksichtnahme auf die Interessen beider Teile. Daraus folge, daß nicht schlechthin der Grundsatz aufgestellt werden könne, daß allgemein jede Hypothekenforderung ohne weiteres aufgewertet werden müsse oder daß bei allen die Aufwertung in gleichem Maße, etwa gar im Wertverhältnis der Papiermark zur Goldmark, stattzufinden habe. Es müßten vielmehr die ganzen Verhältnisse des einzelnen Falles, insbesondere die wirtschaftliche Leistungsfähigkeit des Schuldners in Betracht gezogen werden. Zur Bejahung der Zulässigkeit der Aufwertung gelange man übrigens auch in wesentlich gleicher Weise auf dem Wege der ergänzenden Auslegung des Vertrags, wenn nämlich vom Gericht geprüft werde, was die Parteien in Gemäßheit des gesamten Vertragszweckes vereinbart haben würden, wenn sie die Möglichkeit einer außergewöhnlich hohen Geldentwertung vorausgesehen, diesen Fall gleichfalls geregelt hätten und dabei dem Gebote von Treu und Glauben gefolgt wären (§ 157 BGB.) und wenn untersucht würde, ob nach diesem Parteiwillen beim Vertragsabschluß der Gläubiger Befriedigung nur nach dem Nennwerte des damals festgesetzten Betrags zu beanspruchen haben sollte, ganz gleichgültig, welchen wirtschaftlichen Wert das gesetzliche Zahlungsmittel jeweils haben würde, oder ob die Absicht dahin ging, daß bei außerordentlicher Entwertung der Anspruch des Gläubigers sich gegenüber der ziffernmäßigen Festlegung der Geldsumme im Vertrag in angemessenem Umfange vergrößern sollte.

In der Entscheidung wurde jedoch, da nicht den Gegenstand des Prozesses bildend, keine Stellung zu der Frage genommen, ob die Aufwertung bei anderen als Hypothekenforderungen zulässig sei, also insbesondere bei Anleiheforderungen von Privatunternehmungen oder Körperschaften des öffentlichen Rechts, bei Sparkassenguthaben, Pfandbriefforderungen usw.

Durch dieses Urteil erhielten die Bestrebungen nach einer allgemeinen Aufwertungsregelung neuen Antrieb. Ihnen wurde sofort von Regierungsseite hinsichtlich der Aufwertung von öffentlichen Anleiheforderungen entgegengetreten. Es wurde erklärt, eine Aufwertung solcher Forderungen käme selbst bei Anwendung der im RGU. vom 28. November 1923 ausgesprochenen Grundsätze nicht in Frage, da das Reich, die Einzelstaaten und die Gemeinden infolge der Belastungen aus dem Friedensvertrag zahlungsunfähig seien. Soviel bekannt geworden ist, trug die Reichsregierung sich sogar mit dem Gedanken, zu versuchen, die Zulässigkeit der Aufwertung von Vermögensansprüchen überhaupt gesetzlich ausschließen zu lassen. Hiergegen erhob sich selbstverständlich größter Widerspruch, der dazu führte, daß die Absicht, die Aufwertung schlechthin zu verbieten, fallen gelassen und ein Entwurf einer Aufwertungsverordnung von der Reichsregierung den maßgebenden Stellen vorgelegt wurde.

Um die Stellungnahme der Reichsregierung verstehen zu können, muß nach den Gründen geforscht werden, die für und gegen eine allgemeine Aufwertungsregelung sprachen.

Für die Aufwertung konnten zunächst ins Feld geführt werden die Befürchtung, daß durch eine Ablehnung des Aufwertungsbegehrens das Ansehen des Reichsgerichts und mit ihm das Vertrauen zum Rechtsstaat erschüttert werden müßte, und die Erwägung, daß die Gerechtigkeit gegenüber dem Kreise hilfsbedürftiger Angehöriger des Mittelstandes, insbes. gegenüber Mündeln, die noch Gläubiger waren, die Aufwertung erfordere. Ferner aber war die schwerwiegende Besorgnis gegeben, daß die Ablehnung der Aufwertung den Kreditverkehr im Inland und mit dem Ausland erschüttern würde. Gerade von letzterem war vielfach Hypothekenkredit gegeben worden, und hätte die endgültige Entwertung der Sicherheiten die Kreditbereitschaft für die Zukunft beseitigt. Dann hätte auch die Ablehnung der Aufwertung den Zugriff der Gläubiger auf das deutsche Vermögen im Auslande nicht gehindert, falls ausländische Gerichte der deutschen gesetzlichen Regelung die Anerkennung versagten. Endlich war anzunehmen, daß durch die Aufwertung das Vertrauen in den deutschen Zahlungswillen gestärkt werde. Es wird ja, was die Forderungen gegen das Reich, die Staaten und die Gemeinden anlangt, immer wieder im ehemals feindlichen Auslande behauptet, daß Deutschland durch die Entwertung schuldenfrei geworden sei: durch eine Aufwertung würde dieser Behauptung und den hieraus gegen Deutschland hergeleiteten Ansprüchen der Boden entzogen.

Als Einwendungen gegen eine allgemeine Aufwertungsregelung konnte man sich folgendes denken: Eine Aufwertung längst erloschener Forderungen konnte wohl nicht in Frage kommen. Sie hätte eine außerordentliche Verwirrung im Wirtschaftsleben herbeigeführt, in dem man sich bereits auf den Wegfall dieser Forderungen eingerichtet hatte. So bedeutet schließlich eine Aufwertung der noch bestehenden Forderungen eine Ungerechtigkeit gegenüber den früheren Gläubigern erloschener Forderungen, insbesondere wenn man bedenkt, daß zu den noch berechtigten Gläubigern auch ausländische Spekulanten gehören. Ferner konnte die Unübersehbarkeit der Belastung mit alten Papiermarkforderungen im Falle der Aufwertung den Kredit der Privatwirtschaft im In- und Ausland erschüttern, insbesondere auch die Aufnahme wertbeständiger Anleihen erschweren. Es war auch zu befürchten, daß der Kampf um die Aufwertung die mühsam geschaffene wirtschaftliche Lage gefährden und die Einrechnung der Aufwertung die Preise steigern würde. Schließlich war die Besorgnis nicht von der Hand zu weisen, daß die Markgläubiger im Auslande nach Anerkennung einer grundsätzlichen Aufwertung die Grenzen der deutschen Gesetzgebung nicht anerkennen und deutsches Vermögen im Ausland zur Befriedigung ihrer Forderungen über die deutsche Regelung hinaus heranziehen würden.

Wog man die Gründe für und wider die Aufwertung ab, so mußte man doch zu dem Schlusse kommen, daß die Gründe für die Aufwertung überwogen. Überließ man aber die Aufwertungsregelung in jedem einzelnen Falle der Rechtsprechung, so war nicht abzusehen, wann bei der Verschiedenartigkeit der in Betracht kommenden Verhältnisse sich so feste Grundsätze herausgebildet haben würden, daß sie den Beteiligten eine auch nur einigermaßen sichere Beurteilung der konkreten Rechtslage ermöglichten. Bis dahin aber würde die Ungewißheit darüber, ob und in welcher Höhe im einzelnen Falle eine Aufwertung verlangt werden könnte, eine Unzahl von Rechtsstreitigkeiten zur Folge haben, die weitere Beleihung bereits belasteter Grundstücke und die richtige Bewertung alter Forderungen und Schulden in den Bilanzen unmöglich machen und damit die an sich schon ungemein schwierige Umstellung der Wirtschaft auf die neuen Währungsverhältnisse noch weiter erschweren. Das Andauern der unsicheren Verhältnisse wäre auch für die Wirtschaft des Reiches, das Not leidet, bei Auferlegung der unerläßlichen Steuern von unübersehbarer Tragweite gewesen. So entschloß man sich für das Gebiet der noch bestehenden Vermögensanlagen die Aufwertung allgemein zu regeln und die günstige Gelegenheit zu benützen, die unberechtigten Gewinne, die der Ausschluß der Aufwertung erloschener Forderungen für die betreffenden Schuldner brachte, mittels Inflationssteuern möglichst der öffentlichen Hand zuzuführen. Eine wichtige Ausnahme wurde allerdings hinsichtlich der Aufwertung der Anleihen des Reichs, der Staaten und der Gemeinden (Gemeindeverbände) gemacht, soweit sie vor dem 14. Februar 1924 aufgenommen worden sind und auf Reichsmark lauten. Es wurde nämlich ihre Aufwertung bis zur Erledigung sämtlicher Reparationsforderungen hinausgeschoben — vgl. zu vorstehenden Ausführungen auch Reichsfinanzminister Dr. Luther „Aus dem Werdegang der 3. Steuernotverordnung" in JW. 1924 S. 473ff. —.

Die Aufwertungsregelung der 3. Steuernotverordnung hat keinen Beifall bei den Gläubigern gefunden. Insbesondere der Aufwertungshöchstsatz von 15% wurde und wird scharf bekämpft. Auch daß entgegen dem Urteil des RG. vom 28. November 1923 die wirtschaftlichen Verhältnisse des Gläubigers nicht berücksichtigt wurden, wird als schwerer Mißgriff betrachtet. Diese Unzufriedenheit hat sich nun zunächst dahin ausgewirkt, daß die Rechtsgültigkeit der 3. Steuernotverordnung überhaupt bestritten wurde. Es kann, wie auch das Reichsgericht in einem Urteile vom 1. März 1924 anerkannt hat, die rechtliche Gültigkeit der auf Grund des Ermächtigungsgesetzes vom 8. Dezember 1923 (RGBl. I S. 1179) erlassenen 3. Steuernotverordnung nicht in Zweifel gezogen werden. Dieses Urteil spricht aus, daß durch diese V. in keinem Falle eine unzulässige Entziehung von Gläubigerrechten gegeben ist. Auch davon, daß sie als ein Verstoß gegen die guten Sitten rechtsunwirksam sei, könne keine Rede sein. Es handle sich um die Lösung einer schwierigen rechtlichen und wirtschaftlichen Aufgabe, die, gleichviel wie der einzelne sie beurteilen möge, keinesfalls den Gerichten einen Anlaß bieten könne, sie aus allgemeinen Erwägungen für rechtsunwirksam zu erklären. Durch die 3. Steuernotverordnung würde auch niemand seinem gesetzlichen Richter entzogen. Wenn nach Maßgabe der §§ 9, 10 V. über die Höhe der Aufwertung schließlich die Aufwertungsstelle zu entscheiden habe und in bürgerlichen Rechtsstreitigkeiten auf Antrag das Verfahren auszusetzen sei, soweit die Entscheidung von der Höhe der Aufwertung abhänge, so werde damit allerdings ein einzelner Streitpunkt zur schnelleren Erledigung einem besonderen Verfahren vor einer besonderen Stelle zugewiesen. Das könne aber auch ohne ein verfassungsänderndes Gesetz, also auch durch eine reichsrechtlich zugelassene Verordnung geschehen. Endlich stellten die Bestimmungen über die Hypothekenaufwertung keine nach Art. 134 Reichsverf. unzulässige Sonderbesteuerung weder nach Art. I noch Art. IIIff. V. dar. Im besonderen wurde ferner die Rechtsgültigkeit des § 16 V. hinsichtlich der für die öffentlichen Anleihen getroffenen Regelung angegriffen. Das KG. hat sich im Beschlusse vom 19. März 1924 — JW. 1924 S. 983 — für die Rechtsgültigkeit ausgesprochen. „Denn in § 16 sei eine teilweise Enteignung wohl erworbener Privatrechte nicht zu erblicken. Den Gläubigern werde das Recht auf die Verzinsung und auf Einlösung der Zins- und Anteilscheine nicht entzogen, sondern es werde nur die Zahlungsverpflichtung der Schuldner auf einen bestimmten Zeitpunkt hinausgeschoben."

Angesichts dieser Rechtsprechung setzten allenthalben Versuche ein, auf gesetzgeberischem Wege eine Änderung der 3. Steuernotverordnung herbeizuführen. Schließlich nahmen sich die Reichstagsparteien der unzufriedenen Gläubiger dadurch an, daß sie im Reichstag eine Reihe von Abänderungsvorschlägen einbrachten, deren Schicksal zur Stunde immer noch unentschieden ist. Von den Anträgen seien folgende genannt:

Antrag Hergt, der bei den Vermögensanlagen des § 1 Abs. 2 Ziff. 1—4 der 3. Steuernotverordnung zwischen bevorzugten und nicht bevorzugten Ansprüchen unterscheiden will, wobei bei den bevorzugten Ansprüchen zu dem allgemeinen Aufwertungssatze von 15 % ein noch zu bestimmender Mehraufwertungssatz treten sollte. Als solche bevorzugte Forderungen sieht der Antrag vor, 1. diejenigen Ansprüche, die auf Grund gesetzlichen Zwangs oder auf Grund der Vorschriften der Satzung, Stiftung oder sonstigen Verfassung einer inländischen Personenvereinigung, Körperschaft oder Vermögensmasse — sofern sie ausschließlich gemeinnützigen, mildtätigen, ethischen oder religiösen Zwecken dienen — begründet oder erworben sind (vgl. hierzu § 7 Abs. 3 Nr. 1 V.); 2. Ansprüche, wenn und soweit ihr Goldmarkbetrag höchstens einen noch festzustellenden Prozentsatz des belasteten Gegenstandes beträgt; 3. Ansprüche, die auf den Beziehungen zwischen unterhaltsberechtigten und unterhaltsverpflichteten Personen beruhen; 4. Ansprüche, die auf die Beziehungen aus der Auseinandersetzung unter Miterben, zwischen Erben und Pflichtteilsberechtigten, unter geschiedenen Ehegatten oder unter Eltern und Kindern sich gründen, sofern der Gläubiger zum Kreise der Auseinandersetzungsbeteiligten oder ihrer Erben gehört; 5. Ansprüche, die in einer Restkaufgeldforderung für den Erwerb des mit der Hypothek belasteten Grundstücks bestehen, und zwar auch, wenn die Restkaufgeldforderung bei ihrer Begründung in eine Darlehnsforderung umgewandelt worden ist; 6. Ansprüche aus Bauhandwerkerforderungen.

Auf Antrag der Gläubiger solle ferner die Aufwertungsstelle diese bevorzugte Aufwertung ausnahmsweise auch in anderen Fällen zulassen, wenn der Eigentümer das Eigentum an dem belasteten Gegenstand erst nach dem 1. Januar 1922 erworben habe. Die bevorzugte Aufwertung solle aber nur stattfinden, wenn der Gläubiger, sein Erblasser oder in Fällen anderer Gesamtrechtsnachfolger den Anspruch vor dem 1. Januar 1918 erworben habe.

Diese bevorzugten Ansprüche sollten auch im § 11 V. eine Sonderstellung insofern erhalten, als die Nichtaufwertung mangels eines Vorbehalts nur dann stattfinden sollte, wenn die Löschungsbewilligung oder die Zahlungsannahme vor einem noch zu bestimmenden Zeitpunkt erfolgt wären.

Von Regierungsseite wurde diesem Antrage entgegengehalten, daß derartige nachträgliche Änderungen der V. zweifellos zu den größten Unzuträglichkeiten Anlaß geben würden, insbesondere in den Fällen, in denen das belastete Grundstück nach dem 14. Februar 1924 veräußert worden sei. So würde z. B. die Frage größte Schwierigkeiten bieten, ob der Erwerber des Grundstücks nachträglich gegenüber dem Veräußerer Befreiung von der Mehrbelastung durch den Mehraufwertungssatz verlangen könnte. — S. übrigens zu den bevorzugten Ansprüchen unter Nr. 3—5 § 7 Nr. 1—3 d. 1. DV. —.

Der Antrag Emminger, Leicht und Gen. sieht dreierlei Gruppen von Pfandbriefen für die Aufwertung mit Privilegien für einzelne von ihnen vor. Auch diese Regelung würde nach Auffassung der Regierung großen Schwierigkeiten begegnen. Es würde namentlich den kleineren Besitzern, die die Wertpapiere selbst aufbewahren, vielleicht unmöglich sein, den Nachweis zu führen, daß ihre Pfandbriefe zu den privilegierten gehören. Außerdem würde eine Aufwertung der Mündelanlagen in dem vorgesehenen Ausmaß (bis zu 100 %) zur Folge haben, daß bereits für die 2. Klasse, den alten Besitz nur mehr wenig zur Verteilung bliebe.

Der Antrag Dr. Fleischer will die Höhe der Aufwertung und die Frage der Verzinsung für alle durch den Währungsverfall entwerteten Vermögensanlagen einheitlich regeln. Hierzu erklärt die Regierung, gerade die Schwierigkeiten, die einer solchen einheitlichen Regelung entgegenständen, hätten dazu geführt, daß in § 1 Abs. 2 V. diejenigen Vermögensanlagen herausgesucht wurden, bei denen eine solche Generalaufwertung überhaupt möglich erschien.

Gegen den Antrag Dr. Steiniger-Best, der die Aufhebung des Art I V. im ganzen und die Neufestsetzung der Aufwertung wieder im Einzelfalle nach Treu und Glauben bezweckt, macht die Regierung die gleichen Bedenken geltend wie gegen den Antrag Hergt. Durch diese Regelung, die im wesentlichen den Zustand vor der 3. Steuernotverordnung wieder herstellen würde, würde gerade das erreicht, was die V. durch ihre schematische Regelung vermeiden wollte, nämlich die Durchführung einer Unmenge von Einzelprozessen über die Aufwertung. Es sollte doch durch die V. eine endliche Klarheit über die Aufwertung der hauptsächlichsten Vermögensansprüche geschaffen werden, deren Vorteil, selbst wenn der einzelne darunter leiden müsse, nicht hoch genug geschätzt werden könne. Es wäre höchste Zeit gewesen, daß der Wirtschaft endlich einmal Sicherheit und Stabilität gegeben wurde, deren sie gerade in der Zeit der Umstellung von Papiermark auf Goldmark dringendst bedurfte (s. bes. Aufstellung von Goldbilanzen!).

Der Antrag Dr. Bredt endlich bezweckt eine einheitliche Regelung der Hypothekenaufwertung dahin, daß stets ein bestimmter Prozentsatz der Aufwertung zugrunde zu legen sei. Es soll also entgegen der V., die ja bereits eine Aufwertung über 15 % ohne besondere Vereinbarung nach § 13 Abs. 1 V. ausschließt, auch ein Herabgehen unter diesen Normalsatz nicht zulässig sein. Nach Auffassung der Regierung würde jedoch ein starres Festhalten an einem bestimmten Satze zu vielen Härten führen, weshalb sich der Antrag Bredt im Interesse der Wirtschaft nicht empfehle.

Auch die Vertreter der Industrie und des Handels sprachen sich mit Rücksicht auf die endlich zu erreichende Stetigkeit der wirtschaftlichen Verhältnisse gegen eine neuerliche Änderung des Aufwertungsproblems aus. Die Neuregelung würde auch eine zu lange Zeit beanspruchen. Eine so lange dauernde Unsicherheit würde aber für die Wirtschaft, besonders im Hypothekenwesen, eine große Gefahr bedeuten.

Diesen gegenüber den Abänderungsanträgen geltend gemachten Bedenken gegen eine nachträgliche Änderung der 3. Steuernotverordnung in Art. I kann sicherlich eine gewisse Berechtigung nicht abgesprochen werden. Wir glauben deshalb nicht, daß bei den noch im Gange befindlichen Verhandlungen des Reichstags sich wesentliche Änderungen am Art. I V. ergeben werden. Den Forderungen der Pfandbriefgläubiger ist übrigens nachträglich in einem wesentlichen Punkte — s. Antrag Dr. Bredt — durch die in § 21 d. 3. DV. zu Art. I vorgesehene Abfindung der Gläubiger durch neue Goldpfandbriefe Rechnung getragen worden.

Eine wichtige Rolle im Kampfe der Meinungen spielt die Aufwertung der öffentlichen Anleihen (Art. II V.). Hier wird verlangt, daß schon jetzt für sie der Grundsatz der Aufwertung ausgesprochen und zugunsten gewisser bevorzugter Gläubiger die Verzinsung aufgenommen sowie ein reichsgesetzlicher Zwang auf Festsetzung eines Aufwertungssatzes für die Anleihen von Gemeinden und Gemeindeverbänden durch die oberste Landesbehörde eingeführt werde. Auch hierüber ist bis jetzt zwischen der Regierung und den

Parteien noch keine Einigung zustandegekommen. Die von der Regierung vorgeschlagene Regelung der zunächst alleinigen Berücksichtigung bedürftiger und arbeitsunfähiger Kriegsanleihezeichner wird mit einem gewissen Recht als „Unterstützung" — es ist sogar der Ausdruck „Almosen" gebraucht worden — empfunden und nicht als eine gerechte Befriedigung der Rechtsansprüche der Gläubiger. Um diese Stellungnahme der Gläubiger zu verstehen, braucht man sich nur daran erinnern, mit welchen großen Worten seinerzeit bei den Aufforderungen zur Zeichnung auf die Kriegsanleihen auf ihre unbedingte Sicherheit hingewiesen wurde. Es ist daher verständlich, daß der Regierungsvorschlag weder bei den Parteien noch bei den Gläubigern Gegenliebe gefunden hat, zumal er das Schicksal der Gläubiger der übrigen Reichs-, der Staats- und Gemeindeanleihen völlig in der Schwebe läßt. Es ist aber füglich zu bezweifeln, ob bereits jetzt angesichts der schlechten Finanzlage des Reiches, die infolge des Sachverständigengutachtens auf viele Jahre hinaus bestehen wird, eine Lösung gefunden werden kann, die die Gläubiger öffentlicher Anleihen auch nur einigermaßen befriedigt. Denn wenn auch der Reichstag sich für das Aufwertungsproblem das letzte Wort vorbehalten hat, so wird er doch nicht an der so ungünstigen Finanzlage des Reiches und seiner Glieder achtlos vorübergehen können.

Dritte Steuernotverordnung (3. StNV).

vom 14. Februar 1924.
(RGBl. I, S. 74).

Auf Grund des Ermächtigungsgesetzes vom 8. Dezember 1923 (RGBl. I S. 1179) wird nach Anhörung eines Ausschusses des Reichstags und eines Ausschusses des Reichsrats von der Reichsregierung folgendes verordnet:

Artikel I.

Aufwertung.

§ 1.

(1) Ansprüche aus Rechtsverhältnissen, die vor dem Inkrafttreten dieser Verordnung begründet sind und die Zahlung einer bestimmten in Reichswährung ausgedrückten Geldsumme zum Gegenstande haben, werden, soweit es sich um Vermögensanlagen handelt, die durch den Währungsverfall entwertet sind, nach Maßgabe der §§ 2 bis 11 aufgewertet. Dies gilt nicht, wenn der verbliebene Goldwert fünfzehn vom Hundert des ursprünglichen Goldmarkbetrages (§ 2 Abs. 2) erreicht oder übersteigt.

(2) Als Vermögensanlagen im Sinne dieser Verordnung gelten:

1. Hypotheken, Grundschulden und Rentenschulden;
2. Reallasten;
3. Pfandrechte an im Schiffsregister eingetragenen Schiffen und an Bahneinheiten;
4. durch Hypothek, Schiffspfandrecht oder Bahnpfandrecht gesicherte Forderungen;
5. Pfandbriefe, Rentenbriefe und andere verzinsliche oder an Stelle der Verzinsung mit einem Aufgeld rückzahlbare Schuldverschreibungen von Grundkreditanstalten und Schiffsbeleihungsbanken sowie von Ablösungsanstalten, sofern den Gläubigern an der den Schuldverschreibungen zugrunde liegen-

den Deckung ein Pfandrecht oder ein Recht auf vorzugsweise Befriedigung im Konkurse zusteht;

6. Schuldverschreibungen der in Ziffer 5 bezeichneten Art, sofern den Gläubigern an der den Schuldverschreibungen zugrunde liegenden Deckung ein Pfandrecht oder ein Recht auf vorzugsweise Befriedigung im Konkurse nicht zusteht;
7. verzinsliche oder an Stelle der Verzinsung mit einem Aufgeld rückzahlbare Schuldverschreibungen, die auf den Inhaber lauten oder durch Indossament übertragbar sind, wenn sie von natürlichen Personen, Personenvereinigungen oder juristischen Personen des Privatrechts ausgegeben sind;
8. Schuldverschreibungen der in Ziffer 7 bezeichneten Art, wenn sie von juristischen Personen des öffentlichen Rechts als Unternehmer wirtschaftlicher Betriebe ausgegeben sind; ob im Einzelfalle diese Voraussetzung vorliegt, entscheidet der Reichsminister der Justiz mit Zustimmung des Reichsrats;
9. Guthaben bei öffentlichen oder unter Staatsaufsicht stehenden Sparkassen;
10. Ansprüche der Versicherten aus Lebensversicherungsverträgen.

§ 2.

(1) Ansprüche aus Vermögensanlagen der im § 1 Abs. 2 Ziffer 1, 2, 3 bezeichneten Art werden auf fünfzehn vom Hundert des Goldmarkbetrages aufgewertet. Der Schuldner kann eine Herabsetzung der Aufwertung verlangen, wenn dies mit Rücksicht auf seine wirtschaftliche Lage zur Abwendung einer groben Unbilligkeit unabweisbar erscheint. Die Herabsetzung des Aufwertungsbetrages ist nur zulässig, wenn das Verlangen bis zum 31. Dezember 1924 bei der Aufwertungsstelle (§ 9) gestellt wird.

(2) Als Goldmarkbetrag gilt bei Ansprüchen, die der Gläubiger oder sein Erblasser vor dem 1. Januar 1918 erworben hat, der Nennbetrag. Bei später erworbenen Ansprüchen ist für die Berechnung des Goldmarkbetrages der Tag des Erwerbes maßgebend; der Goldmarkbetrag wird dadurch festgestellt, daß der Nennbetrag nach dem letzten auf Grund der amtlichen Berliner Kurse für Auszahlung New York errechneten Mittelkurs in Goldmark umgerechnet wird. Für die Zeit, in der der nordamerikanische Dollar an der Berliner Börse amtlich nicht notiert wurde, bestimmt die Reichsregierung den maßgebenden Börsenkurs. An Stelle des Nennbetrags ist der Erwerbspreis der Berechnung zugrunde zu legen, wenn er niedriger ist.

(3) Der Aufwertungsbetrag hat den dinglichen Rang des aufgewerteten Rechtes. Die Aufwertung ist, sofern das aufgewertete Recht eingetragen ist, auf Antrag des Gläubigers oder des Schuldners im Grundbuch einzutragen. Ist die Herabsetzung des Aufwertungsbetrages rechtzeitig bei der Aufwertungsstelle beantragt, so ist auf Antrag des Eigentümers ein Widerspruch einzutragen.

(4) Die Vorschrift des Abs. 3 findet auf Pfandrechte an im Schiffsregister eingetragenen Schiffen und an Bahneinheiten entsprechende Anwendung.

§ 3.

Ansprüche der im § 1 Abs. 2 Ziffer 4 bezeichneten Art werden nach Maßgabe der Vorschriften des § 2 Abs. 1, 2 aufgewertet, soweit nicht nach allgemeinen Vorschriften eine höhere oder geringere Aufwertung stattfindet.

§ 4.

(1) Ansprüche aus Schuldverschreibungen der im § 1 Abs. 2 Ziffer 6, 7, 8 bezeichneten Art werden nach Maßgabe des § 2 Abs. 1 aufgewertet. Bei Teilschuldverschreibungen kann eine Herabsetzung des Aufwertungsbetrages nur in der Weise verlangt werden, daß die Ansprüche aller Gläubiger gleichmäßig aufgewertet werden.

(2) Als Goldmarkbetrag gilt bei Schuldverschreibungen, die vor dem 1. Januar 1918 ausgegeben sind, der Nennbetrag. Bei später ausgegebenen Schuldverschreibungen ist für die Berechnung des Goldmarkbetrages der Tag der Ausgabe maßgebend. Der Goldmarkbetrag wird dadurch festgestellt, daß der Nennbetrag nach dem letzten auf Grund der amtlichen Berliner Kurse für Auszahlung New York errechneten Mittelkurs in Goldmark umgerechnet wird. Für die Zeit, in der der nordamerikanische Dollar an der Berliner Börse amtlich nicht notiert wurde, bestimmt die Reichsregierung den maßgebenden Börsenkurs.

§ 5.

(1) Die Zahlung der gemäß §§ 2 bis 4 aufgewerteten Kapitalbeträge kann nicht vor dem 1. Januar 1932 verlangt werden.

(2) Die aufgewerteten Ansprüche sind bis zum 31. Dezember 1924 unverzinslich. Rückständige Zinsen gelten als mit dem Inkrafttreten dieser Verordnung erlassen. Vom 1. Januar 1925 ab beträgt der Zinssatz 2 vom Hundert; er erhöht sich in jedem weiteren Jahre um je 1 vom Hundert, bis der Satz von 5 vom Hundert erreicht ist. Die Verpflichtung zur Leistung von Tilgungsbeträgen ruht bis zu diesem Zeitpunkt.

(3) Wiederkehrende Leistungen, die auf Grund einer Reallast oder Rentenschuld geschuldet werden, sind im Jahre 1925 mit 40 vom Hundert zu bewirken; in jedem weiteren Jahr erhöht sich der Satz um 20 vom Hundert, bis der aufgewertete Betrag der Jahresleistung erreicht ist.

§ 6.

(1) Ansprüche aus Pfandbriefen und anderen Schuldverschreibungen der im § 1 Abs. 2 Ziffer 5 bezeichneten Art werden in der Weise aufgewertet, daß die Teilungsmasse gleichmäßig unter die Gläubiger im Verhältnis der nach Maßgabe des § 4 Abs. 2 festzustellenden Goldmarkbeträge ihrer Ansprüche verteilt wird. Die Teilungsmasse besteht aus der aufgewerteten Deckung der Schuldverschreibungen und einem etwa aus dem sonstigen Vermögen des Schuldners zu leistenden Beitrag unter Abzug eines Beitrags zu den Verwaltungskosten.

(2) Die Reichsregierung trifft nähere Bestimmungen über die Bildung und Verteilung der Teilungsmasse sowie über den vom Schuldner zu der Teilungsmasse zu leistenden Beitrag. Die Reichsregierung oder die von ihr bestimmte Stelle gibt Grundsätze für die Bemessung des Verwaltungskostenbeitrages.

§ 7.

(1) Sparkassenguthaben (§ 1 Abs. 2 Ziffer 9), die bis zum 31. Dezember 1924 bei der Aufwertungsstelle angemeldet sind, werden in der Weise aufgewertet, daß die Teilungsmasse von einem Treuhänder unter die Gläubiger verteilt wird. Der von dem Treuhänder aufgestellte Teilungsplan bedarf der Genehmigung der Landesregierung oder einer von ihr bestimmten Stelle.

(2) Die Teilungsmasse besteht aus dem nach Maßgabe dieser Verordnung aufgewerteten Sparkassenvermögen und einem etwa aus dem sonstigen Vermögen des Schuldners zu leistenden Beitrag unter Abzug eines Beitrages zu den Verwaltungskosten.

(3) Die Gläubiger werden nach folgender Rangordnung, bei gleichem Range nach den Verhältnissen ihrer Forderungen, berücksichtigt:

1. Guthaben, die auf Grund gesetzlichen Zwanges zur mündelsicheren Anlage begründet sind. Dem gesetzlichen Zwange steht der Zwang durch die Vorschriften der Satzung, Stiftung oder sonstigen Verfassung einer inländischen Personenvereinigung, Körperschaft oder Vermögensmasse gleich, sofern sie ausschließlich gemeinnützigen, mildtätigen, ethischen oder religiösen Zwecken dienen;
2. alle übrigen Guthaben.

(4) Die Landesregierungen oder die von ihr bestimmten Stellen treffen die näheren Bestimmungen über die Bildung und Verteilung der Teilungsmasse sowie über den vom Schuldner zu der Teilungsmasse zu leistenden Beitrag; sie geben Grundsätze für die Bemessung des Verwaltungskostenbeitrages.

§ 8.

Ansprüche der Versicherten aus Lebensversicherungsverträgen werden in der Weise aufgewertet, daß das nach Maßgabe dieser Verordnung aufgewertete Vermögen der Versicherungsunternehmungen nebst einem etwaigen aus dem sonstigen Vermögen des Schuldners zu leistenden Beitrag nach näherer Bestimmung der Reichsregierung einem Treuhänder überwiesen wird. Der Treuhänder hat den ihm überwiesenen Betrag nach Abzug der Verwaltungskosten zugunsten der Versicherten nach einem von der Aufsichtsbehörde genehmigten Teilungsplane zu verwenden. Als Lebensversicherung gilt auch die Invaliditäts-, Alters-, Witwen-, Waisen-, Aussteuer- und Militärdienstversicherung, gleichviel ob auf Kapital oder Rente.

§ 9.

(1) Besteht Streit über die Höhe des nach den Vorschriften der §§ 1 bis 8 zu berechnenden Aufwertungsbetrages oder ist ein Verlangen auf Herabsetzung des Aufwertungsbetrages gestellt, so entscheidet hierüber ausschließlich die Aufwertungsstelle.

(2) Die Aufwertungsstelle wird von der Reichsregierung nach Anhörung des Reichsrats bezeichnet.

(3) Die Aufwertungsstelle hat den Versuch einer gütlichen Einigung zu machen; sie kann Sachverständige zum Einigungstermine zuziehen. Im übrigen finden auf das Verfahren die Vorschriften des Reichsgesetzes über die Angelegenheiten der freiwilligen Gerichtsbarkeit sinngemäß Anwendung.

(4) Gegen die Entscheidung der Aufwertungsstelle findet die sofortige Beschwerde statt. Sie kann nur darauf gestützt werden, daß die Entscheidung auf einer Verletzung des Gesetzes beruht. Die Frage, ob im einzelnen Falle die Vorschrift des § 2 Abs. 1 Satz 2 richtig angewendet ist, unterliegt nicht der Nachprüfung durch das Beschwerdegericht. Über die sofortige Beschwerde entscheidet das Oberlandesgericht. Die Vorschriften des § 28 Abs. 2, 3, § 199 des Reichsgesetzes über die Angelegenheiten der freiwilligen Gerichtsbarkeit finden entsprechende Anwendung.

(5) Die rechtskräftige Entscheidung der Aufwertungsstelle ist vollstreckbar und für die Gerichte bindend.

(6) Die Aufwertungsstelle erhebt nach Maßgabe der Durchführungsbestimmungen eine Gebühr und verteilt die Kosten auf die Beteiligten nach billigem Ermessen.

(7) Die Zuständigkeit der Aufwertungsstelle kann auch für andere mit der Aufwertung zusammenhängende Ansprüche vereinbart werden, auf die sich die Vorschriften der §§ 1 bis 8 nicht erstrecken.

§ 10.

In bürgerlichen Rechtsstreitigkeiten ist das Verfahren auf Antrag auszusetzen, soweit die Entscheidung von der Höhe der Aufwertung eines der im § 1 bezeichneten Ansprüche abhängt. Der Antrag auf Aussetzung kann vor dem Gerichtsschreiber zu Protokoll erklärt werden.

§ 11.

Hat der Gläubiger, ohne sich seine Rechte vorzubehalten, in den Fällen des § 1 Abs. 2 Ziffer 1 bis 3 die Löschung des Rechtes bewilligt, in den Fällen der Ziffer 4 bis 10 die Zahlung angenommen, so kann eine Aufwertung auch wegen ungerechtfertigter Bereicherung oder auf Grund einer Anfechtung wegen Irrtums oder aus einem anderen Rechtsgrund nicht verlangt werden. Findet infolge dieser Regelung ein anhängiger Rechtsstreit seine Erledigung, so trägt jede Partei die ihr entstandenen außergerichtlichen Kosten. Die Gerichtskosten werden niedergeschlagen.

§ 12.

(1) Soweit die Aufwertung von Ansprüchen aus Vermögensanlagen anderer als der im § 1 Abs. 2 bezeichneten Art verlangt werden kann, darf sie das im § 2 vorgesehene Maß nicht übersteigen. Die Vorschrift des § 11 gilt entsprechend.

(2) Ansprüche aus gegenseitigen Verträgen, Gesellschaftsverträgen und anderen Beteiligungsverhältnissen sowie Ansprüche auf wiederkehrende Leistungen, die bei Abfindungen, Auseinandersetzungen oder ähnlichen Rechtsvorgängen begründet sind, gelten nicht als Vermögensanlage im Sinne des Abs. 1.

(3) Ansprüche aus einer laufenden Rechnung oder einem Kontokurrent, die den Saldo als solchen betreffen, werden nicht aufgewertet.

§ 13.

(1) Vereinbarungen über die Aufwertung der im § 1 Abs. 2, § 12 bezeichneten Vermögensanlagen bleiben unberührt und können auch in Zukunft getroffen werden.

(2) Soweit der vereinbarte Aufwertungsbetrag den Satz von 15 vom Hundert des Goldmarkbetrages nicht überschreitet, findet die Vorschrift des § 2 Abs. 3 Anwendung. Soweit der vereinbarte Aufwertungsbetrag diesen Satz überschreitet, gilt die Vereinbarung als Begründung eines neuen Schuldverhältnisses und nimmt der Aufwertungsbetrag an dem dinglichen Range des aufgewerteten Rechtes nicht teil.

§ 14.

Ist die Aufwertung durch ein Sondergesetz oder durch ein beim Inkrafttreten dieser Verordnung rechtskräftiges Urteil geregelt, so finden die Vorschriften dieses Artikels keine Anwendung.

§ 15.

Rechte, Ansprüche und Befugnisse, die auf vor dem Inkrafttreten dieser Verordnung abgeschlossenen internationalen Vereinbarungen oder den zu ihrer Durchführung erlassenen Gesetzen beruhen oder die zur Erfüllung von Verpflichtungen aus solchen Vereinbarungen begründet sind, bleiben unberührt.

Artikel II.

Öffentliche Anleihen.

§ 16.

(1) Die Verzinsung und Einlösung von Anleihen des Reichs und der Länder, die vor dem Inkrafttreten dieser Verordnung aufgenommen worden sind und auf Reichsmark lauten, kann bis zur Erledigung sämtlicher Reparationsverpflichtungen nicht gefordert werden. Dies gilt nur für Schuldverschreibungen und Schuldbuchforderungen sowie für solche andere Anleihen, bei denen nicht eine Verpflichtung zur Rückzahlung der ganzen Anleihe innerhalb zweier Jahre nach der Aufnahme der Anleihe besteht.

(2) In den Fällen des Abs. 1 ist der Gläubiger bis auf weiteres nicht verpflichtet, den Reichsmarkbetrag von Zins und Kapital zum Nennbetrag als Schulderfüllung anzunehmen.

(3) Die Vorschriften der Abs. 1, 2 gelten auch für Gemeinden und Gemeindeverbände, soweit nicht durch Reichsgesetz etwas anderes bestimmt wird. In Einzelfällen kann die oberste Landesbehörde beim Vorliegen besonderer Verhältnisse für die Anleihe einer Gemeinde oder eines Gemeindeverbandes eine von den Vorschriften des Abs. 1 abweichende Regelung treffen.

(4) Die Verzinsung von Anleihen, die nach dem 1. Januar 1923 aufgelegt worden sind, wird durch die Bestimmungen der Abs. 1 bis 3 nicht berührt, soweit die Zinsen in Reichsmark zum Nennwert gezahlt werden.

(5) Bei der Aufnahme neuer Anleihen kann bestimmt werden, daß sie mit Vorrang vor den im Abs. 1 bezeichneten Anleihen zu verzinsen und zu tilgen sind. Bei Anleihen der Gemeinden und Gemeindeverbände bedarf diese Bestimmung der Zustimmung der obersten Landesbehörde.

(6) Die Reichsregierung kann mit Zustimmung des Reichsrats die für Gemeinden geltenden Vorschriften der Abs. 1 bis 5 auf die Anleihen anderer öffentlich-rechtlicher Körperschaften und Anstalten sowie auf die im § 41 des Hypothekenbankgesetzes bezeichneten Schuldverschreibungen für anwendbar erklären.

Artikel III.

A. Geldentwertungsausgleich zugunsten des Reichs.

1. Geldentwertungsausgleich bei Schuldverschreibungen.

§ 17.

Von solchen natürlichen Personen, Personenvereinigungen und juristischen Personen des Privatrechts, die zur Tilgung von Schuldverschreibungen berechtigt oder verpflichtet gewesen sind oder noch sind, wird eine Steuer nach den Bestimmungen der §§ 18 bis 23 erhoben.

§ 18.

(1) Schuldverschreibungen im Sinne dieser Bestimmungen sind:

a) die im § 25 Abs. 1 zu a des Kapitalverkehrsteuergesetzes vom 8. April 1922 (RGBl. I S. 354) bezeichneten Schuld- oder Rentenverschreibungen inländischer Schuldner,

b) schuldverschreibungsähnliche Aktien inländischer Aktiengesellschaften und Kommanditgesellschaften auf Aktien, soweit sie bis zum Inkrafttreten dieser Verordnung getilgt sind. Als schuldverschreibungsähnliche Aktien gelten Aktien, bei denen der Gewinnanteil und der Anteil am Liquidationserlöse sowie im Falle der Einziehung nach § 227 des Handelsgesetzbuchs der Rückzahlungsbetrag auf einen Hundertsatz des Nennbetrages beschränkt ist, es sei denn, daß es sich um Aktien handelt, die ein über die Vorschriften des § 252 Abs. 1 Satz 2, § 320 Abs. 3 des Handelsgesetzbuchs hinausgehendes Stimmrecht gewähren.

(2) Zwischenscheine über Einzahlungen stehen den Verschreibungen oder Aktien gleich.

§ 19.

(1) Von der Steuer sind Grundkreditanstalten und Schiffsbeleihungsbanken befreit.

(2) Der Steuer unterliegen ferner nicht:

a) Schuldverschreibungen, die vor dem 1. Januar 1918 getilgt worden sind,

b) wertbeständige oder auf ausländische Wertung lautende Schuldverschreibungen,

c) Schuldverschreibungen, soweit für sie bebaute Grundstücke haften, die durch eine auf Grund der §§ 26 bis 32 erlassene Steuer besonders erfaßt werden.

§ 20.

Steuerschuldner ist, wer zur Tilgung (Rückkauf, Einlösung, Einziehung) der Schuldverschreibungen nach den für sie gegebenen Bestimmungen verpflichtet oder berechtigt gewesen ist oder wem die Verpflichtung oder Berechtigung zur Tilgung obliegt.

§ 21.

(1) Die Steuer beträgt 2 vom Hundert des um den Aufwertungsbetrag (§ 2 Abs. 1 Satz 1) verminderten Goldmarkbetrages der Schuldverschreibungen.

(2) Soweit die Schuldverschreibungen bereits am Tage des Inkrafttretens dieser Verordnung getilgt sind, erhöht sich die Steuer um den Betrag, um den der Goldwert des für die Tilgung aufgewendeten Betrages hinter dem Aufwertungsbetrage (§ 2 Abs. 1 Satz 1) zurückbleibt.

§ 22.

(1) Als Goldmarkbetrag gilt bei Schuldverschreibungen, die vor dem 1. Januar 1918 begeben sind, der Nennbetrag.

(2) Der Goldmarkbetrag von Schuldverschreibungen, die seit diesem Zeitpunkt begeben sind, wird dadurch festgestellt, daß der Nennbetrag nach dem Mittelkurse der amtlichen Notiz der Berliner Börse für den nordamerikanischen Dollar (Auszahlung New York) am Tage der Begebung in Goldmark umgerechnet wird. Für die Zeit, in der der nordamerikanische Dollar an der Berliner Börse amtlich nicht notiert wurde, bestimmt die Reichsregierung den maßgebenden Börsenkurs. Sind die Schuldverschreibungen zu einem über den Nennbetrag hinausgehenden Preise begeben, so ist zunächst das Aufgeld dem Nennbetrage hinzuzurechnen.

(3) Der Reichsminister der Finanzen kann über die Feststellung des Goldmarkbetrages schuldverschreibungsähnlicher Aktien (§ 18 Abs. 1 zu b) besondere Bestimmungen erlassen.

(4) Der Goldwert des für die Tilgung von Schuldverschreibungen aufgewendeten Betrages (§ 21 Abs. 2) ist unter entsprechender Anwendung des Abs. 2 in Goldmark umzurechnen; der Reichsminister der Finanzen kann nähere Bestimmungen über die Feststellung des aufgewendeten Betrages erlassen.

§ 23.

(1) Die Steuer des § 21 Abs. 1 ist am 1. März 1924, die Erhöhung des § 21 Abs. 2 zu je 2 vom Hundert des Goldmarkbetrages der Schuldverschreibungen am 1. Oktober 1924 und weiter in Abständen von je einem halben Jahre fällig; bleibt die Erhöhung oder ein Restbetrag der Erhöhung hinter 2 vom Hundert des Goldmarkbetrages der Schuldverschreibungen zurück, so ist der geringere Betrag zu dem maßgebenden Fälligkeitstage zu entrichten.

(2) Der Reichsminister der Finanzen kann für das besetzte Gebiet die Fälligkeit abweichend festsetzen.

2. Geldentwertungsausgleich bei Inanspruchnahme von Krediten.

§ 24.

(1) Zur Durchführung der Vorbereitungsarbeiten für die Besteuerung des Geldwertunterschiedes bei der Inanspruchnahme von Krediten während der Zeit der Geldentwertung (Wechselkrediten, Kontokurrentkrediten, Lombardkrediten usw.) können die Finanzbehörden Auskünfte und Gutachten jeder Art einfordern. Sämtliche Rechte, die den Finanzämtern im Steuerermittlungsverfahren zustehen, können von den Finanzbehörden für die Zwecke der Vorbereitungsarbeiten sinngemäß ausgeübt werden. Die Vorschriften des § 209 Abs. 1 der Reichsabgabenordnung finden keine Anwendung.

(2) Kaufleute (einschließlich der Handelsgesellschaften und der eingetragenen Genossenschaften), die bankmäßig Kredite gewähren, haben den Finanzbehörden jede zur Durchführung der Vorbereitungsarbeiten für die Besteuerung des Geldwertunterschiedes dienliche Hilfe zu leisten, insbesondere Einsicht in ihre Bücher, Verhandlungen, Listen und Urkunden zu gewähren. Das gleiche gilt für die Reichsbank, für die Reichsdarlehnskassen und für die öffentlichen Sparkassen.

(3) Im übrigen finden auf die Durchführung der Vorbereitungsarbeiten für die Besteuerung des Geldwertunterschiedes die Vorschriften

der Reichsabgabenordnung, insbesondere der §§ 202, 377 entsprechende Anwendung.

3. Geldentwertungsausgleich bei Ausgabe von Notgeld.

§ 25.

(1) Der Reichsminister der Finanzen wird ermächtigt, von solchen natürlichen Personen, Personenvereinigungen und juristischen Personen, die während der Zeit der Geldentwertung Notgeld ausgegeben haben, eine Steuer zu erheben.

(2) Die Steuer darf 80 vom Hundert des Betrages nicht übersteigen, der sich dadurch ergibt, daß der Goldmarkbetrag des Notgeldes im Zeitpunkt der Ausgabe um den Goldmarkbetrag des Notgeldes im Zeitpunkt der Einlösung vermindert wird. Die Goldmarkbeträge werden unter entsprechender Anwendung des § 22 Abs. 2 ermittelt.

B. Geldentwertungsausgleich zugunsten der Länder.

1. Geldentwertungsausgleich bei bebauten Grundstücken.

§ 26.

(1) Die Länder und nach näherer Bestimmung des Landesrechts die Gemeinden (Gemeindeverbände) erheben im Zusammenhange mit der Regelung des Mietwesens von dem bebauten Grundbesitz eine Steuer.

(2) Das Aufkommen der Steuer soll zur Deckung des allgemeinen Finanzbedarfs der Länder und Gemeinden (Gemeindeverbände) sowie des Aufwandes dienen, der ihnen durch die Erfüllung der gemäß § 42 Abs. 1 zu selbständiger Regelung überlassenen Aufgaben erwächst. Die Länder und Gemeinden (Gemeindeverbände) werden — unbeschadet der Vorschrift des § 29 — mindestens 10 vom Hundert der aufkommenden Steuer zur Förderung der Neubautätigkeit verwenden.

§ 27.

(1) Die Länder werden ermächtigt, die Mietzinsbildung abweichend von den Vorschriften des Reichsmietengesetzes vom 24. März 1922 (RGBl. I S. 273) zu regeln.

(2) Wollen die Länder bei einer solchen Regelung vom bürgerlichen Rechte in anderer Weise abweichen, als dies im Reichsmietengesetze vorgesehen ist, so bedarf es der Zustimmung der Reichsregierung; die Reichsregierung kann insoweit mit Zustimmung des Reichsrats Grundsätze aufstellen.

(3) Die Länder haben von der ihnen durch Abs. 1 erteilten Ermächtigung in der Weise Gebrauch zu machen, daß die Mieten allmählich gemäß der Entwicklung der allgemeinen Wirtschaftslage den Friedensmieten angenähert werden. Dabei sind neben den steuerlichen Bedürfnissen der Länder und Gemeinden auch die allgemeinen Interessen, insbesondere an der ordnungsgemäßen Unterhaltung und Instandsetzung der Häuser und die Leistungsfähigkeit der als Mieter in Betracht kommenden Bevölkerungskreise zu berücksichtigen. Als Friedensmiete gilt der Goldmarkbetrag des Mietzinses, der für die mit dem 1. Juli 1914 beginnende Mietzeit vereinbart war; die Länder treffen über die Festsetzung der Friedensmiete für besondere Fälle Bestimmung.

§ 28.

(1) Die Besteuerung kann in Form einer besonderen Aufwertungssteuer oder einer Steuer vom Grundvermögen erfolgen; im zweiten Falle muß eine getrennte Berechnung der auf Grund dieser Verordnung erhobenen Grundsteuer und der allgemeinen Grundsteuer vorgesehen sein.

(2) Die Steuer soll so bemessen sein, daß durch die Miete mindestens die Betriebs- und Instandsetzungskosten gedeckt werden, die nach den bestehenden Verhältnissen zur Erhaltung des Gebäudes erforderlich sind. Die dem Eigentümer hiernach verbleibenden Beträge müssen am 1. April 1924 30 vom Hundert der Friedensmiete erreicht haben.

(3) Soweit vor dem Inkrafttreten dieser Verordnung auf einem Grundstück eine privatrechtliche wertbeständige Last gemäß der Verordnung über die Eintragung von Hypotheken in ausländischer Währung vom 13. Februar 1920 (RGBl. S. 231) oder dem Gesetz über wertbeständige Hypotheken vom 23. Juni 1923 (RGBl. I S. 407) eingetragen ist, vermindert sich auf Antrag die Steuer um den Wert der aus der Last sich ergebenden laufenden Geldverpflichtung. Das gleiche gilt für die auf Grund des Gesetzes über das Zusatzabkommen zum Abkommen vom 6. Dezember 1920 zwischen dem Deutschen Reiche und der Schweizerischen Eidgenossenschaft, betreffend schweizerische Goldhypotheken in Deutschland und gewisse Arten von Frankenforderungen an deutsche Schuldner vom 23. Juni 1923 (RGBl. II S. 284) aus der Umwandlung einer schweizerischen Goldhypothek entstandenen Frankengrundschulden. Zu den laufenden Geldverpflichtungen gehören in diesem Falle auch Tilgungsbeträge, die zur Abtragung der Frankengrundschuld angesammelt werden. Die näheren Bestimmungen darüber, in welcher Höhe Tilgungen als angemessen anzusehen sind, treffen die Landesregierungen. Soweit eine nicht wertbeständige privatrechtliche Last aufgewertet ist, vermindert sich auf Antrag die Steuer um den Wert der aus einer Aufwertung bis

zu 15 vom Hundert des Nennbetrages in Goldmark sich ergebenden laufenden Geldverpflichtung; dies gilt nicht, soweit die Verpflichtungen den im § 5 Abs. 2 vorgesehenen Zinsbetrag übersteigen.

(4) Für den Fall, daß die hiernach erhobene Miete 70 vom Hundert der Friedensmiete übersteigt, vermindert sich auf Antrag des Eigentümers die Steuer im Verhältnis des Wertes seines Eigenkapitals zum Gesamtwert des Grundstücks, wobei der Betrag des Eigenkapitals um ein Drittel zu kürzen ist. Dem Antrag ist insoweit nicht zu entsprechen, als der Betrag der Steuer gegenüber dem Zustand bei einer 70prozentigen Friedensmiete gekürzt werden würde. Für die Berechnung des Gesamtwertes und des Eigenkapitals ist der Stand vom 1. Juli 1914 maßgebend oder bei späterer Fertigstellung des Gebäudes der Stand im Zeitpunkt der Fertigstellung.

(4) Bei Grundstücken, die zu dem im vorstehenden Absatz bezeichneten Zeitpunkt entweder unbelastet waren oder deren dingliche privatrechtliche Belastung nicht mehr als 20 vom Hundert des Gesamtwertes betrug, ist der Betrag der Steuer auf Antrag des Eigentümers unabhängig von der Überschreitung der 70prozentigen Friedensmiete so weit herabzusetzen, daß er nicht mehr als 20 vom Hundert der Friedensmiete ausmacht. Soweit es sich hierbei um Gebäude handelt, die nicht vermietet sind (Eigenhaus, Eigenwohnung), können die Länder eine weitere Minderung der Steuer eintreten lassen.

(6) Soweit nach den Bestimmungen eines Landes über die Mietzinsbildung die Steuer nicht in der gesetzlichen Miete enthalten, der Vermieter aber berechtigt ist, sie auf die Mieter umzulegen, bleibt der Vermieter auch im Falle der Befreiung oder Minderung der Steuer gemäß Abs. 3, 4 und 5 zur Umlegung eines der vollen Steuer entsprechenden Betrages berechtigt.

§ 29.

Von der Besteuerung sind auszuschließen Neubauten oder durch Um- oder Einbauten neugeschaffene Gebäudeteile, wenn der Bau erst nach dem 1. Juli 1918 bezugsfertig geworden ist, es sei denn, daß die Neubauten, Um- oder Einbauten mit Beihilfen aus öffentlichen Mitteln ausgeführt worden sind. Die aus der Besteuerung dieser Neubauten aufkommenden Steuerbeträge sind ausschließlich zur Förderung des Wohnungsbaues zu verwenden. An Stelle dieser Steuer können die Landesregierungen Grundstücke mit Gebäuden, die mit Beihilfen aus öffentlichen Mitteln errichtet worden sind, zur Förderung des Wohnungsbaues mit einer Grundschuld bis zu 40 vom Hundert des in Goldmark umgerechneten Wertes der Beihilfe oder bis zu einem entsprechenden

Hundertsatz des Friedenswertes des Grundstückes belasten. Diese Belastung geht allen bisherigen Belastungen vor, mit Ausnahme der Belastung zugunsten der deutschen Rentenbank nach Maßgabe der Verordnung vom 15. Oktober 1923 (RGBl. I S. 963). Soweit auf dem Grundstück wertbeständige Beihilfehypotheken eingetragen oder soweit Beihilfebeträge zurügezahlt worden sind, vermindert sich die Grundschuld um den entsprechenden Goldmarkwert. Die näheren Bestimmungen über die Berechnung des Goldmarkwertes der Beihilfen aus öffentlichen Mitteln oder über die Berechnung des Friedenswertes der Grundstücke, ferner über die Verzinsung und Ablösung der Last, über die Anrechnung eingetragener wertbeständiger Beihilfehypotheken und zurückgezahlter Beihilfebeträge und über die Verwendung der Gelder werden von den obersten Landesbehörden erlassen.

§ 30.

Erfolgt die Erfassung in Form einer besonderen Aufwertungssteuer, so gelten folgende Grundsätze:

1. Die Steuer ist in einem von den Ländern zu bestimmenden Hundertsatze der Friedensmiete zu erheben. Sie ist bei der den Ländern vorbehaltenen Regelung der Mietzinsbildung auf den Mieter zu überwälzen.
2. Die Überlassung des Gebrauchs eines Gebäudes (Gebäudeteils) auf andere Weise als durch Mietvertrag (Pacht, Nießbrauch usw.) steht der Miete gleich.
3. Folgende Befreiungen sind vorzusehen:
   a) öffentliche Körperschaften für die in ihrem Eigentume stehenden und von ihnen für öffentliche Zwecke benutzten Gebäude;
   b) inländische Personenvereinigungen und Vermögensmassen, die nach der Satzung, Stiftung oder sonstigen Verfassung ausschließlich gemeinnützigen, mildtätigen, ethischen oder religiösen Zwecken dienen, für die in ihrem Eigentume stehenden und von ihnen für diese Zwecke benutzten Gebäude;
   c) Botschaften, Gesandtschaften und Konsulate für die im Eigentume des Entsendestaats stehenden und von ihnen für ihre Zwecke benutzten Gebäude, sofern Gegenseitigkeit gewährt wird.

   Liegen nur für einen Teil des Gebäudes die vorstehenden Voraussetzungen vor, so bezieht sich die Befreiung nur auf diesen Teil.

§ 31.

Die nach §§ 26 bis 30 erforderlichen Bestimmungen erlassen die Landesregierungen.

§ 32.

(1) Die Bestimmungen der §§ 26 bis 31 gelten so lange, als eine gesetzliche Miete in den betreffenden Landesteilen festgesetzt ist, jedoch nicht über den 31. März 1926 hinaus. Die Reichsregierung kann mit Zustimmung des Reichsrats die Bestimmungen zu einem früheren Zeitpunkt außer Kraft setzen.

(2) Treten die Bestimmungen außer Kraft, so bleibt ein Geldentwertungsausgleich bei bebauten Grundstücken entsprechend dem Geldentwertungsausgleiche bei unbebauten Grundstücken (§§ 33 bis 36) vorbehalten; die näheren Vorschriften trifft ein Reichsgesetz.

2. Geldentwertungsausgleich bei unbebauten Grundstücken.

§ 33.

(1) Die Länder sind berechtigt, von den Eigentümern solcher Grundstücke, die nicht den Bestimmungen über den Geldentwertungsausgleich bei bebauten Grundstücken (§§ 26 bis 32) unterliegen und die mit einer auf Reichsmark lautenden Hypothek, Reallast, Grundschuld oder Rentenschuld belastet sind oder in der Zeit seit dem 1. Januar 1919 belastet gewesen sind, eine Abgabe zu erheben.

(2) Die Höhe der Abgabe darf 2 vom Hundert des um den Aufwertungsbetrag (§ 2 Abs. 1 Satz 1) verminderten Goldmarkbetrages der dinglichen Lasten nicht übersteigen.

(3) Soweit die dinglichen Lasten beim Inkrafttreten dieser Verordnung nicht mehr bestehen, kann die Steuer um den Betrag erhöht werden, um den der Goldwert des für die Tilgung aufgewendeten Betrages hinter dem Aufwertungsbetrage (§ 2 Abs. 1 Satz 1) zurückbleibt.

(4) Bei der Bemessung der Steuer ist auf die Leistungsfähigkeit der landwirtschaftlichen Betriebe Rücksicht zu nehmen.

§ 34.

(1) Als Goldmarkbetrag gilt bei dinglichen Lasten, die vor dem 1. Januar 1918 begründet worden sind, der Nennbetrag.

(2) Der Goldmarkbetrag der dinglichen Lasten, die seit diesem Zeitpunkt begründet worden sind, wird dadurch festgestellt, daß der Nennbetrag nach dem Mittelkurse der amtlichen Notiz der Berliner Börse für den nordamerikanischen Dollar (Auszahlung New York) am Tage der Eintragung der dinglichen Last in Goldmark umgerechnet wird. Für die Zeit, in der der nordamerikanische Dollar an der Berliner Börse amtlich nicht notiert wurde, bestimmt die Reichsregierung den maßgebenden Börsenkurs.

§ 35.

(1) Von der Abgabe befreit sind:

a) Reich, Länder und Gemeinden (Gemeindeverbände),

b) die Eigentümer von Grundstücken, soweit die dingliche Last für Schuldverschreibungen begründet worden ist, die der Besteuerung gemäß §§ 17 bis 23 unterliegen.

(2) Andere Eigentümer, deren Abgabe insgesamt den Betrag von 100 Goldmark nicht übersteigt, können abgabefrei gelassen werden.

§ 36.

(1) Die erste Zahlung auf die Abgabe darf nicht vor dem 1. November 1925 fällig sein. Die auf die Erhöhung der Abgabe (§ 33 Abs. 3) zu entrichtenden Teilbeträge sind auf 2 vom Hundert des Goldmarkbetrages der dinglichen Last im Jahr zu bemessen. Mit Zustimmung des Reichsrates und eines Ausschusses des Reichstages kann die Entrichtung auf einen längeren Zeitraum erstreckt werden.

(2) Für Vorauszahlungen auf die Erhöhung der Abgabe (§ 33 Abs. 3) können Ermäßigungen bis zu 20 vom Hundert der Erhöhung gewährt werden.

(3) Im Falle der Vorauszahlung (Abs. 2) ist zuzulassen, daß die Entrichtung in Pfandbriefen von Realkreditanstalten erfolgt.

(4) Der Ertrag der Abgabe ist nach Möglichkeit zur Förderung der landwirtschaftlichen Erzeugung zu verwenden.

3. Geldentwertungsausgleich bei Holzverkäufen aus Forsten öffentlicher Körperschaften.

§ 37.

(1) Die Landesregierungen sind berechtigt, eine Abgabe von den natürlichen Personen, Personenvereinigungen und juristischen Personen zu erheben, die aus den Forsten öffentlicher Körperschaften Holz bezogen und während der Zeit der Geldentwertung den beim Verkaufe vereinbarten Zahlungstermin nicht eingehalten oder den Kredit der öffentlichen Körperschaft für das Kaufgeld in Anspruch genommen haben. Ist der von der öffentlichen Körperschaft gewährte Kredit von dem Holzkäufer an seinen Abnehmer weitergegeben worden, so kann die Abgabepflicht auf den Abnehmer erstreckt werden. Die Abgabe darf 20 vom Hundert des Geldwertunterschiedes nicht übersteigen, der sich infolge der Zahlungssäumnis oder der Kreditgewährung zugunsten des Abgabepflichtigen ergeben hat.

(2) Die Steuer ist zugunsten der öffentlichen Körperschaft zu verwenden, die den Kredit gewährt hat.

(3) Von der Abgabe sind Reich, Länder und Gemeinden (Gemeindeverbände) befreit.

Artikel IV.

Bewertung von Reichsmarkforderungen und -schulden für Steuern.

§ 38.

(1) Forderungen und Schulden, die auf Reichsmark lauten, und die bis zum 31. Dezember 1923 weder durch Vereinbarung noch durch rechtskräftige Entscheidung aufgewertet worden sind, sind bei der Vermögenssteuerveranlagung zum 31. Dezember 1923 auch dann mit dem Papiermarknennbetrag unter Umrechnung in Goldmark gemäß Artikel II § 3 Abs. 1 Nr. 8 der Zweiten Steuernotverordnung vom 19. Dezember 1923 (RGBl. I S. 1205) zu bewerten, wenn die Möglichkeit einer Aufwertung besteht. Entsprechendes gilt für die in Schuldverschreibungen oder Pfandbriefen verbrieften Forderungen und Schulden, sofern nach den am 31. Dezember 1923 maßgebenden Bedingungen die Zinszahlung und die Rückzahlung des Kapitals ausschließlich auf Reichsmark abgestellt ist.

(2) Die Bestimmung des Abs. 1 findet auf die Erbschaftssteuerveranlagung bei Erwerben, für welche die Steuerschuld nach dem 30. Juni 1923 entstanden ist oder entsteht, mit der Maßgabe Anwendung, daß an Stelle des 31. Dezember 1923 der nach § 31 des Erbschaftssteuergesetzes maßgebende Zeitpunkt tritt.

Artikel V.

Finanzausgleich.

§ 39.

Das Finanzausgleichsgesetz wird wie folgt geändert:

1. Im § 16 wird das Wort „innere" gestrichen.
2. Im § 19 werden im Abs. 2
   a) die Worte „Erbschaftssteuer (§§ 32, 33)" gestrichen,
   b) hinter den Worten „Rennwettsteuer (§ 46)" die Worte eingestellt: „Börsensteuer (§ 46 a)".
3. § 20 erhält folgende Fassung:

„§ 20.

Das Aufkommen an Einkommensteuer und Körperschaftssteuer erhalten die Länder vom 1. Februar 1924 an in Höhe von 90 vom Hundert. Das den Ländern zustehende Aufkommen wird jeweils nach dem Verhältnis verteilt, das nach den Vorschriften der §§ 21 bis 30 zuletzt festgestellt worden ist (Verteilungsschlüssel)."

4. Die §§ 32, 33 (Erbschaftssteuer) werden gestrichen.
5. Die Vorschriften der §§ 38 bis 44 werden durch folgende Vorschriften ersetzt:

„§ 38.

(1) Von dem Aufkommen an Umsatzsteuer erhalten die Länder vom 1. Februar 1924 ab bis zum Schlusse des Rechnungsjahres 1924 für sich und ihre Gemeinden (Gemeindeverbände) 20 vom Hundert. Die Beteiligung der Gemeinden (Gemeindeverbände) regelt die Landesgesetzgebung.

(2) Der Gesamtbetrag des den Ländern zustehenden Anteils wird nach dem Verhältnis der Bevölkerungszahl verteilt. Für die Verteilung ist das Ergebnis der jeweils letzten Volkszählung maßgebend."

6. § 45 erhält folgende Fassung:

„§ 45.

(1) Das Aufkommen an Kraftfahrzeugsteuer auf Grund des Kraftfahrzeugsteuergesetzes vom 8. April 1922 (RGBl. S. 396) erhalten die Länder in voller Höhe abzüglich 4 vom Hundert für die Verwaltung der Steuer durch das Reich. Die eine Hälfte der Steuer ist nach der Bevölkerungszahl, die andere nach dem Gebietsumfang auf die einzelnen Länder zu verteilen.

(2) Die Länder haben die auf sie entfallende Steuer mindestens zur Hälfte zu Zwecken der öffentlichen Wegeunterhaltung zu verwenden.

(3) Die Kraftfahrzeugsteuer gilt als Reichssteuer im Sinne des § 1 Abs. 2 der Reichsabgabenordnung."

7. Als § 46a wird folgende Vorschrift eingestellt:

„§ 46a.

Das Aufkommen an Börsensteuer (Börsenbesuchsteuer, Börsenzulassungssteuer) auf Grund des Artikels VII der Zweiten Steuernotverordnung vom 19. Dezember 1923 (RGBl. I S. 1205) erhalten die Länder in voller Höhe. Von dem Gesamtaufkommen erhält jedes Land die Beträge, die von den Finanzämtern in seinem Gebiet erhoben werden."

8. Als § 52a wird folgende Vorschrift eingestellt:

„§ 52a.

Ist ein selbständiger Gutsbezirk beteiligt, so bestimmt die Landesregierung die Stelle, die die Rechte ausübt, die nach §§ 48 bis 52 Gemeinden zustehen."

9. § 54 erhält folgende Fassung:

„§ 54.

(1) Die Anteile der Länder an der Grunderwerbsteuer (§§ 34, 35) werden von den Finanzämtern festgestellt, die für die Veranlagung zuständig sind. Die Feststellung erfolgt, sobald und soweit die Steuer entrichtet ist. Die Landesregierung oder die von ihr beauftragte Behörde ist berechtigt, Auskünfte sowie Einsicht in die Nachweisungen und Akten des Finanzamtes zu verlangen.

(2) Sind an einem Steuerbetrage mehrere Länder oder Gemeinden (Gemeindeverbände) beteiligt, so stellt das Finanzamt gleichzeitig mit der Veranlagung das Beteiligungsverhältnis fest, nach dem das Aufkommen der Steuer auf die Länder oder Gemeinden (Gemeindeverbände) zu verteilen ist. Die Vorschriften der §§ 49 bis 52 finden entsprechende Anwendung. Auf Grund des Beteiligungsverhältnisses stellt das Finanzamt die Anteile fest, sobald und soweit die Steuer entrichtet ist. In den Fällen des § 37 tritt an die Stelle des Finanzamts die Behörde, der die Geschäfte des Finanzamtes übertragen worden sind."

10. Als § 55a wird folgende Vorschrift eingestellt:

„§ 55a.

Die Anteile der Länder an der Börsensteuer (§ 46 a) werden von den Finanzämtern festgestellt, die für die Erhebung zuständig sind. Die Vorschriften des § 54 Abs. 1 Satz 2, 3 finden Anwendung."

11. Der § 56 wird gestrichen.

12. Im § 57
   a) werden im Abs. 1 die Worte „mit drei Vierteln des Aufkommens" ersetzt durch die Worte „mit neunzig vom Hundert des Aufkommens" und
   b) im Abs. 2 die Worte „die Anteile der Länder an den Steuern auf Grund des Erbschaftssteuergesetzes (§§ 32, 33) und" gestrichen,

c) erhält Abs. 3 folgende Fassung:

„(3) Die Anteile der Länder an der Umsatzsteuer (§ 38), an der Kraftfahrzeugsteuer (§ 45), an der Rennwettsteuer (§ 46) und an der Börsensteuer (§ 46 a) werden zwei Wochen nach der Feststellung fällig."

d) wird Abs. 4 gestrichen.

13. Der § 58 wird gestrichen.

14. Im § 60

a) erhält Abs. 2 Satz 1 folgende Fassung:

„(2) Die Mehraufwendungen werden nach dem in Goldmark festgestellten Unterschiede zwischen den jeweiligen Ausgaben für Besoldungen, Bezüge und Vergütungen und den Beträgen berechnet, die von den Ländern und Gemeinden (Gemeindeverbänden) für Besoldungen, Bezüge und Vergütungen vor dem 1. Januar 1921 aus eigenen Mitteln zu tragen waren."

b) wird folgender Abs. 9 eingestellt:

„(7) Die Zuschüsse nach Abs. 1, 2 mindern sich für die Zeit vom 1. Februar 1924 ab auf 50 vom Hundert und für die Zeit vom 1. März 1924 ab auf 25 vom Hundert der im Abs. 1, 2 bezeichneten Mehraufwendungen; sie fallen mit dem 1. April 1924 weg. Entsprechendes gilt für die Zuschüsse nach Abs. 8."

§ 40.

Das Gesetz zur Änderung des Landessteuergesetzes vom 23. Juni 1923 (RGBl. I S. 483) wird wie folgt geändert:

1. Artikel IV erhält folgende Fassung:

„Artikel IV.

(1) Die Verteilungsschlüssel für die Einkommensteuer und die Körperschaftssteuer werden im Kalenderjahre 1924 auf der Grundlage des Steuersolls festgestellt, das sich ergibt

1. aus den Steuerbeträgen, die bis zum 31. Januar 1924 veranlagt sind,
2. aus Veränderungen, die an veranlagten Steuerbeträgen bis zum 31. Januar 1924 eingetreten sind.

(2) Außer Betracht bleiben

1. das im Artikel II Abs. 2 und im Artikel III Abs. 2 bezeichnete Steuersoll,
2. Einkommensteuerbeträge, die für die Kalenderjahre 1923 und 1924 veranlagt sind,

3. Körperschaftssteuerbeträge, die für Wirtschafts- (Geschäfts-) Jahre veranlagt sind, die nach dem 30. Juni 1923 abliefen,
4. Veränderungen, die an den in Nr. 2 und 3 bezeichneten Steuerbeträgen bis zum 31. Januar 1924 eingetreten sind.

(3) Der Schlüsselanteil des einzelnen Landes ist aus der Gesamtheit der Rechnungsanteile seiner Gemeinden zu berechnen, soweit sie bis zum 31. Januar 1924 festgesetzt sind."

2. Hinter Artikel IV treten als Artikel IVa folgende Vorschriften:

„Artikel IVa.

(1) Die Verteilungsschlüssel für die Einkommensteuer und die Körperschaftssteuer werden im Kalenderjahre 1925 auf der Grundlage des Steuersolls festgestellt, das sich ergibt

1. aus den Steuerbeträgen, die bis zum 31. Dezember 1924 veranlagt sind,
2. aus den Veränderungen, die bis zum 31. Dezember 1924 an veranlagten Steuerbeträgen eingetreten sind.

(2) Außer Betracht bleiben

1. das im Artikel IV Abs. 2 Nr. 1 bezeichnete Steuersoll,
2. die im Artikel IV Abs. 2 Nr. 2, 3 bezeichneten Steuerbeträge,
3. Veränderungen, die in den in Nr. 2 bezeichneten Steuerbeträgen bis zum 31. Dezember 1924 eingetreten sind.

(3) Der Schlüsselanteil des einzelnen Landes ist aus der Gesamtheit der Rechnungsanteile seiner Gemeinden zu berechnen, soweit sie bis zum 31. Dezember 1924 festgesetzt sind."

3. Im Artikel V werden

a) im Satz 1 die Worte „1923 und 1924" ersetzt durch die Worte „1923, 1924 und 1925";

b) im Satz 3 hinter den Worten „drei Viertel" die Worte eingefügt „und vom 1. Februar 1924 ab neunzig vom Hundert".

§ 41.

(1) Der § 2 der Verordnung über die Kohlenwirtschaft vom 18. Oktober 1923 (RGBl. I S. 945) / 13. Oktober 1923 (RGBl. I S. 979) erhält folgende Fassung:

„Das Kohlensteuergesetz vom 20. März 1923 (RGBl. I S. 193) wird mit Ausnahme der Vorschriften im § 25 des Gesetzes aufgehoben."

(2) Die Bestimmung des Abs. 1 tritt mit Wirkung vom 15. Oktober 1923 ab in Kraft.

§ 42.

(1) Die Aufgaben der Wohlfahrtspflege, des Schul- und Bildungswesens und der Polizei werden den Ländern nach Maßgabe näherer reichsrechtlicher Vorschriften zu selbständiger Regelung und Erfüllung überlassen. Die Länder bestimmen, inwieweit die Gemeinden (Gemeindeverbände) an der Erfüllung der einzelnen Aufgaben zu beteiligen sind. Vor der Überlassung an die Länder werden die reichsrechtlichen Vorschriften, die dem Grundsatz des Satz 1 entgegenstehen, aufgehoben werden.

(2) Zu den Aufgaben der Wohlfahrtspflege im Sinne des Abs. 1 gehören

1. die Fürsorge für die Rentenempfänger der Invaliden- und Angestelltenversicherung, soweit sie nicht den Versicherungsträgern obliegt,
2. die Fürsorge für die Kleinrentner und die ihnen gleichgestellten Personen,
3. die soziale Fürsorge für Kriegsbeschädigte und Kriegshinterbliebene und die ihnen auf Grund der Versorgungsgesetze gleichgestellten Personen,
4. die Fürsorge für hilfsbedürftige Minderjährige,
5. die Wochenfürsorge,
6. die Flüchtlingsfürsorge,
7. die Leistungen nach dem Gesetz über die durch innere Unruhen verursachten Schäden vom 12. Mai 1920 (RGBl. S. 941) in der Fassung der Verordnung vom 8. Januar 1924 (RGBl. I S. 23).

(3) Mit der Übernahme der Aufgaben der Wohlfahrtspflege gehen ihre Lasten auf die nach Maßgabe einer besonderen Verordnung zu bildenden Fürsorgeverbände über. Die Kosten der Erfüllung der sonstigen im Abs. 1 bezeichneten Aufgaben fallen mit ihrer Übernahme den Ländern und nach näherer Bestimmung des Landesrechts den Gemeinden (Gemeindeverbänden) zur Last. Die Vorschriften des § 59 des Finanzausgleichsgesetzes bleiben unberührt.

Artikel VI.

Mitwirkung der Gemeindebehörden im Besteuerungsverfahren.

§ 43.

Die Reichsabgabenordnung wird wie folgt geändert:

1. Hinter dem § 23 wird folgender § 23a eingefügt:

„§ 23a.

(1) Bei den Steuern vom Einkommen und vom Vermögen (ausschließlich der Erbschaftssteuer) und bei der Umsatzsteuer soll das Finanzamt vor der Veranlagung die für den Steuerpflichtigen zuständige Gemeindebehörde hören. Der Vorsteher der Gemeindebehörde, sein Vertreter oder ein durch schriftlichen Auftrag der Gemeindebehörde ausgewiesener Beauftragter ist berechtigt, mit beratender Stimme an den Sitzungen des Steuerausschusses (§ 25) teilzunehmen, solange in den Sitzungen über die Veranlagung von Steuerpflichtigen, die in der Gemeinde ihren Wohnsitz, ihren ständigen Aufenthalt, ihren Sitz oder eine Niederlassung haben, beraten oder beschlossen wird.

(2) Die Vorschriften des § 10 Abs. 1, 3, 4 und des § 376 gelten auch für die Personen, die namens der Gemeinden im Besteuerungsverfahren mitwirken oder als Beamte, Angestellte oder Beauftragte von Gemeinden oder als Inhaber von Ehrenämtern Kenntnis über Verhältnisse, Geschäfts- oder Betriebsgeheimnisse eines Steuerpflichtigen erhalten."

2. Dem § 245 wird folgender Abs. 2 hinzugefügt:

„(2) Die Gemeindebehörde des Ortes, an dem der Steuerpflichtige seinen Wohnsitz, seinen ständigen Aufenthalt, seinen Sitz oder eine Niederlassung hat, kann beantragen, daß der Vorsteher des Finanzamtes zur Herbeiführung einer höheren Veranlagung Berufung einlegt; dabei sind die Gründe anzugeben, aus denen die Gemeindebehörde die Veranlagung für zu niedrig hält. Lehnt der Vorsteher des Finanzamtes den Antrag ab, so hat er seine Gründe der Gemeindebehörde mitzuteilen."

§ 44.

Die Bestimmungen des § 43 treten einen Monat nach ihrer Verkündung in Kraft.

Artikel VII.

Vereinfachung der Steuerrechtspflege.

§ 45.

Für die Steuern vom Einkommen und vom Vermögen bedarf es der Mitwirkung der im § 25 der Reichsabgabenordnung vorgesehenen Ausschüsse nicht:

1. wenn ein vorläufiger Steuerbescheid erlassen wird;

2. wenn ein Steuerbescheid erlassen wird, der sich auf die Anforderung von Steuervorauszahlungen beschränkt;
3. wenn auf Grund des § 76 Abs. 1 Nr. 2 der Reichsabgabenordnung ein Steuerbescheid zurückgenommen oder geändert wird;
4. wenn im Falle des § 97 der Reichsabgabenordnung eine Nachveranlagung oder eine Neuveranlagung vorgenommen wird;
5. wenn über Erstattungsansprüche, die auf Rechtsgründe gestützt werden, entschieden wird;
6. wenn über Erinnerungen der im § 288 Abs. 3 Satz 3 und im § 293 Abs. 1 Satz 2 der Reichsabgabenordnung bezeichneten Art entschieden wird.

§ 46.

(1) Zu den Sitzungen der bei den Finanzämtern gebildeten Ausschüsse (§ 25 der Reichsabgabenordnung) werden jeweils zwei gewählte Mitglieder und ein ernanntes Mitglied geladen.

(2) Das Finanzamt bestimmt für das ganze Jahr im voraus, in welcher Reihenfolge die gewählten Ausschußmitglieder zu den Sitzungen herangezogen werden. Ist ein gewähltes Ausschußmitglied verhindert, an einer Sitzung teilzunehmen, so ist sein Vertreter (§ 9 der Verordnung vom 25. Mai 1920 — RGBl. S. 1118 —) heranzuziehen; ist auch der Vertreter verhindert, so wird das nächstfolgende Ausschußmitglied (Satz 1) herangezogen. Geht die Anzeige von der Verhinderung so spät ein, daß eine Einberufung nach den vorstehenden Grundsätzen nicht mehr möglich ist, oder bleibt ein Mitglied ohne Anzeige aus, so ist ein leicht erreichbares Mitglied heranzuziehen.

(3) Der Ausschuß ist beschlußfähig, wenn außer dem Vorsitzenden mindestens zwei Mitglieder anwesend sind (§ 30 Abs. 1 Satz 1 der Reichsabgabenordnung).

§ 47.

Über die Berufung entscheidet:

1. wenn es sich um Steuern vom Einkommen oder vom Vermögen (einschließlich der Erbschaftssteuer) oder um Umsatzsteuer handelt: das Finanzgericht; die Befugnis des Vorsitzenden des Finanzgerichts, nach näherer Bestimmung des § 251 der Reichsabgabenordnung über die Berufung vorläufig zu entscheiden, bleibt unberührt;
2. wenn es sich nicht um die in Nr. 1 bezeichneten Steuern handelt: der Vorsitzende des Finanzgerichts.

§ 48.

(1) Bei Berufungen, deren Beschwerdegegenstand keinen höheren Wert hat als 50 Goldmark, kann die Rechtsmittelbehörde (§ 47), ohne daß es einer weiteren Aufklärung des Sachverhaltes oder einer Stellungnahme zu Rechtsfragen bedarf, nach freiem Ermessen entscheiden. Zur Begründung einer solchen Entscheidung genügt der Hinweis, daß auf Grund dieser Verordnung nach freiem Ermessen entschieden worden ist.

(2) Die Bestimmungen des Abs. 1 finden keine Anwendung, wenn die Einspruchsentscheidung zuungunsten des Steuerpflichtigen abgeändert wird.

(3) Der Reichsminister der Finanzen kann die im Abs. 1 Satz 1 bestimmte Wertgrenze ändern.

§ 49.

Über Beschwerden, die sich gegen die Anordnung von Arresten richten (§ 351 Abs. 1 Satz 4, § 352 Satz 4 der Reichsabgabenordnung), kann der Vorsitzende des Finanzgerichts vorläufig entscheiden. Für das Verfahren, das im Falle der vorläufigen Entscheidung anzuwenden ist, gelten die Vorschriften des § 251 der Reichsabgabenordnung entsprechend.

§ 50.

Hat im Besteuerungsverfahren ein Beteiligter aus Mutwillen oder in der Absicht, die Finanzbehörden irrezuführen, ein Rechtsmittel eingelegt, so kann die Rechtsmittelbehörde die im § 289 Abs. 2 der Reichsabgabenordnung vorgesehenen Gebühren bis auf das Doppelte erhöhen.

§ 51.

(1) Ist Einspruch, Berufung, Anfechtung oder Rechtsbeschwerde eingelegt worden, so kann der Vorsitzende der Rechtsmittelbehörde verfügen, daß der Beschwerdeführer an die Kasse der Finanzbehörde, die für die Erhebung der Rechtsmittelkosten zuständig ist, einen Kostenvorschuß zu zahlen hat. In der Verfügung ist der zu zahlende Kostenvorschuß in Goldmark so hoch festzusetzen, daß die Kosten, die im Falle der Zurückweisung des Rechtsmittels dem Beschwerdeführer zur Last fallen, voraussichtlich aus dem Kostenvorschuß gedeckt werden können. In der Verfügung ist ferner eine Frist zu bestimmen, innerhalb deren der Nachweis, daß der Vorschuß gezahlt ist, dem Vorsitzenden der Rechtsmittelbehörde zu erbringen ist. Gegen die Verfügung ist ein Rechtsmittel oder ein sonstiger Rechtsbehelf nicht gegeben.

(2) Liegen die Voraussetzungen des § 50 vor, so ist das Rechtsmittel als unzulässig zu verwerfen, wenn der Nachweis, daß der Kostenvorschuß

gezahlt worden ist, nicht rechtzeitig erbracht wird. Die Vorschriften der §§ 68, 69, 236 Abs. 2 der Reichsabgabenordnung finden entsprechende Anwendung.

(3) Werden die Kosten des Rechtsmittelverfahrens nicht dem Beschwerdeführer auferlegt, oder geht der Kostenvorschuß über den Betrag hinaus, den der Beschwerdeführer als Kosten des Rechtsmittelverfahrens zu zahlen hat, so ist ihm der zuviel gezahlte Goldmarkbetrag, ohne daß es eines Antrages bedarf, zu erstatten. Eine Verzinsung findet nicht statt.

§ 52.

(1) Wird ein Rechtsmittel zurückgenommen, so wird über die Kosten des Rechtsmittelverfahrens nicht besonders entschieden. Die Kosten sind, wenn der Vorsteher des Finanzamtes das Rechtsmittel eingelegt hatte, vom Reiche, in allen anderen Fällen von der Person zu tragen, in deren Namen das Rechtsmittel eingelegt worden war.

(2) Für das zurückgenommene Rechtsmittel wird der Wert des Streitgegenstandes, soweit erforderlich, von dem Vorsitzenden der Behörde festgestellt, gegen deren Entscheidung das Rechtsmittel gerichtet war.

(3) In geeigneten Fällen kann der Vorsitzende der Behörde, gegen deren Entscheidung das Rechtsmittel gerichtet war, die Gebühren für das Verfahren über das zurückgenommene Rechtsmittel bis auf die Hälfte ermäßigen; er kann auch Kostenfreiheit gewähren, wenn die Einlegung des Rechtsmittels auf entschuldbarer Unkenntnis der Verhältnisse oder auf Unwissenheit beruht. Der Behörde, die zur Entscheidung über das zurückgenommene Rechtsmittel berufen war, stehen die im Satz 1 bezeichneten Befugnisse nicht zu.

(4) Gegen Verfügungen, durch die der Wert des Streitgegenstandes festgestellt wird (Abs. 2) oder eine Vergünstigung der im Abs. 3 Satz 1 bezeichneten Art versagt wird, ist ein Rechtsmittel oder ein sonstiger Rechtsbehelf nicht gegeben.

(5) Verfügungen, durch die der Wert des Streitgegenstandes festgestellt wird (Abs. 2), brauchen dem Schuldner nicht besonders bekanntgegeben zu werden; jedoch ist in dem Kostenfestsetzungsbescheide die Wertfestsetzung hervorzuheben. Entsprechendes gilt, wenn Vergünstigungen der im Abs. 3 Satz 1 bezeichneten Arten gewährt werden, oder wenn ein Antrag, mit dem der Kostenschuldner derartige Vergünstigungen nachsucht, abgelehnt wird.

§ 53.

(1) Die Kosten des Rechtsmittelverfahrens und die einem Beteiligten zu erstattenden Auslagen werden festgesetzt:

1. in den Fällen des § 52 Abs. 1 Satz 1: von der Geschäftsstelle der Behörde gegen deren Entscheidung das Rechtsmittel gerichtet war;
2. im übrigen: von der Geschäftsstelle der Behörde, die über die Kostenpflicht zuerst entschieden hat.

Zur Entscheidung über Erinnerungen (§ 288 Abs. 3 Satz 3, § 293 Abs. 1 Satz 2 der Reichsabgabenordnung) ist die im Satz 1 bezeichneten Behörde zuständig. Über Erinnerungen gegen Entscheidungen, die die Geschäftsstellen der Finanzgerichte über die Höhe der Kosten des Rechtsmittelverfahrens oder über die Erstattung der einem Beteiligten erwachsenen Auslagen getroffen haben, entscheidet der Vorsitzende des Finanzgerichts endgültig.

(2) Der Reichsminister der Finanzen kann anordnen, daß die Kosten des Rechtsmittelverfahrens und die den Beteiligten zu erstattenden Auslagen von der Geschäftsstelle der Behörde, die in erster Instanz entschieden hat, festgesetzt werden. Er kann die zur Durchführung einer solchen Anordnung erforderlichen Bestimmungen treffen.

(3) Die Kosten des Rechtsmittelverfahrens werden grundsätzlich von der Behörde, die in erster Instanz entschieden hat, erhoben. Hat jedoch in erster Instanz ein Landesfinanzamt oder ein Finanzgericht entschieden, so werden die Kosten von der Kasse des Finanzamtes erhoben, von dem der Kostenschuldner zu besteuern ist.

(4) Wird die Entscheidung über die Kosten des Rechtsmittelverfahrens oder über den Wert des Streitgegenstandes von einer Behörde getroffen, die nicht über das Rechtsmittel entschieden hat (Beispiel: §243 Abs. 2 Satz 1 der Reichsabgabenordnung), so ist eine Mitteilung der Entscheidung an die Rechtsmittelbehörde nicht erforderlich.

§ 54.

Die Reichsabgabenordnung wird wie folgt geändert:

1. Im § 251 Abs. 2 erhalten die Sätze 1, 2 folgende Fassung:
   „Ein ehrenamtliches Mitglied des Gerichts kann mit der schriftlichen Begutachtung befaßt werden. Tritt der Vorsitzende einem solchen Gutachten bei, so kann er ohne Zuziehung der Mitglieder über die Berufung vorläufig entscheiden."
2. Im § 289 erhält der Abs. 2 folgende Fassung:
   „Die Gebühr wird nach dem Werte des Streitgegenstandes nach § 8 des Gerichtskostengesetzes berechnet und beträgt:

   im Einspruchsverfahren, im Beschwerdeverfahren und im Anfechtungsverfahren das Doppelte der dort vorgeschriebenen Gebühr,

im Berufungsverfahren das Dreifache,
im Rechtsbeschwerdeverfahren das Vierfache."

3. Im § 295 Halbsatz 2 wird das Wort: „Gebührenfreiheit" ersetzt durch das Wort: „Kostenfreiheit".
4. Im § 462 wird das Wort: „Verwaltungsstrafverfahren" ersetzt durch das Wort: „Strafverfahren".

§ 55.

(1) Die Bestimmungen dieses Artikels treten eine Woche nach ihrer Verkündung in Kraft.

(2) Die Bestimmungen der §§ 45 bis 53 treten für die Zeit ihrer Geltung an die Stelle der entsprechenden Vorschriften der Reichsabgabenordnung.

(3) Der Reichsminister der Finanzen bestimmt, wann und inwieweit die Bestimmungen der §§ 45 bis 53 außer Kraft treten. Sie müssen außer Kraft gesetzt werden, wenn der Reichstag es verlangt.

Artikel VIII.

Vereinfachung des Steuerstrafrechts.

§ 56.

Die Reichsabgabenordnung wird wie folgt geändert:

1. Im § 359
   a) erhält der Abs. 1 folgende Fassung:
      „Wer zum eigenen Vorteil oder zum Vorteil eines anderen nicht gerechtfertigte Steuervorteile erschleicht oder vorsätzlich bewirkt, daß Steuereinnahmen verkürzt werden, wird wegen Steuerhinterziehung mit Geldstrafe bestraft. Der Höchstbetrag der Geldstrafe ist unbeschränkt. Bei Zöllen und Verbrauchsabgaben ist die Geldstrafe mindestens auf das Vierfache des hinterzogenen Betrages zu bemessen, falls der Betrag der Steuerverkürzung oder des Steuervorteils festgestellt werden kann. Neben der Geldstrafe kann auf Gefängnis bis zu zwei Jahren erkannt werden."
   b) wird dem Abs. 5 folgender Satz 2 hinzugefügt:
      „Auf Gefängnis darf jedoch nur erkannt werden, wenn der Vorsatz der Hinterziehung festgestellt wird."
2. Im § 360 Abs. 1 wird der Satz 2 gestrichen.
3. Im § 361 wird der Abs. 2 gestrichen.

4. Der § 362 wird gestrichen.
5. Der § 363 erhält folgende Fassung:

„Wenn wegen Steuerhinterziehung auf eine Geldstrafe von mehr als fünfhundert Goldmark oder neben Geldstrafe auf Gefängnis erkannt wird, kann im Straferkenntnis (Urteil, Strafbescheid, Niederschrift über eine Unterwerfungsverhandlung) angeordnet werden, daß die Bestrafung auf Kosten des Verurteilten bekanntzumachen ist."

6. Im § 367 Abs. 1 werden die Worte:

„wird, soweit in den einzelnen Gesetzen nichts Abweichendes vorgeschrieben ist, wegen Steuergefährdung mit einer Geldstrafe bestraft, die im Höchstbetrage halb so hoch ist wie die für die Steuerhinterziehung angedrohten Geldstrafe"

ersetzt durch die Worte:

„wird wegen Steuergefährdung mit Geldstrafe bis zu einhunderttausend Goldmark bestraft."

7. Der § 369 erhält folgende Fassung:

„(1) Wer im Inland wegen Steuerhinterziehung oder Steuerhehlerei bestraft worden ist, darauf abermals eine dieser Handlungen begangen hat und wegen derselben bestraft worden ist, wird, wenn er eine Steuerhinterziehung oder eine Steuerhehlerei begeht, mit Gefängnis bis zu fünf Jahren bestraft. Neben der Gefängnisstrafe ist auf Geldstrafe (§ 359 Abs. 1 Sätze 2, 3) zu erkennen. Sind mildernde Umstände vorhanden, so kann ausschließlich auf Geldstrafe (§ 359 Abs. 1 Sätze 2, 3) erkannt werden.

(2) Die Vorschriften des Abs. 1 finden Anwendung, auch wenn die früheren Strafen nur teilweise verbüßt oder ganz oder teilweise erlassen worden sind, bleiben jedoch ausgeschlossen, wenn seit der Verbüßung oder dem Erlasse der letzten Strafe bis zur Begehung der neuen Steuerhinterziehung oder Steuerhehlerei drei Jahre verflossen sind.

(3) Im Falle des § 359 Abs. 5 Satz 1 darf auf Gefängnis nur erkannt werden, wenn der Vorsatz der Hinterziehung festgestellt wird."

8. Hinter dem § 369 wird folgender § 369a eingefügt:

„§ 369a.

(1) Wer Steuerzeichen in der Absicht, daß sie als echt verwendet werden, fälschlich anfertigt oder verfälscht oder wer sich in dieser Absicht falsche Steuerzeichen dieser Art verschafft, wird mit Gefängnis nicht unter drei Monaten bestraft. Ebenso wird

bestraft, wer vorsätzlich falsche Steuerzeichen als echt verwendet, feilhält oder in Verkehr bringt.

(2) Wer vorsätzlich bereits verwendete Steuerzeichen als gültig wiederverwendet oder in der Absicht, daß sie als gültig wiederverwendet werden, sich verschafft, feilhält oder in Verkehr bringt, wird mit Geldstrafe bestraft. Der Höchstbetrag der Geldstrafe ist unbeschränkt. Neben der Geldstrafe kann auf Gefängnis bis zu zwei Jahren erkannt werden.

(3) Wer zum Zwecke der Fälschung von Steuerzeichen

1. Formen oder andere Gerätschaften, die zur Ausführung einer Steuerzeichenfälschung dienen können,
2. Papier, das einer zur Herstellung der Steuerzeichen bestimmten Papierart gleich oder zum Verwechseln ähnlich ist,

anfertigt, sich verschafft, feilhält oder einem anderen überläßt, wird mit Gefängnis bis zu zwei Jahren und mit Geldstrafe bis zu einhunderttausend Goldmark oder mit einer dieser Strafen bestraft. Den Formen oder Gerätschaften stehen die mit solchen Formen oder Gerätschaften hergestellten Abdrucke gleich.

(4) Die falschen, wiederverwendeten oder zur Wiederverwendung bestimmten Steuerzeichen sind einzuziehen, auch wenn sie dem Täter nicht gehören. Das gleiche gilt für Formen, Gerätschaften, Abdrucke und Papier der im Abs. 3 bezeichneten Art."

9. Im § 373 werden die Worte: „bis zur Höhe des doppelten Betrages der verkürzten Beträge" ersetzt durch die Worte: „bis zu einhunderttausend Goldmark".
10. Im § 377 Abs. 1 Satz 1 werden die Worte: „Steuerermittlung oder Steueraufsicht" ersetzt durch die Worte „Besteuerung (einschließlich der Vorbereitung, Sicherung und Nachprüfung der Besteuerung)".
11. Im § 202 Abs. 1 werden die Worte: „bei Ermittlung von Steueransprüchen oder Durchführung der Steueraufsicht" ersetzt durch die Worte: „im Besteuerungsverfahren (einschließlich der Vorbereitung, Sicherung und Nachprüfung der Besteuerung)".

§ 57.

(1) Die Bestimmungen des § 56 treten eine Woche nach ihrer Verkündung in Kraft.

(2) Gleichzeitig treten außer Kraft:

1. die Vorschriften der Steuergesetze (§§ 2, 3 der Reichsabgabenordnung) insoweit, als sie den Vorschriften der §§ 359 bis 361, §§ 363, 367, 369, 369a, 373 der Reichsabgabenordnung in der Fassung des § 56 zuwiderlaufen;

2. die Vorschriften der Steuergesetze (§§ 2, 3 der Reichsabgabenordnung) insoweit, als sie (außer dem § 359 Abs. 1 Satz 3 der Reichsabgabenordnung in der Fassung des § 56) Mindestgrenzen für die Geldstrafen setzen, die bei Steuerhinterziehung zu verhängen sind;
3. die §§ 53a bis 53f des Einkommensteuergesetzes, §§ 79 bis 82 des Kapitalverkehrsteuergesetzes, § 22 des Wechselsteuergesetzes.

(3) Unberührt bleiben jedoch bis zur Anpassung an die Reichsabgabenordnung die Strafvorschriften des Vereinszollgesetzes, des Tabaksteuergesetzes, des Weinsteuergesetzes und des Beförderungssteuergesetzes (Gesetz vom 8. April 1917 — RGBl. S. 329).

Artikel IX.

Schlußbestimmungen.

§ 58.

Soweit das Reich dingliche Belastungen zur Erfüllung allgemeiner dringlicher Aufgaben des Reiches durch Gesetz anordnet, gehen diese Lasten der Besteuerung nach §§ 26 bis 36 vor.

§ 59.

Der Reichsminister der Finanzen wird ermächtigt, zu bestimmen, daß für steuerliche Zwecke Erklärungen über Beteiligungen an ausländischen Unternehmungen jeglicher Art und die darüber bestehenden Vereinbarungen abzugeben sind. Er kann die Erklärungen auch weiter als auf die nach Satz 1 zu machenden Angaben ausdehnen. Die Richtigkeit und Vollständigkeit der Erklärungen ist an Eides Statt zu versichern.

§ 60.

(1) Die Steuerpflichtigen sind nicht berechtigt, mit Ansprüchen, die sich gegen eine Betriebsverwaltung (Eisenbahnverwaltung oder Postverwaltung) des Reiches richten, gegen Steueransprüche des Reiches aufzurechnen.

(2) Die Bestimmung des Abs. 1 tritt mit Wirkung vom 20. November 1923 ab in Kraft. Ist nach dem 19. November 1923, aber vor der Verkündung dieser Verordnung mit einem Anspruch, der sich gegen eine Betriebsverwaltung des Reiches richtet, aufgerechnet worden, so ist dadurch der Steueranspruch des Reiches nicht erloschen. Im Falle des Satzes 2 hat der Steuerpflichtige für die Zeit von der Entstehung des Anspruchs,

der sich gegen die Betriebsverwaltung des Reiches richtet, bis zum Inkrafttreten dieser Verordnung Zuschläge oder Zinsen nicht zu entrichten.

(3) Der Reichsminister der Finanzen bestimmt, wann und inwieweit die Bestimmung des Abs. 1 außer Kraft tritt.

§ 61.

Das Reichsgesetz über die Erhebung einer Abgabe zur Förderung des Wohnungsbaues in der Fassung der Bekanntmachung vom 28. März 1923 (RGBl. I S. 238) tritt mit Ablauf des 31. März 1924 außer Kraft. Den Ländern bleibt es überlassen, die Veranlagung und Erhebung der Wohnungsbauabgabe schon für eine frühere Zeit einzustellen.

§ 62.

§ 2 des Gesetzes über Maßnahmen gegen die wirtschaftliche Notlage der Presse vom 21. Juli 1922 (RGBl. I S. 629) / 3. März 1923 (RGBl. I S. 159) tritt mit Ablauf des 31. Dezember 1923 außer Kraft, unbeschadet der Durchführung des Veranlagungs- und Erhebungsverfahrens für die Zeit bis zum 31. Dezember 1923.

§ 63.

(1) Die Zweite Steuernotverordnung vom 19. Dezember 1923 (RGBl. I S. 1205) wird wie folgt geändert:

1. Im Artikel I § 1 Abs. 2 Satz 1 treten an Stelle der Worte „anderweit festsetzen" folgende Wörter:
   „besonders festsetzen; dies gilt auch für Einkommensteuerpflichtige, die erhöhte Vorauszahlungen nach dem Gesetze vom 9. Juli 1923 (RGBl. I S. 556) / 11. August 1923 (RGBl. I S. 773) nicht zu entrichten hatten."
2. Im Artikel II
   a) erhält § 14 folgende Fassung:
      „Neuveranlagungen gemäß §§ 25, 26 des Vermögensteuergesetzes finden nicht statt."
   b) wird im § 15 folgender Abs. 3 angefügt:
      „(3) In den Fällen des Abs. 2 ist mit der Abgabe der Steuererklärung der Betrag nachzuzahlen, um den der nach Abs. 1 zu entrichtende Betrag den nach Abs. 2 zu entrichtenden Betrag übersteigt."

(2) Die Bestimmungen des Abs. 1 treten mit Wirkung vom 22. Dezember 1923 ab in Kraft.

§ 64.

(1) Die Reichsregierung wird ermächtigt, die zur Durchführung dieser Verordnung erforderlichen Rechtsverordnungen und allgemeinen Verwaltungsvorschriften zu erlassen; sie kann, soweit es sich als notwendig erweisen sollte, für besondere Fälle allgemeine Anordnungen ergänzenden oder abweichenden Inhaltes treffen. Sie kann ferner bestimmen, daß Zuwiderhandlungen gegen die Durchführungsbestimmungen mit Geldstrafe und Gefängnis oder mit einer dieser Strafen bestraft werden.

(2) Der Reichsminister der Finanzen wird ermächtigt, mit Zustimmung des Reichsrates und eines Ausschusses des Reichstages die im § 23 vorgesehenen Fristen mit Rücksicht auf die Gestaltung der allgemeinen Wirtschaftslage abzuändern.

§ 65.

Diese Verordnung tritt, soweit nicht ein anderer Zeitpunkt bestimmt ist, mit dem Tage der Verkündung in Kraft[1]).

Berlin, den 14. Februar 1924.

Der Reichskanzler
Marx.

Der Reichsminister der Finanzen
Dr. Luther.

Der Reichsminister der Justiz
Emminger.

---

[1]) Tag der Verkündung: 14. Februar 1924.

Dritte Steuernotverordnung (3. StNV.)

vom 14. Februar 1924.

(RGBl. I S. 74)

Auf Grund des Ermächtigungsgesetzes vom 8. Dezember 1923 (RGBl. I S. 1179) wird nach Anhörung eines Ausschusses des Reichstags und eines Ausschusses des Reichsrats von der Reichsregierung folgendes verordnet:

Artikel I.

Aufwertung.

Vorbemerkungen.

I. Die Bestimmungen der Paragraphen des Art. I regeln nur die Aufwertung von **Vermögensanlagen.**

Was unter „Vermögensanlagen" allgemein zu verstehen ist, ist in der V. nicht ausgesprochen. Folgende Tatsachen lassen aber einen Schluß hinsichtlich der Auslegung dieses Begriffs zu:

a) Zunächst war im Entwurfe der V. bezüglich der Darlehn vorgesehen, daß nur diejenigen von ihnen unter die Aufwertungsregelung fallen sollten, die nicht früher als 6 Monate nach der Hingabe rückzahlbar waren oder gekündigt werden konnten. Es war also eine längere Dauer des Darlehnsschuldverhältnisses gefordert. Daß eine längere Dauer des Schuldverhältnisses gegeben sein muß, damit eine „Vermögensanlage" vorliegt, ist auch aus der Art der in § 1 Abs. 2 V. ausdrücklich als Vermögensanlagen bezeichneten Rechtsansprüche zu schließen.

b) In § 12 Abs. 2 V. sind verschiedene Gruppen von Rechtsansprüchen von der Aufwertungsregelung der V. ausgenommen, die zum Teil nach der Auffassung des Wirtschaftslebens Vermögensanlagen darstellen.

1. Zu ihnen gehören die Ansprüche aus gegenseitigen Verträgen. Als solche hat man nach Staud. Anm. 1 zu § 320 BGB. diejenigen zweiseitigen Verträge zu verstehen, zu deren Wesen es gehört, daß beide Teile berechtigt und verpflichtet werden, daß also das Versprechen einer Leistung gegen das Versprechen einer anderen Leistung ausgetauscht wird. „Vermögensanlage" i. S. der V. erfordert also das Vorliegen von einseitigen Rechtsgeschäften.

2. In § 12 Abs. 2 sind ferner ausgenommen Ansprüche aus Gesellschaftsverträgen und anderen Beteiligungsverhältnissen. Hier liegen ver-

mögensrechtliche Ansprüche vor, die gegenüber einem auf Erzielung von Gewinn gerichteten Unternehmen bestehen, also selbst die Erzielung eines Gewinns bezwecken und deshalb in ihrem Endergebnis nicht fest umrissen sind. In den „Vermögensanlagen" des Art. I sind demnach nicht solche vermögensrechtliche Ansprüche inbegriffen, die neues Vermögen zu dem bereits vorhandenen hinzuerwerben sollen.

3. Endlich bezeichnet § 12 Abs. 2 Ansprüche auf wiederkehrende Leistungen, die bei Abfindungen, Auseinandersetzungen oder ähnlichen Rechtsvorgängen begründet werden, als keine Vermögensanlagen i. S. des Art. I, offenbar deshalb, weil diese Leistungen auf die Person eines bestimmten Gläubigers abgestellt, individualisiert, vielfach unübertragbar und nach ihrer wirtschaftlichen Bestimmung nicht als Kapitals- oder Vermögensanlagen im allgemein geläufigen Sinn gedacht sind.

Diese Tatsachen führen zu dem Schluß, daß man unter „Vermögensanlagen" i. S. der V. zu verstehen hat „die Hingabe von Vermögen zur Begründung oder zum Erwerbe von einseitigen vermögensrechtlichen Ansprüchen, die ihrer Natur nach und nach ihrer wirtschaftlichen Bestimmung — wie sie vor allem in der Vorkriegszeit und vor Eintritt des Währungsverfalls üblich war — auf eine längere Dauer und nicht auf rasche Abwicklung abgestellt sind, nicht neues Vermögen — außer den natürlichen Früchten und Zinsen — erwerben sollen, also keine kapitalsbildende, sondern nur ertragschaffende Tendenz haben, und nicht an die Person eines bestimmten Gläubigers geknüpft sind.

II. § 1 Abs. 2 charakterisiert gewisse Vermögensrechte zu Vermögensanlagen, deren Aufwertung sich im einzelnen nach der V. beurteilt. Die Aufwertung anderer nicht unter § 1 Abs. 2 fallender Vermögensanlagen wie sonstiger vermögensrechtlicher Ansprüche erfolgt nach allgemeinen Rechtsnormen und wird durch die 3. Steuernotverordnung nur insofern berührt, als die Höhe, bis zu welcher Vermögensanlagen des § 12 Abs. 1 aufgewertet werden können, gleichfalls mit 15% des Goldmarkbetrages abgegrenzt ist. Im Rahmen dieser Beschränkung wird deshalb auch das Aufwertungsurteil des RG. v. 28. November 1923 zur Anwendung kommen.

Man kann diese die Verhältnisse des einzelnen Falls nach den Grundsätzen von Treu und Glauben berücksichtigende Aufwertung als Individualaufwertung gegenüber der schematischen, der Generalaufwertung der V. selbst bezeichnen.

Näheres s. Anmerkung zu §§ 1 u. 12 V.

III. Die Generalaufwertung des Art. I ist von grundsätzlicher Bedeutung

a) für die Aufstellung der Goldbilanzen (V. v. 28. Dezember 1923 — RGBl. I S. 1253 —, 2. DV. hierzu v. 28. März 1924 — RGBl. I S. 385). So bestimmt § 3 der 2. DV.:

„Bei der Aufstellung der Eröffnungsbilanz sind die Vorschriften der 3. Steuernotverordnung auch dann zu berücksichtigen, wenn der Stichtag der Eröffnungsbilanz vor ihrem Inkrafttreten liegt.

Wird die Eröffnungsbilanz für einen früheren Zeitpunkt als den 1. Januar 1924 aufgestellt, so dürfen die Wertansätze nicht über den Betrag hinausgehen, der sich ergeben hätte, wenn die gleichen Gegenstände am 1. Januar 1924 hätten bewertet werden müssen; nach dem Bilanzstichtag und vor der

Aufstellung der Bilanz getilgte Forderungen sind höchstens mit dem gezahlten Goldmarkbetrage, nicht getilgte höchstens mit dem Goldmarkwert anzusetzen, der ihnen am 1. Januar 1924 beizumessen war; die Vorschrift im Abs. 1 bleibt unberührt."

Einschlägig ist ferner § 7 Abs. 4 der 1. V. zur Durchführung des Art. I der 3 V. Hiernach sind Forderungen, die durch Hypothek, Schiffspfandrecht oder Bahnpfandrecht gesichert sind, unbeschuldet der Vorschriften des § 38 der V. mit Beträgen, die unter Zugrundelegung des Aufwertungssatzes von 15% des Goldmarkbetrages errechnet werden, in die Bilanzen als Aktiven und Passiven einzustellen, solange nicht durch abweichende Vereinbarung oder durch rechtskräftige Entscheidung der Aufwertungsstelle eine höhere oder geringere Aufwertung bestimmt ist.

b) Dann für die Geltendmachung im Konkurse des Schuldners.

In § 1 der V. über die Goldmarkrechnung im Konkurse v. 14. Februar 1924 — RGBl. I S. 115 — ist bestimmt, daß die Konkursforderungen den Goldmarkwert behalten, den sie am Tage der Eröffnung des Konkursverfahrens besitzen. Als dieser „Goldmarkwert" wird der Aufwertungsbetrag nach der 3. Steuernotverordnung zu gelten haben.

Siehe auch Dr. Noah „Geldentwertung im Konkurs" (JW. 1924 S. 1125).

IV. Dagegen ist die Generalaufwertung ohne Bedeutung für die Bewertung von Reichsmarkforderungen und -schulden für die Vermögens- und Erbschaftssteuer, wie sie nach der 2. Steuernotverordnung zu erheben ist (§ 38 der V.).

V. Räumliches Geltungsgebiet der V.

Sie gilt allgemein, wenn die Schuldforderung nach den Grundsätzen des deutschen bürgerlichen Rechts im Gebiete des Deutschen Reichs zu erfüllen ist. In diesen Fällen ist es ohne Bedeutung, ob der Gläubiger oder Schuldner ein In- oder Ausländer ist.

Kann jedoch die Schuldforderung im Gebiete des Deutschen Reichs nicht geltend gemacht werden, muß also der Gläubiger sein Recht vor dem Gericht eines außerdeutschen Staates verfolgen, so wird sich die Anwendbarkeit der V. darnach richten, ob und inwieweit der ausländische Staat überhaupt deutsches Recht zur Anwendung zuläßt (vgl. hierzu Dr. Meyer-Wild über die Rechtsprechung des schweizerischen Bundesgerichts über die Frage, ob ein säumiger schweizerischer Schuldner dem in Deutschland wohnenden Gläubiger den durch die Markentwertung verursachten Schaden zu ersetzen hat. — JW. 1923 S. 117 —; ferner JW. 1923 S. 497ff. über die Stellung des österreichischen Obersten Gerichtshofs zur Frage des Verzögerungsschadens bei Geldforderungen; dann Dr. Bukofzer „Die gemischten Schiedsgerichtshöfe über Markentwertung und clausula rebus sic stantibus bei Ansprüchen zwischen Deutschen und Ausländern (JW. 1924 S. 656/657); endlich „der englische Court of appeal zur Frage der Aufwertung von Markforderungen" JW. 1924 S. 744. Siehe auch über Aufwertung der Privatforderungen in Polen JW. 1924 S. 1353, 1354.

VI a) Eine wichtige Ausnahme vom Geltungsbereiche der V. bringt § 9 des Reichsausgleichgesetzes in der Fassung vom 28. November 1923 (RGBl. I S. 1135ff.) hinsichtlich der in den Art. 296 Nr. 1—4 und 72 des Friedensvertrags (RGBl. 1919 S. 1105 u. 821) bezeichneten Forderungen, soweit sie nach den Bestimmungen des Art. 296e und f durch Vermittlung von Prüfungs- und Ausgleichsämtern zu regeln sind. In diesen Fällen ist die Zahlung, Zahlungsannahme, Aufrechnung, das Schuldanerkenntnis, der Erlaß sowie jeder andere auf die Schuldenregelung bezügliche Verkehr zwischen den Beteiligten verboten, es sei denn, daß der Verkehr durch Vermittlung oder mit Zustimmung des Ausgleichsamtes erfolgt. Solche Forderungen und Schulden dürfen auch nicht gerichtlich geltend gemacht werden.

Auf die in Art. 296 des Friedensvertrags getroffene Regelung über Bezahlung oder Gutschreibung der Schulden und die nach den Vorschriften der §§ 24ff. des Reichsausgleichsges. erfolgende Abrechnung des Ausgleichsamts gegenüber deutschen Gläubigern kann hier nicht näher eingegangen werden.

b) Eine weitere Ausnahme von dem Geltungsbereiche der V. bedeutet das Ges. über Enteignungen und Entschädigungen aus Anlaß des Friedensvertrages vom 31. August 1919 — RGBl. S. 1527ff. — in Verbindung mit dem Liquidationsschädengesetz in der Fassung vom 20. November 1923 — RGBl. I S. 1148ff. — für die nach § 1 des letzteren Gesetzes in Betracht kommenden Vermögensgegenstände.

§ 1.

(1) Ansprüche aus Rechtsverhältnissen, die vor dem Inkrafttreten dieser Verordnung begründet sind und die Zahlung einer bestimmten in Reichswährung ausgedrückten Geldsumme zum Gegenstande haben, werden, soweit es sich um Vermögensanlagen handelt, die durch den Währungsverfall entwertet sind, nach Maßgabe der §§ 2 bis 11 aufgewertet. Dies gilt nicht, wenn der verbliebene Goldwert fünfzehn vom Hundert des ursprünglichen Goldmarkbetrags (§ 2 Abs. 2) erreicht oder übersteigt.

(2) Als Vermögensanlagen im Sinne dieser Verordnung gelten:

1. Hypotheken, Grundschulden und Rentenschulden;
2. Reallasten;
3. Pfandrechte an im Schiffsregister eingetragenen Schiffen und an Bahneinheiten;
4. durch Hypothek, Schiffspfandrecht oder Bahnpfandrecht gesicherte Forderungen;
5. Pfandbriefe, Rentenbriefe und andere verzinsliche oder an Stelle der Verzinsung mit einem Aufgeld rückzahlbare Schuldverschreibungen von Grundkreditanstalten und Schiffsbeleihungsbanken sowie von Ablösungsanstalten, sofern den Gläubigern an der den Schuldverschreibungen zugrunde liegenden Deckung ein Pfandrecht oder ein Recht auf vorzugsweise Befriedigung im Konkurse zusteht;
6. Schuldverschreibungen der in Ziffer 5 bezeichneten Art, sofern den Gläubigern an der den Schuldverschreibungen zugrunde liegenden Deckung ein Pfandrecht oder ein

Recht auf vorzugsweise Befriedigung im Konkurse nicht zusteht;

7. verzinsliche oder an Stelle der Verzinsung mit einem Aufgeld rückzahlbare Schuldverschreibungen, die auf den Inhaber lauten oder durch Indossament übertragbar sind, wenn sie von natürlichen Personen, Personenvereinigungen oder juristischen Personen des Privatrechts ausgegeben sind;
8. Schuldverschreibungen der in Ziffer 7 bezeichneten Art, wenn sie von juristischen Personen des öffentlichen Rechtes als Unternehmer wirtschaftlicher Betriebe ausgegeben sind; ob im Einzelfalle diese Voraussetzung vorliegt, entscheidet der Reichsminister der Justiz mit Zustimmung des Reichsrats;
9. Guthaben bei öffentlichen oder unter Staatsaufsicht stehenden Sparkassen;
10. Ansprüche der Versicherten aus Lebensversicherungsverträgen.

Anmerkungen.

A. § 1 Abs. 1 enthält die grundlegenden Bestimmungen darüber, welche Ansprüche auf Grund der V. aufzuwerten sind.

I. Zunächst muß es sich um Vermögensanlagen handeln. S. hierzu Vorbemerkung I zu Art. I.

II. Von wesentlicher Bedeutung ist dann **die Zeit der Entstehung des aufzuwertenden Anspruchs.** Während der Entwurf nur die vor dem 1. Januar 1923 entstandenen Ansprüche berücksichtigen wollte, ist nunmehr der maßgebende Zeitpunkt der Tag des Inkrafttretens der V. d. i. 14. Februar 1924.

Ansprüche, die nach diesem Tag entstanden sind, werden allenfalls nach den allgemeinen Vorschriften des bürgerlichen Rechts aufgewertet. Für sie eine anderweitige Aufwertung vorzusehen, war nicht veranlaßt, da wohl die Wertbeständigkeitsklausel nunmehr zum allgemeinen Rüstzeug der vermögensrechtlichen Verträge geworden ist.

Zu prüfen ist also die Frage, wann ein Anspruch entstanden ist. Hier sind die allgemeinen bürgerlich-rechtlichen Bestimmungen einschlägig. So ist nach § 305 BGB. zur Begründung eines Schuldverhältnisses durch Rechtsgeschäft ein Vertrag zwischen den Beteiligten erforderlich, soweit nicht das Gesetz ein anderes vorschreibt. Also maßgebend ist im allgemeinen der Zeitpunkt des Vertragsabschlusses. Dazu können aber noch besondere Erfordernisse kommen, z. B. staatliche Genehmigung der Ausgabe von Schuldverschreibungen auf den Inhaber — § 795 BGB. — Für Hypotheken, Grund- und Rentenschulden ist gem. § 873 BGB. die Einigung der Vertragsteile über den Eintritt der Rechtsänderung und die Eintragung der Rechtsänderung in das Grundbuch erforderlich. Im Einzelnen wird auf die Ausführungen bei den §§ 2ff. V. hingewiesen.

Dr. Kipp spricht sich in JW. 1924 S. 480 dahin aus, daß auch bedingte und befristete Ansprüche von der V. ergriffen werden, sofern nur das Anwartschaftsrecht vor dem 14. Februar 24 begründet worden ist.

III. Der aufzuwertende Anspruch muß die **Zahlung einer bestimmten in Reichswährung ausgedrückten Geldsumme** zum Gegenstande haben.

a) Währung bedeutet die staatlich anerkannte Rechnungseinheit, also in Deutschland die Mark, die in 100 Pfennige eingeteilt ist — Münzgesetz vom 9. Juli 1873 (RGBl. S. 233ff.) und vom 1. Juni 1909 (RGBl. S. 507).

Für in ausländischer Währung ausgedrückte Geldschulden kommt eine Aufwertung nicht in Frage, da ihre Zahlung gem. § 244 BGB., wenn sie nicht ausdrücklich in ausländischer Währung bedungen ist — vgl. RGU. vom 6. Juli 1923 (Bd. 107, 110) —, nach Wahl des Schuldners in ausländischer oder in Reichswährung zu erfolgen hat, wobei letzterenfalls die Umrechnung nach dem Kurswert erfolgt, der zur Zeit der Zahlung am Zahlungsorte maßgebend ist (vgl. auch § 361 HGB.; Art. 37 Wechselordnung). — s. auch RGU. vom 5. April 1924 (Bd. 108 S. 151) —.

Mangels Entwertung durch Währungsverfall kommen für die Aufwertung auch nicht in Frage die nach dem RG. vom 23 Juni 1923 (RGBl. I S. 407) begründeten wertbeständigen Hypotheken, die auf den Preis einer bestimmten Menge Roggen, Weizen, Feingold usw. oder auf den Kurswert des nordamerikanischen Dollars (3. DV. zum Gesetz vom 23. Juni 1923 — RGBl. I S. 1075) abgestellt sind, obwohl auch ihr Wert durch das Sinken des zugrundegelegten Wertmaßstabs ungünstig beeinflußt werden kann.

Vgl. auch V. über die Eintragung von Hypotheken in ausländischer Währung vom 13. Februar 1920 — RGBl. S. 231ff. —; Gesetz über die Eintragung von Schiffspfandrechten in ausländischer Währung vom 26. Januar 1923 — RGBl. I S. 90 — und vom 29. März 1923 — RGBl. I S. 232 —; Gesetz über die Ausgabe wertbeständiger Schuldverschreibungen vom 23. Juni 1923 — RGBl. I S. 407 —; V. über wertbeständige Schiffspfandrechte vom 12. Februar 1924 — RGBl. I S. 65 —.

IV. Eine Aufwertung nach gegenwärtiger V. kommt natürlich dann nicht in Frage, wenn der verbliebene Goldwert — zu berechnen nach dem Umrechnungssatze des Tags der Begründung oder des Erwerbs eines Schuldverhältnisses — den Höchstsatz der V. von 15 % des ursprünglichen Goldmarkbetrags (§ 2 Abs. 2 V.) erreicht oder übersteigt. Denn hier besitzt die Forderung bereits den höchsten Goldmarkwert, den sie nach der V. überhaupt erhalten kann.

B. Abs. 2 zählt die Vermögensansprüche auf, die als Vermögensanlage im Sinne der V. gelten, und auf die deshalb die Vorschriften des Art. I unbedingt Anwendung finden.

I. Zu Ziff. 1.

Die materiellrechtlichen Vorschriften finden sich hinsichtlich der Hypotheken in den §§ 1113ff., hinsichtlich der Grundschulden in den § 1191ff. und hinsichtlich der Rentenschulden in den §§ 1199ff. BGB.

Diesen drei Vermögensanlagen ist gemeinsam, daß eine bestimmte Geldsumme aus dem Grundstücke zu zahlen ist. Hinsichtlich der persönlichen Forderung bei der Hypothek siehe § 1 Abs. 2 Ziff. 4 und Anmerkungen zu § 3 V.

Bei den Hypotheken sind zu unterscheiden vertragliche (Verkehrs- — § 1113ff. BGB. — Sicherungs- — § 1184 BGB. — und Höchstbetragshypotheken — § 1190ff. BGB. —; s. auch § 1287 BGB. und das Gesetz über die Sicherung von Bauforderungen vom 1. Juni 1909 — RGBl. S. 449ff. —, insbes. §§ 27ff. —) und solche auf Grund richterlichen Urteils. Alle diese Hypotheken fallen unter Ziff. 1, da in dieser keine Ausnahme bestimmt ist.

Es kann nun eine Hypothek — unter Umwandlung in eine Grundschuld — oder eine Grundschuld auch dem Eigentümer des Grundstücks zustehen. Zweck solcher Eigentümergrundschulden ist die Schaffung der Möglichkeit für den Eigentümer, einer erst in der Folge aufzunehmenden Hypothek den Rang vor bereits bestehenden Hypotheken offen zu halten. Wird auch eine solche Eigentümergrundschuld aufgewertet, d. h. kann der Eigentümer beanspruchen, daß diese Grundschuld mit dem Goldmarkwerte für ihn als weiterbestehend anzusehen ist, wie er sich nach § 2 V. errechnet, oder bleibt für sie der Papiermarkwert, auf den sie lautet, maßgebend, so daß sie wirtschaftlich ohne Bedeutung ist? Wir möchten die Frage in letzterem Sinne beantworten, soweit die Eigentümergrundschuld bereits vor dem 14. Februar 1924, dem Tage des Inkrafttretens der V., bestanden hat. Denn u. E. liegt nach der wirtschaftlichen Funktion der Eigentümergrundschuld keine Vermögensanlage vor. Zum gleichen Ergebnis kommt Dr. Hein in der „Deutschen Allgemeinen Zeitung" vom 21. März 1924; gegenteiliger Ansicht ist Dr. Lehmann; Schlegelberger Anm. 4a zu § 1. Das KG. hat diese Frage im Beschluß vom 3. April 1924 — JW. 1924 S. 1259 berührt, aber leider nicht zu ihr Stellung genommen.

Befriedigt dagegen der dingliche Schuldner, der zugleich persönlicher Schuldner ist, den Gläubiger erst nach dem 13. Februar 1924 im aufgewerteten Betrage, so geht die für die persönliche Forderung bestehende Hypothek, wenn sie nicht gelöscht wird, auf den Eigentümer als Eigentümerhypothek bzw. Eigentümergrundschuld im gleichen Betrage über.

Aufwertung nach § 2 V.

II. Zu Ziff. 2.

Reallasten §§ 1105ff. BGB.

Ein Grundstück kann in der Weise belastet werden, daß an denjenigen, zu dessen Gunsten die Belastung erfolgt, wiederkehrende Leistungen aus dem Grundstück zu entrichten sind.

Im Gegensatze zur Hypothek, Grund- und Rentenschuld, bei denen die Forderung immer in einer Geldsumme besteht — s. B I — kann bei der Reallast die Leistung jeden erlaubten Inhalt haben, z. B. Gewährung von Geld, Nahrungsmitteln, Holz aus Waldungen, Instandhalten einer Brücke usw. Für die V. kommen nur diejenigen Reallasten in Frage, die auf Zahlung einer Geldsumme gerichtet sind.

Aufwertung nach § 2 V.

III. Zu Ziff. 3.

a) Die Vorschriften über Pfandrechte an Schiffen sind in den §§ 1259ff. BGB. enthalten.

Zur Bestellung eines derartigen Pfandrechts ist die Einigung des Eigentümers des Schiffes und des Gläubigers darüber, daß dem Gläubiger das Pfandrecht zustehen soll, und die Eintragung des Pfandrechtes in das Schiffsregister erforderlich.

Pfandregister ist für die Seeschiffe das in den §§ 4ff. Gesetz über das Flaggenrecht der Kauffahrteischiffe vom 22. Juni 1899 — RGBl. S. 319 —, für Schiffe der Binnenschiffahrt das in den §§ 119ff. Gesetz über die privatrechtlichen Verhältnisse der Binnenschiffahrt vom 15. Juni 1895 in der Fassung der Bek. vom 20. Mai 1898 — RGBl. S. 868 — eingeführte Schiffsregister.

Für die im Schiffsregister eingetragenen Schiffe gelten ausschließlich die besonderen Vorschriften über das Registerpfandrecht und zwar auch dann, wenn die Eintragung des Schiffes mangels der gesetzlichen Vorschriften nicht hätte erfolgen sollen (beschränkte Ausnahme hiervon beim Arrestpfandrecht: RJA. 11, 17).

Für alle tatsächlich nicht eingetragenen Schiffe, selbst wenn in Ansehung ihrer die Möglichkeit, ja sogar die gesetzliche Pflicht zur Aufnahme in das Register, bestände, gelten die gewöhnlichen Vorschriften über das Pfandrecht. An ihnen kann nur Faustpfandrecht bestellt werden. Für dieses ist aber Ziff. 3 des § 1 V. nicht einschlägig.

Eine besondere Art der Verpfändung ist die in den §§ 679ff. HGB. geregelte Verbodmung. Hierunter hat man ein Darlehnsgeschäft zu verstehen, das von dem Schiffer als solchem kraft der ihm nach HGB. zustehenden Befugnisse unter Zusicherung einer Prämie und unter Verpfändung des Schiffes (und z. B. der Ladung) in der Art eingegangen wird, daß der Gläubiger wegen seiner Ansprüche sich nur an das verpfändete (verbodmete) Schiff (und z. B. an die Ladung) nach dessen Ankunft an dem Orte halten kann, wo die Reise enden soll, für die das Geschäft eingegangen ist (Bodmereireise).

Eine derartige Verbodmung ist an eingetragenen und nicht eingetragenen Schiffen möglich. § 1 Ziff. 3 gilt auch hier wieder nur für eingetragene Schiffe (s. RGK. Anm. 2, 3 zu § 1259 BGB).

Auf im Bau befindliche Schiffe finden die Vorschriften der §§ 1259ff. BGB. keine Anwendung. Nach Landesrecht können jedoch für sie ähnliche Vorschriften bestehen (EGHGB. Art. 20 s. RGK. Anm. 4 zu § 1259 BGB.). Nach Frankenburger zu Art. 20 können z. B. nach dem für Bremen geltenden Recht im Bau befindliche Schiffe ohne Übergabe des Besitzes durch Eintragung des Pfandrechts in ein besonderes Register gepfändet werden.

b) Pfandrechte an Bahneinheiten.

Nach Art. 112 EGBGB. ist unter Bahneinheit die Gesamtheit der einem Eisenbahn- oder Kleinbahnunternehmen gewidmeten Grundstücke und sonstigen Vermögensgegenstände zu verstehen (s. auch § 871 CZO.). Die landesgesetzlichen Vorschriften über die Belastung einer solchen Bahneinheit sind durch das BGB. unberührt geblieben; es gelten deshalb für Pfandrechte an Bahneinheiten die landesgesetzlichen Vorschriften. Hier sei besonders bemerkt, daß für die Rechtsverhältnisse an der Bahneinheit die gleichen Bestimmungen gelten, die die Grundbuchgesetzgebung für Grundstücke aufstellt. Eine Eintragung der Bahneinheit in Bahngrundbücher ist aber nicht obligatorisch; sie findet vielmehr nur statt, wenn der Eigentümer sie beantragt. Der Eigentümer muß jedoch den Antrag auf Eintragung stellen, wenn er eine Veräußerung oder Belastung vornehmen will.

An Landesgesetzen seien genannt: Preuß. Gesetz vom 19. August 1895, betr. das Pfandrecht bei Privateisenbahnen und Kleinbahnen, in der Fassung vom 8. Juli 1902 — GS. 215; AB. vom 11. November 1902; Württ. Gesetz betr. die Bahneinheiten; Baden vgl. § 11 AGGBO. vom 19. Juni 1899 (Becher II, 12 S. 58); Braunschweig, Gesetz betr. den Bau und den Betrieb von Privatanschlußbahnen vom 3. Mai 1906 (GVBl. S. 253); Lübeck, Gesetz über die Bahneinheiten vom 25. Januar 1904 (GVBl. S. 18). Siehe auch § 5 Ziff. 3 HBG. vom 13. Juli 1899 (RGBl. S. 375ff.) über Gewährung von Darlehen an inländische Kleinbahnunternehmungen gegen Verpfändung der Bahn.

Aufwertung nach § 2 V.

IV. Zu Ziff. 4.

Hypotheken sowie Pfandrechte an im Schiffsregister eingetragenen Schiffen und an Bahneinheiten dienen zur Sicherstellung einer dem Gläubiger zustehenden Forderung auf eine bestimmte Geldsumme. Es steht deshalb dem Gläubiger ein dinglicher Anspruch auf Befriedigung aus dem Grundstück, dem Schiff oder der Bahneinheit zu, und daneben das Recht, von dem persönlichen Schuldner Zahlung aus dessen Vermögen zu verlangen.

Die Aufwertung der dinglichen Ansprüche ist in § 1 Abs. 2 Ziff. 1—3 geregelt, die der persönlichen Forderungen in Ziff. 4.

Bei der Grund- und bei der Rentenschuld kann zwar neben der dinglichen Schuld auch ein persönliches Schuldverhältnis bestehen. Es ist aber bei ihnen die dingliche Schuld von einer etwaigen persönlichen so losgelöst, daß für den Erwerber einer Grund- oder Rentenschuld das Vorhandensein einer persönlichen Schuld nicht rechtserheblich ist. Es kann deshalb Ziff. 4 auf solche persönliche Schuldverhältnisse keine Anwendung finden. Sie werden vielmehr nach § 12 V. zu behandeln sein.

Hinsichtlich der Schiffspfandrechte sei bemerkt, daß nach voraufgeführten und nach der unmittelbaren Einreihung dieser Aufwertungsbestimmung hinter Ziff. 3 hier nur diejenigen persönlichen Forderungen in Frage kommen, die neben den dinglichen Rechten von im Register eingetragenen Schiffen bestehen, also dinglich gesichert sind. Es fallen demnach nicht darunter die an den nicht im Register eingetragenen Schiffen bestehenden durch Faustpfandrecht gesicherten Forderungen (s. oben B III a). Ihre Aufwertung wird sich nach § 12 V. regeln.

Dinglicher und persönlicher Schuldner können personengleich sein. Die dingliche und persönliche Schuld können aber auch gegen verschiedene Personen gerichtet sein, und zwar gleich von Anfang an, z. B. bei einer Hypothekbestellung für das einem anderen gegebene Darlehn. Oder aber die Trennung ist erst später erfolgt z. B. bei einer Sondernachfolge in ein Grundstück, wenn der neue Erwerber vom Gläubiger nicht zugleich als persönlicher Schuldner im Wege des § 416 BGB. angenommen wird (Staud. Anm. I 3 b zu § 1113 BGB.).

Der Gläubiger kann bei dinglich gesicherten Forderungen Aufwertung des dinglichen und persönlichen Anspruchs verlangen, ein sehr wichtiges Recht. Denn bei Personengleichheit des dinglichen und persönlichen Schuldners kann er Bezahlung der aufgewerteten Forderung nicht nur aus dem mit dem dinglichen Rechte belasteten Grundstücke, sondern auch aus dem übrigen Vermögen des Schuldners verlangen und umgekehrt. Bei Personenverschiedenheit der beiden Schuldner kann er den dinglichen und persönlichen Anspruch getrennt wahlweise geltend machen (Staud. Anm. I, 1 zu § 1147 BGB). Dieser Umfang seiner Rechte wird für den Gläubiger sehr wertvoll werden, wenn der Schuldner bei Personengleichheit oder wenn einer der Schuldner bei Personenverschiedenheit Herabsetzung des Aufwertungsbetrags gem. §§ 2 Abs. 1 und 3 V. begehrt.

Festzuhalten ist, daß der Gläubiger, sobald er von dem persönlichen oder dinglichen Schuldner den vollen 15%igen Aufwertungsbetrag erhalten hat, voll befriedigt ist, nicht also auch noch von dem anderen Schuldner Aufwertung verlangen, also letzten Endes 30 % erhalten kann.

Wenn der dingliche Schuldner nicht zugleich persönlicher ist, geht gem. § 1143 BGB., soweit er den Gläubiger befriedigt, die Forderung auf ihn über, und zwar in dem nach § 2 V. aufgewerteten Betrage.

Befriedigt der persönliche Schuldner den Gläubiger, so erwirbt er insoweit gemäß § 1164 BGB. die Hypothek, als er von dem Eigentümer oder einem Rechtsvorgänger des Eigentümers Ersatz verlangen kann, und zwar auch hier wieder höchstens in dem von ihm bezahlten aufgewerteten Betrage. Aufwertung nach § 3 V.

V. Zu Ziff. 5 und 6.

a) Pfandbriefe sind Schuldverschreibungen, die auf Grund von erworbenen Hypotheken oder von im Schiffsregister eingetragenen Pfandrechten an Schiffen oder Anteilen an Schiffen ausgegeben worden sind. Im Verkehr kommen außerdem noch folgende Bezeichnungen vor: Bodenkreditpfandbriefe, Hypothekenschuldscheine, Hypothekenanteilscheine, Bodenkreditscheine, Hypothekenobligationen, Hypothekenzertifikate, Zentralpfandbriefe.

Hinsichtlich der Hypothekenpfandbriefe ist maßgebend das Hypothekenbankgesetz vom 13. Juli 1899 — RGBl. S. 375ff. — (s. auch Gesetz zu dessen Änderung und Ergänzung vom 14. Juli 1923 — RGBl. I S. 635 —).

Die Pfandbriefe können sowohl auf den Inhaber wie auf den Namen oder an Order lauten. Denn das HBG. spricht lediglich von „Schuldverschreibungen" und nicht nur von Schuldverschreibungen auf den Inhaber (s. dagegen § 1 Abs. 2 Ziff. 7, 8 V., wo die Schuldverschreibungen auf den Inhaber lauten oder durch Indossament übertragbar sein müssen).

Rentenbriefe sind Schuldverschreibungen, die eine Hypothekenbank auf Grund von Rentenforderungen, die vor dem 1. Januar 1899 als Reallasten in das Grundbuch eingetragen worden sind, ausgegeben hat (§ 52 HBG.), ferner die auf dem Grundbesitz fundierten Schuldverschreibungen von Ablösungsanstalten (in Preußen: Rentenbriefe; in Sachsen: Landrentenbriefe; in Bayern: Grundrentenablösungsbriefe).

b) Unter Grundkreditanstalten sind zu verstehen Hypothekenbanken (Bodenkreditanstalten, Grundkreditbanken), Landschaften, Ritterschaften und Stadtschaften (vgl. auch § 5 DB. zur Obligationensteuer).

1. Hypothekenbanken sind nach § 1 HBG. Aktiengesellschaften und Kommanditgesellschaften auf Aktien, bei denen der Gegenstand des Unternehmens in der hypothekarischen Beleihung von Grundstücken und der Ausgabe von Schuldverschreibungen auf Grund der erworbenen Hypotheken besteht.

Es gibt reine und gemischte Hypothekenbanken, je nachdem sie lediglich die im § 1 HBG. benannten Grundgeschäfte und die im § 5 desselben Gesetzes bezeichneten Nebengeschäfte betreiben oder aber ihre Tätigkeit auch noch auf andere Geschäfte erstrecken (s. auch §§ 46, 47 HBG. und § 44 HBG. mit Art. 1 EGBGB.).

Diesen Hypothekenbanken sind für die V. durch § 5 DB. zur OblSt. gleichgestellt die nach § 45 HBG. zugelassenen Hypothekenbanken und eingetragenen Genossenschaften, denen auf Grund des § 45 Abs. 2 HBG. der gleiche Geschäftsbetrieb wie den Hypothekenbanken gestattet ist (z. B. bayerische Landwirtschaftsbank e. G. m. b. H.).

2. Die Landschaften und Ritterschaften sind Verbände von Grundstückseigentümern — s. Art. 167 EGBGB u. Anm. in Staud. hierzu —. Sie bestehen insbesondere in Preußen und Sachsen (z. B. die schlesische Landschaft, die kur- und neumärkische Ritterschaft, die pommersche Landschaft, die westpreußische Landschaft, die ostpreußische Landschaft, der neue Kreditverein für die Provinz Posen, das landwirtschaftliche Kreditinstitut für das Markgrafentum Ober- und Niederlausitz, der landschaftliche Kreditverband für die Provinz Sachsen, für Hannover das rittersch. Kreditinstitut für das Fürstentum Lüneburg, der Bremen-Verdensche rittersch. Kreditverein — s. auch Saling, Börsenpapiere).

Ihrer Entstehung nach sind diese Kreditinstitute als Korporationen des öffentlichen Rechts aufzufassen. Sie bezwecken im Interesse des Staatswohls das Bedürfnis der einzelnen Genossen nach Bodenkredit zu befriedigen und gewähren deshalb ihren Mitgliedern unkündbare Darlehen und zwar in Pfandbriefen.

Stadtschaften sind städtische Verbände, deren Zweck es ist, den Hausbesitzern des betreffenden Gebiets einen dauernden Realkredit durch Gewährung von Hypothekendarlehen mittels Ausgabe von Pfandbriefen (Stadtschaftsbriefen) zu verschaffen. Hinsichtlich der einzelnen Stadtschaften s. Saling, Börsenpapiere.

Im allgemeinen richten sich die rechtlichen Verhältnisse der Land-, Ritter- und Stadtschaften nach ihren behördlich genehmigten Satzungen.

3. Schiffsbeleihungsbanken (Deutsche Schiffspfandbriefbank A.G. in Berlin, Deutsche Schiffsbeleihungsbank in Hamburg).

Gegenstand des Unternehmens solcher Banken, die erst seit 1909 bestehen, ist die Förderung der deutschen See- und Binnenschiffahrt durch Gewährung von Darlehen gegen Verpfändung von Schiffen oder Anteilen an Schiffen und Eintragung der Pfandrechte im Schiffsregister. Auf Grund dieser Pfandrechte erfolgt die Ausgabe von festverzinslichen Schiffspfandbriefen.

4. Ablösungsanstalten.

Zur Erleichterung der in einem bestimmten Betrage möglichen einmaligen Ablösung aller beständigen Abgaben und Leistungen, die auf eigentümlich oder erbpachts- oder erbzinsweise besessenen Grundstücken oder Gerechtigkeiten hafteten, wurden eigene Ablösungsbanken, Rentenbanken errichtet, die die Abfindungssumme vorschossen, hierfür vom Verpflichteten eine Reihe von Zins- und Amortisationsquoten einziehen und Rentenbriefe ausgaben (Preußen Gesetz vom 2. März 1850 — GS. 112 — u. vom 17. Januar 1881 — GS. 5 —). Siehe Näheres bei Staud. Anm. V zu Art. 113 EGBGB.

Rentenbanken bestehen in Königsberg, Berlin, Stettin, Magdeburg, Münster, Breslau (s. Saling, Börsenpapiere I.).

c) Beim Konkurse über das Vermögen einer Hypothekenbank gehen in Ansehung der Befriedigung aus den in den Hypothekenregistern eingetragenen Hypotheken und Wertpapieren — §§ 6, 18, 31 Abs. 2 HBG. — die Forderungen der Pfandbriefgläubiger den Forderungen aller anderen Konkursgläubiger vor (§ 35 HBG.). Da das Vorzugsrecht des § 35 auf einen bestimmten Teil der Masse beschränkt ist, liegt ein Anspruch auf vorzugsweise Befriedigung aus einem Teile der Konkursmasse vor. Diese Pfandbriefgläubiger haben also nicht ein Pfandrecht an der Pfandbriefsdeckungsmasse, sondern ein Konkursvorrecht, dessen gesetzliche Regelung eine ausschließliche ist und durch die Satzungen der Banken keine Änderung erleiden kann. Früher bestellte Pfandrechte und früher eingegangene Verpflichtungen zur Bestellung von Pfandrechten wären demgemäß erloschen — vgl. § 53 Abs. 2 HBG. —.

Außer diesen Pfandbriefgläubigern kommen noch als mit Spezialvorrechten im Konkurs einer Hypothekenbank ausgestattet in Betracht die sog. Kommunal- und Kleinbahnobligationäre sowie die Rentenbriefgläubiger (§§ 41, 42, 52 und 35 HBG.). Ihre begriffliche Unterscheidung beruht auf der Verschiedenheit der Deckung für die einzelnen Arten von Schuldverschreibungen.

1. Über die Subjekte dieses Vorrechts ist noch folgendes zu sagen (vgl. Stern, Die Schuldverschreibungsgläubiger im Konkurse der Hypothekenbank S. 51 ff.).

Zu beachten ist zunächst bei nachstehenden Ausführungen, daß für die Aufwertungsverordnung an Stelle des Zeitpunktes der Konkurseröffnung der Tag des Inkrafttretens der V., d. i. der 14. Februar 1924 in Betracht kommt.

Die Subjekte des Konkursvorrechts sind die Obligationäre, und zwar auch Ausländer. Aber nur diejenigen Obligationäre sind bevorrechtigte Konkursgläubiger, die eine z. Z. der Konkurseröffnung begründete Schuldverschreibungsforderung besitzen. Hierunter fällt auch das Recht aus einer bereits vor der Konkurseröffnung ausgelosten, gekündigten oder sonstwie fällig gewordenen, aber noch nicht eingelösten Obligation (s. § 13 der 3. DV.). Nach diesem § 13 gilt dies auch dann, wenn die Pfandbriefe infolge der Kündigung oder Auslosung in den Besitz der Bank zurückgelangt sind, ohne daß der Inhaber seinen Aufwertungsanspruch verloren hat — Aufwertungsvorbehalt nach § 11 V.! — Ohne Bedeutung ist, ob die Einlösungsfrist bereits abgelaufen ist oder nicht. Denn auch im ersteren Falle gelten die Schuldverschreibungen als noch „im Umlauf" befindlich, weshalb für sie noch die Realsicherheit gem. §§ 6 Abs. 1 u. 35 HBG. gegeben ist. Ist jedoch bei der Fälligkeit der Obligationenforderung bereits die Verjährungsfrist — 30 Jahre, wenn sie nicht verlängert wurde, § 801 BGB. — abgelaufen, dann kann der Forderung die Einrede der Verjährung entgegengehalten werden, und damit fällt der Anspruch auf bevorrechtigte Befriedigung weg.

Der Eigentümer eines für kraftlos erklärten Pfandbriefs usw. ist nicht Obligationär. Die Tatsache, daß er sich vielleicht an die Hypothekenbank unter dem Gesichtspunkte der Mängelhaftung halten kann, kommt hier nicht in Betracht. Stern ist zuzustimmen, daß dieser Fall sich kaum ergeben wird.

Das Vorzugsrecht gilt auch für Obligationäre, deren Obligationen schon vor dem Inkrafttreten des HBG. ausgegeben wurden. Dies ergibt sich arg. § 53 Abs. 2 HBG. — vgl. RG. Bd. 17 S. 41 —.

2. Nun kann aber auch die Hypothekenbank selbst von den Schuldverschreibungen, die sie ausgestellt hat, welche besitzen, „eigene Schuldverschreibungen" und zwar in folgenden Fällen:

α) Die Bank hat ordnungsmäßig ausgestellte Pfandbriefe noch nicht begeben, also noch nicht in Umlauf gesetzt;

β) Die Bank hat bereits in den Verkehr gebrachte Schuldverschreibungen wieder aus dem Verkehr genommen

$\alpha\alpha$) weil sie verfügbare Gelder in den eingezogenen Schuldverschreibungen anlegen will (§ 5 Abs. 2 HGB.),

$\beta\beta$) weil sie solche Schuldverschreibungen zur statutenmäßigen Dotierung von Reserven oder bestimmten Fonds verwenden will.

γγ) weil sie durch die Einziehung von Schuldverschreibungen den Pfandbriefumlauf vermindern will. — Hat die Bank Obligationen aus dem Verkehr genommen, um sie zu kassieren, so bleiben diese gültig, solange die Entwertung noch nicht erfolgt ist. Der Entwertung kann die Übergabe seitens der kaufmännischen Abteilung an die Hypothekenabteilung der gleichen Bank gleichgeachtet werden. —

δδ) Weil sie durch die sogenannte Aufnahme von Obligationen den Kurs aufrecht erhalten will.

γ) Ein Erwerb von eigenen Schuldverschreibungen kommt für die Bank auch noch dadurch in Frage, daß sie Darlehen nicht in Geld, sondern in ihren Schuldverschreibungen gewährt hat. In diesen Fällen hat nämlich der Schuldner gem. § 14 Abs. 2 HBG. das Recht, die Rückzahlung des Darlehens nach seiner Wahl in Geld oder Schuldverschreibungen der Bank, die der gleichen Gattung angehören, wie die empfangenen, nach dem Nennwerte zu bewirken (s. aber § 9 d. 3. DV.).

Solange diese eigenen Schuldverschreibungen sich in den Händen der Bank befinden, ruht das Obligationenverhältnis. Denn die Bank kann aus eigenen Schuldverschreibungen nicht Gläubigerrechte ableiten, sie kann nicht selbst Schuldnerin und Gläubigerin sein. Es können jedoch diese Papiere jederzeit wieder reaktiviert werden.

Es ergibt sich nun die Frage, ob solche eigene „ruhende" oder „gebundene" Schuldverschreibungen einer Bank an der Aufwertung nach Art. I V. teilnehmen. Diese Frage ist durch § 17 d. 3. DV. dahin entschieden worden, daß die von der Bank mit verfügbaren Mitteln angekauften Pfandbriefe (s. β, αα) an der Verteilung teilnehmen. Denn solche eigene Schuldverschreibungen stellen Vermögensanlagen der Bank dar und ist ihre Teilnahme an dem Konkursvorrecht des § 35 Abs. 3 HBG. wohl begründet. Sie bilden ein pfändbares z. Z. der Konkurseröffnung der Bank gehöriges Vermögen, wenn sie von der Bank ihrem Bestand an Wertpapieren zugeschrieben sind. Die Zuschreibung kann in verschiedener Weise erfolgen. Der Eintrag in das Effektenkonto bei der Bilanz wird nicht die einzige Möglichkeit sein. Man kann auch die Eintragung in das Effektenbuch genügen lassen. Sicherlich gehören zum Vermögen der Bank diejenigen eigenen Schuldverschreibungen, mit denen Reserve- oder sonstige Fonds dotiert wurden.

Soweit also eigene Schuldverschreibungen der Bank Vermögensanlagen von ihr bilden, wird hinsichtlich ihrer die im Konkurs befindliche Bank den Obligationären gleichbehandelt. Sie nimmt mit diesen Obligationen an der für sie bestehenden besonderen Deckungsmasse in gleicher Weise teil, wie die übrigen Obligationäre, und zwar auch schon bei unzureichender Unterlage zu der entsprechenden Quote. Sie wird Eigentümerin der aus dem Erlöse der Deckungsmasse für die eigenen Schuldverschreibungen ihr zufallenden Beträge.

Dagegen nimmt die Bank gem. § 18 der 3. DV. an der Verteilung nicht teil mit Pfandbriefen, die im Wege des Umtausches gegen andere Pfandbriefe oder im Wege der Einlösung in ihren Besitz gelangt sind, und ebenso nicht mit Pfandbriefen, die sie bei der Rückzahlung von Hypotheken erhalten hat (s. γ). Wie verhält es sich aber, wenn die in Tausch gegebenen jüngeren Pfandbriefe ohne den Umtausch gem. § 17 d. 3. DV. an der Verteilung teilgenommen hätten? Man wird der Bank das Recht zusprechen müssen, daß sie, obwohl sie die Pfandbriefe nicht mehr im Besitze hat, doch mit ihnen an der Verteilung teilnimmt. Denn wenn einerseits die Umtauschfrage so geregelt ist, daß der Pfandbriefgläubiger durch den Umtausch nicht geschädigt wird, so dürfen auch der Bank aus dem Umtausch keine Nachteile erwachsen. Dies wäre aber der Fall, wenn die Bank die in Tausch gegebenen Pfandbriefe mangels Besitzes nicht mehr geltend machen könnte.

Für Kreditanstalten, die nicht zu den Hypothekenbanken gehören, bestimmt Art. III des HBG.-Änderungsgesetzes vom 14. Juli 1923 — RGBl. I S. 635 — durch Neufassung des § 17 Abs. 1 EGKonkO. folgendes:

„Unberührt bleiben die landesgesetzlichen Bestimmungen, nach welchen den Inhabern von Schuldverschreibungen, die von anderen Kreditanstalten als Hypothekenbanken auf Grund von Hypotheken oder von Reallasten oder von nichthypothekarischen Darlehen der im § 41 Abs. 1 HBG. bezeichneten Art ausgegeben sind, ein Vorrecht vor allen anderen Konkursgläubigern in Ansehung der Befriedigung aus den Hypotheken oder den Reallasten oder den genannten Darlehen der Anstalt zusteht. Wird ein solches Vorrecht gewährt, so gehen in Ansehung der Befriedigung aus den Hypotheken die Forderungen aus den Schuldverschreibungen, zu deren Deckung Hypotheken verwendet werden, den Forderungen aus den übrigen Schuldverschreibungen vor; entsprechendes gilt für die Befriedigung aus Reallasten und nicht hypothekarischen Darlehen."

Für das den Pfandbriefgläubigern von Land- usw. schaften zustehende Pfandrecht sind die Satzungen maßgebend. So steht bei den alten Pfandbriefen des Berliner Pfandbriefinstituts (s. Saling, Börsenpapiere) den Inhabern der Pfandbriefe, soweit die Befriedigung ihrer fälligen Forderungen nicht sofort aus der Kasse des Pfandbriefamts erfolgt, das Recht zu, in Höhe der ihnen zustehenden Forderungen aus den dem Institute gehörenden Hypotheken sich diejenige richterlich mit den Rechten des Zessionars überweisen zu lassen, die sie auswählen. Bei anderen Instituten, wie bei der Zentrallandschaft für die preußischen Staaten, sind die Hypotheken ausschließlich den Inhabern landschaftlicher Zentralpfandbriefe zu ihrer Sicherheit angewiesen und können von anderen Gläubigern der Landschaft auf keine Weise in Anspruch genommen werden.

Auch bei Schiffsbeleihungsbanken sind für ein den Pfandbriefgläubigern zustehendes Pfandrecht die Satzungen maßgebend. So hat z. B. die Deutsche Schiffspfandbriefbank in Berlin den Schiffspfandbriefgläubigern die zur Deckung von Schiffspfandbriefen bestimmten, durch das Schiffspfandrecht gesicherten Darlehnsforderung und die gegebenenfalls zur Deckung dienenden Wertpapiere und Gelder zu verpfänden.

d) Die Unterscheidung zwischen § 1 Abs. 2 Ziff. 5 u. 6 dahin, ob den Inhabern der Pfandbriefe usw. ein Pfandrecht oder ein Recht auf vorzugsweise Befriedigung im Konkurse zusteht oder nicht, ist bezüglich der Aufwertung insofern von Bedeutung, als diese nach den Vorschriften des § 6 V. (System der Teilungsmasse) erfolgt, wenn ein solches Pfandrecht usw. gegeben ist; liegt es nicht vor, so regelt sich die Aufwertung nach den Bestimmungen des § 4 V. — s. auch § 31 d. 3. DV. —

e) Hinsichtlich der im § 41 HBG. bezeichneten Schuldverschreibungen — sog. Kommunalobligationen — ist noch auf Art. II § 16 Abs. 6 V. hinzuweisen. Hiernach kann die Reichsregierung mit Zustimmung des Reichsrats auf sie die für Gemeinden geltenden Vorschriften der Abs. 1—5 des § 16 für anwendbar erklären.

VI. Zu Ziff. 7.

a) Schuldverschreibungen auf den Inhaber.

Hierunter versteht man Urkunden, in denen ihr Aussteller ihren Inhabern eine Leistung verspricht. — § 793 BGB. —.

1. Leistung bedeutet Forderungsrecht. Für die Aufwertung nach der V. kommen nach § 1 Abs. 1 nur diejenigen Schuldverschreibungen auf den Inhaber in Betracht, in denen das Forderungsrecht in der Zahlung einer bestimmten in Reichswährung ausgedrückten Geldsumme besteht. Es scheiden demnach hier aus Inhaberpapiere, die andere Rechte als Forderungsrechte enthalten (z. B. Mitgliedschaftsrechte — Inhaberaktien, Kuxe im Bergrecht usw. —), und diejenigen, deren Forderungsrecht nicht auf die Leistung einer Geldsumme abgestellt ist (z. B. Theaterbillete, Eisenbahnfahrkarten, Talons, Erneuerungsscheine, Traditionspapiere auf den Inhaber wie Lagerscheine) — vgl. Staud. Vorbemerk. III 1 b β und Anm. I, 1 zu § 793 BGB. —.

2. Die Leistung wird nicht einem namentlich genannten Berechtigten, sondern allein dem Inhaber des Papiers versprochen, so daß ohne die Urkunde ein Recht auf die Leistung nicht besteht. Der Bestand oder mindestens die Geltendmachung der in der Urkunde bezeugten Rechte ist also an den Besitz der Urkunde gebunden.

b) Die auf einen namentlich genannten Berechtigten ausgestellten Schuldverschreibungen scheiden hier aus, außer es handelt sich um Orderpapiere, die zwar ebenfalls auf Namen ausgestellt sind, deren Forderungen aber durch die selbständige Form des Indossaments übergehen. Bei den Orderpapieren ist berechtigt der in der Urkunde besonders Bezeichnete oder der gemäß Order jenes Befugte. Die übliche Form der Industrieobligation ist die der Namensobligation mit Orderindossament (Weinbach), Anm. 2 zu § 25 Kap. VStGes.).

c) Unter Ziff. 7 (u. 8) werden vor allem die in § 18 V. aufgeführten Schuldverschreibungen fallen.

Nicht dazu gehören Anteilscheine der G. m. b. H. Denn diese sind lediglich Beweisurkunden, nicht selbständige Wertträger (RG. 53, 109). Außerdem kommen sie gem. § 12 Abs. 2 nicht in Frage.

Zu den Inhaberpapieren gehören auch die sog. Nebenpapiere der Haupt- oder Stammpapiere, wie die Zinsscheine bei verzinslichen Inhaberpapieren. Da sie aber nicht selbst Vermögensanlagen, sondern nur Früchte von solchen sind, scheiden sie für die Aufwertungsregelung aus.

Lotterielose haben in der Regel den Charakter von Schuldverschreibungen auf den Inhaber. Es dürfte kein Zweifel bestehen, daß ihre Aufwertung nicht beabsichtigt war. Im übrigen werden auf Papiermarkgewinne abgestellte Lotterien längst erledigt sein. Es wird deshalb auch § 11 V. Platz greifen.

Über die Sonderbestimmungen hinsichtlich der Pfandbriefe, Rentenbriefe und sonstigen Schuldverschreibungen der Ziff. 5 u. 6 des § 1 Abs. 2 s. Anm. V a.

d) Schuldverschreibungen — Plural! — auf den Inhaber i. S. des § 793 BGB., in denen die Zahlung einer bestimmten Geldsumme versprochen wird, dürfen nur mit staatlicher Genehmigung in den Verkehr gebracht werden — § 795 BGB. —; anderenfalls sind sie nichtig.

Orderpapiere, in denen die Zahlung einer bestimmten Geldsumme versprochen ist, bedürfen dagegen keiner Genehmigung.

e) Aufgewertet werden diese Schuldverschreibungen nur, wenn sie von natürlichen Personen, Personenvereinigungen oder juristischen Personen des Privatrechts ausgegeben sind (vor allem Vereine).

Den Gegensatz hierzu bilden die juristischen Personen des öffentlichen Rechts. Hierunter fallen vor allem Staat, Reich, Gemeinden und gemeindeartige Verbände sowie sonstige juristische Personen, die der Staatsordnung eingegliedert sind (Religionsgesellschaften; Reichssiedlungsunternehmen nach Ges. vom 11. Aug. 1919 — RGBl. S. 1429 — in der Fassung des Ges. vom 7. Juni 1923 — RGBl. I S. 364 —).

Die Aufwertung der Schuldverschreibungen des Reichs und der Länder — Anleihen — ist in Art. II § 16 Abs. 1 u. 2 behandelt, die der Gemeinden und Gemeindeverbände in Abs. 3 a. a. O. Diese Bestimmungen können nach Abs. 6 a. a. O. von der Reichsregierung mit Zustimmung des Reichsrats auch auf Anleihen anderer öffentlich-rechtlicher Köperschaften und Anstalten für anwendbar erklärt werden.

Eine wichtige Ausnahme von dieser Regelung hinsichtlich der Schuldverschreibungen öffentlich-rechtlicher Körperschaften bringt § 1 Abs. 2 Ziff. 8 — s. Anm. VII —. Siehe auch „Die Aufwertung von Industrieobligationen" von Dr. Aerxleben in DStZ. 1924 S. 327. —

Aufwertung nach § 4 V.

VII. Zu Ziff. 8.

Von der in Art. II V. bestimmten einstweiligen Aussetzung der Aufwertung von Schuldverschreibungen, die juristische Personen des öffentlichen Rechts ausgegeben haben, bringt Ziff. 8 eine wichtige Ausnahme. Es werden nämlich juristische Personen des öffentlichen Rechts hinsichtlich der Aufwertung von Schuldverschreibungen der in Ziff. 7 bezeichneten Art juristischen Personen des Privatrechts gleichgestellt, wenn sie die Schuldverschreibungen als Unternehmer wirtschaftlicher Betriebe ausgegeben haben. Diese Voraussetzung wird z. B. gegeben sein, wenn Gemeinden durch Ausgabe von solchen Schuldverschreibungen sich Mittel für Anlage oder Ausbau von Anlagen unmittelbar produktiven Charakters (Gas- und Elektrizitätswerke, Straßenbahnen) verschafft haben.

Die auf Reichsmark lautenden Anleihen der bayerischen Großkraftwerke (Walchenseekraftwerk, Mittlere Isar, Bayernwerk) werden, wenn sie nicht bereits unter Ziff. 7 fallen, ebenfalls hierher gehören. Diese Werke sind zwar in der Form der AG. gekleidet; der eigentliche Unternehmer ist aber beim Bayernwerk der bayerische Staat, beim Walchenseekraftwerk und bei der Mittleren Isar der bayerische Staat zu $^8/_9$, und zu $^1/_9$ die Reichsbahn.

Die Entscheidung, ob ein Fall der Ziff. 8 gegeben ist, ist dem Reichsminister der Justiz mit Zustimmung des Reichsrats übertragen. Es wird also Sache der Schuldverschreibungsinhaber sein, in den in Frage kommenden Fällen diese Entscheidung herbeizuführen. Auf die Gläubigerversammlung nach dem Ges. betr. die gemeinsamen Rechte der Besitzer von Schuldverschreibungen vom 4. Dezember 1899 — RGBl. S. 691ff. — wird diesbezüglich hingewiesen.

Aufwertung nach § 4 V.

VIII. Zu Ziff. 9.

Unter „öffentlichen Sparkassen" sind solche zu verstehen, die dem öffentlichen Verkehre dienen, so daß jedermann bei ihnen Spareinlagen auf Grund allgemein gültiger Satzungen machen kann. Ihre Erträgnisse müssen ganz oder teilweise der Allgemeinheit zur Verfügung gestellt werden, und dieser Zweck muß durch eine Mitwirkung der Behörden gesichert sein (vgl. RFH. Bd. 2 S. 70ff.). Hierzu gehören vor allem die von juristischen Personen des öffentlichen Rechts, z. B. Gemeinden, Distrikten, Stiftungen, errichteten Sparkassen. Ihre Rechtsverhältnisse sind landesrechtlich geregelt — Art. 99 EGBGB.

Im Gegensatz hierzu stehen die privaten Sparkassen, die dem Privatverkehr eines begrenzten Kreises, z. B. der Mitglieder einer bestimmten Genossenschaft dienen (auch Sparkassen von Postbeamten, Fabrik-, Vereins- und dgl. Sparkassen).

Ihre Aufwertung regelt sich nach § 12 V., während die der Guthaben bei öffentlichen Sparkassen nach den Vorschriften des § 7 V. erfolgt.

IX. Zu Ziff. 10.

a) Hierunter fallen zunächst die Ansprüche aus den eigentlichen „Lebensversicherungsverträgen" — §§ 159ff. VVG. —. Lebensversicherung ist diejenige Kapital- oder Rentenversicherung, bei der die Leistung des Versicherers in der Art von dem Ableben einer Person abhängt, daß die vom Versicherer zu tragende Gefahr aus der Ungewißheit der Dauer des Lebens des Versicherten entspringt. Daneben gibt es Versicherungen für den Erlebensfall und abgekürzte Lebensversicherungen, auf Grund deren dir Zahlung entweder nach Erreichung eines bestimmten Alters oder wenn dee Tod vorher eintritt, mit dem Tod erfolgt.

Nach Hager-Bruck Vorbemerk. 2 zu § 159ff. VVG. ist aber nicht jeder Vertrag, bei dem es auf die Lebensdauer einer Person, sei diese auch Vertragspartei, ankommt, eine Lebensversicherung, z. B. nicht der Altenteilsvertrag (s. Anm. 1 zu § 14 V.), die Nießbrauchseinräumung, ferner auch nicht die Unfall- und Invaliditätsversicherung. Denn bei diesen beiden Versicherungen ist zwar auch das Leben des Versicherten von Bedeutung; das entscheidende Moment ist aber die Gefahr, daß der Versicherungsnehmer von einem Unfall betroffen oder infolge irgendeines Ereignisses invalide wird (bezügl. dieser zwei Versicherungen s. nachf. Anm. b u. c).

Wohl aber ist die Sterbegeldversicherung als Lebensversicherung aufzufassen.

Nicht unter die Aufwertungsregelung des § 1 Abs. 2 Ziff. 10 mit § 8 V. fallen naturgemäß die Ansprüche aus Lebensversicherungsverträgen, die mit ausländischen, im Inland nicht beaufsichtigten Unternehmungen abgeschlossen sind. Denn auf solche Unternehmungen finden die Vorschriften der §§ 56, 57 Abs. 1 Satz 1, Abs. 2 u. 3 u. §§ 58 — 63 VAG. keine Anwendung (s. § 90 VAG.). Für die obigen Ansprüche bewendet es bei den für sie geltenden allgemeinen gesetzlichen Bestimmungen (§ 17 d. 4. DV.).

b) Den eigentlichen Lebensversicherungen sind hinsichtlich ihres Charakters als Vermögensanlagen i. S. des § 1 Abs. 2 Ziff. 10 V. durch § 8 V. und § 1 d. 4. DV. gleichgestellt die Invaliditäts-, Alters-, Witwen-, Waisen-, Aussteuer- und Militärdienstversicherung, und zwar gleichviel ob sie auf Auszahlung eines Kapitals oder einer Rente abgestellt sind (vgl. § 6 Abs. 3 des Gesetzes über die privaten Versicherungsunternehmungen vom 12. Mai 1901 — RGBl. S. 139ff. —). Selbstverständlich müssen die Voraussetzungen des § 1 Abs. 1 V. gegeben sein.

Nach § 1 Abs. 2 Ziff. 10 mit § 8 V. werden demnach die „Personenversicherungen" aufgewertet, nicht dagegen die „Güterversicherungen" (Feuer-, Hagel-, Transport-, Vieh-, Glas-, Wasserleitungsschädenversicherung) und nicht die Vermögensversicherungen (Hypotheken-, Kautions-, Kredit-, Valoren-, Kursverlust-, Mietsverlust-, Einbruchsversicherungen).

Denn diese beiden letzteren Arten sind u. E. nicht auf die Anlage von Vermögen gerichtet; sie sollen vielmehr dazu dienen, etwaige Verluste an bereits vorhandenem Vermögen zu verhindern (über ihre Aufwertungsmöglichkeit s. Anm. II b 7 zu § 12 V.).

c) Durch § 1 der 4. DV. wurden unter den Voraussetzungen des § 1 Abs. 1 V. den eigentlichen Lebensversicherungen ferner gleichgestellt die Ansprüche der Versicherten aus Kranken-, Unfall- (§§ 179 VVG.) und Haftpflichtversicherungsverträgen (§§ 149ff. VVG.), soweit für diese Ansprüche nach den gesetzlichen Bestimmungen oder nach den Vorschriften der Aufsichtsbehörde vor dem 14. Februar 1924 ein Prämienreservefonds i. S. der §§ 56ff. VAG. vom 12. Mai 1901 (RGBl. S. 139ff.) zu bilden war (Schadenreserve bei Haftpflichtversicherungen für bereits entstandene Ansprüche). Von der Regelung der 4. DV. blieben nach § 1 letzter Satz dieser V. Ansprüche aus Haftpflichtversicherungsverträgen mit unbegrenzter Deckung (mit unbegrenzter Haftungssumme) unberührt. Für sie gilt wieder Anm. II b 7 zu § 12 V. Soweit aber diese Ausnahme nicht zutrifft, ist es ohne Bedeutung, ob die Haftpflichtversicherung auf Personen-, Sach- oder sonstigen Vermögensschaden (Vermögenseinbuße, die weder durch eine Personen- noch Sachbeschädigung herbeigeführt ist, also sich z. B. anläßlich eines Haftpflichtfalls bei Ausübung eines Berufes — Rechtsanwalt, Arzt — ergibt) abgestellt ist.

Hinsichtlich der gesetzlichen Regelung der Anlegung eines Prämienreservefonds bei Kranken- und Unfallversicherungen s. §§ 11, 12, 56ff. VAG.

Die nachträgliche Einbeziehung der Kranken- und Unfallversicherung in die Regelung des § 1 Abs. 1 Ziff. 10 mit § 8 V. wird darin ihren Grund haben, daß die beiden Versicherungen insofern als Personenversicherungen anzusehen sind, als sie sich gegen Gefahren richten, die Leib und Leben betreffen (Krankheit, Unfall). Damit ist ihr Zusammenhang mit der eigentlichen Lebensversicherung gegeben (vgl. Hager-Bruck Vorbem. 1 zu § 179 VVG.).

Die Haftpflichtversicherung ist allerdings nach Auffassung des VVG. eine Schadensversicherung. Diese Auffassung ist aber nicht unbestritten geblieben. Es wurde geltend gemacht, daß die Haftpflichtversicherung ihrem Wesen nach überhaupt nicht Schadensversicherung sei, sondern in erster Linie als „Rechtsschutzversicherung" aufgefaßt werden müsse. Die hauptsächliche und eigentümliche Verpflichtung des Versicherers bestehe nicht darin, dem Versicherungsnehmer im Falle der Entstehung einer Haftverbindlichkeit den dadurch verursachten Schaden zu ersetzen, sondern darin, für ihn im Falle eines Angriffs auf sein Vermögen die Rechtsverteidigung zu übernehmen (s. Gerhard-Hagen zu §§ 149, 150 und Hager-Bruck Vorbem. 2 zu § 149 VVG.). Es gelten auch eine Reihe von Bestimmungen über die Schadensversicherungen nicht für die Haftpflichtversicherung, vor allem nicht die Vorschriften, die die Versicherung einer Sache betreffen (§§ 51, 52, 69—73 VVG.). Diese Umstände werden dazu geführt haben, daß die Haftpflichtversicherung als Personenversicherung behandelt wird.

d) Hinzuweisen ist noch auf die Bek. über die Wiederherstellung von Lebens- und Krankenversicherungen vom 20. Dezember 1917 — RGBl. S. 1121 — und vom 27. Februar 1920 — RGBl. S. 275 —. Hiernach muß die Wiederherstellung der Rechte aus der Versicherung, die nach dem 31. Juli 1914 erloschen oder gemindert sind, weil der Versicherungsnehmer seine Verpflichtung zur Beitragsleistung oder eine andere Obliegenheit infolge des Krieges nicht rechtzeitig erfüllt hat, bis zum Ablaufe von 6 Monaten nach Beendigung des Krieges (d. i. hier der 20. Januar 1920) beantragt worden sein.

e) Zur Vollständigkeit sei auf das RGU. vom 6. Juli 1923 (Bd. 107, 111) aufmerksam gemacht, das die Frage behandelt, was eine deutsche Lebensversicherungsgesellschaft auf Grund von Verträgen zu zahlen hat, die in fremder Währung abgeschlossen sind.

f) Über die Aufwertung von Ansprüchen auf dem Gebiet der Sozialversicherung vgl. die Entscheidung des Reichsversicherungsamtes vom 5. März 1924 (Amtliche Nachrichten Nr. 3161 S. 73), in denen der Grundsatz ausgesprochen ist, „daß im allgemeinen Anspruch auf Aufwertung der Versicherungsleistungen der Träger der Sozialversicherung nicht besteht. Es wird hier ausgeführt, daß die für das bürgerliche Recht geltenden Aufwertungsgrundsätze nicht auf ihr Verhältnis zu öffentlichen Körperschaften übertragen werden dürfen, da dem Interesse des Einzelnen hier Erwägungen des öffentlichen Wohles gegenüber ständen.

§ 2.

(1) Ansprüche aus Vermögensanlagen der im § 1 Abs. 2 Ziffer 1, 2, 3 bezeichneten Art werden auf fünfzehn vom Hundert des Goldmarkbetrages aufgewertet. Der Schuldner kann eine Herabsetzung der Aufwertung verlangen, wenn dies mit Rücksicht auf seine wirtschaftliche Lage zur Abwendung einer groben Unbilligkeit unabweisbar erscheint. Die Herabsetzung des Aufwertungsbetrages ist nur zulässig, wenn das Verlangen bis zum 31. Dezember 1924 bei der Aufwertungsstelle (§ 9) gestellt wird.

(2) Als Goldmarkbetrag gilt bei Ansprüchen, die der Gläubiger oder sein Erblasser vor dem 1. Januar 1918 erworben hat, der Nennbetrag. Bei später erworbenen Ansprüchen ist für die Berechnung des Goldmarkbetrages der Tag des Erwerbes maßgebend; der Goldmarkbetrag wird dadurch festgestellt, daß der Nennbetrag nach dem letzten auf Grund der amtlichen Berliner Kurse für Auszahlung New York errechneten Mittelkurs in Goldmark umgerechnet wird. Für die Zeit, in der der nordamerikanische Dollar an der Berliner Börse amtlich nicht notiert wurde, bestimmt die Reichsregierung den maßgebenden Börsenkurs. An Stelle des Nennbetrages ist der Erwerbspreis der Berechnung zugrunde zu legen, wenn er niedriger ist.

(3) Der Aufwertungsbetrag hat den dinglichen Rang des aufgewerteten Rechtes. Die Aufwertung ist, sofern das aufgewertete Recht eingetragen ist, auf Antrag des Gläubigers oder des Schuldners im Grundbuch einzutragen. Ist die Herabsetzung des Aufwertungsbetrages rechtzeitig bei der Aufwertungsstelle beantragt, so ist auf Antrag des Eigentümers ein Widerspruch einzutragen.

(4) Die Vorschrift des Abs. 3 findet auf Pfandrechte an im Schiffsregister eingetragenen Schiffen und an Bahneinheiten entsprechende Anwendung.

Anmerkungen.

A. § 2 behandelt die Aufwertung der in § 1 Abs. 2 Ziff. 1—3 genannten Vermögensanlagen. Während im Entwurfe nur ein Aufwertungssatz von 10% vorgesehen war, wurde er in der V. selbst allgemein auf 15% des Goldmarkbetrags erhöht, wie dieser sich nach Abs. 2 des § 2 errechnet. Der Satz von 15% war von Wirtschaftskreisen als kaum noch tragbar erklärt worden. Diesem Bedenken wurde anscheinend dadurch Rechnung getragen, daß die ursprünglich in Aussicht genommene Zahlungszeit der aufgewerteten Beträge hinausgeschoben wurde — s. § 5 V. —.

Der Aufwertungssatz ist wohl einer der am meisten bekämpften Punkte der V. Die hiervon betroffenen Kreise des ehemaligen Mittelstandes, die Schutzverbände der Hypotheken- und Pfandbriefgläubiger haben sich auch noch nach dem Erlaß der Verordnung gegen diese unzureichende Aufwertung ausgesprochen, ohne daß die Reichsregierung bis jetzt ihren Standpunkt aufgegeben hätte.

Über allenfallsige Herabsetzung dieses allgemeinen Aufwertungssatzes von 15% siehe Anm. C.

über private Vereinbarungen § 13 Abs. 1 V.

B. Goldmarkbetrag.

Es ist zu unterscheiden zwischen Ansprüchen aus Vermögensanlagen, die der Gläubiger oder sein Erblasser vor dem 1. Januar 1918 und nach dem 31. Dezember 1917 (bis einschl. 13. Februar 1924 — s. auch Lehmann —) erworben hat.

— Hinsichtlich des Erwerbstags s. Anm. B II. —

I. a) Der Goldmarkbetrag der vor dem 1. Januar 1918 erworbenen Ansprüche ist der Nennbetrag. Also sind z. B. 1000 M. Nennbetrag = 1000 Goldmark.

b) Der Goldmarkbetrag der nach dem 31. Dezember 1917 erworbenen Ansprüche wird dadurch bestimmt, daß der Nennbetrag nach dem letzten maßgebenden Dollarmittelkurs der Berliner Börse oder in Ermangelung eines solchen nach dem von der Reichsregierung bestimmten Börsenkurs umgerechnet wird.

Als letzter Mittelkurs im Sinne des § 2 Abs. 2 Satz 2 gilt der Mittelkurs des letzten vor dem für die Berechnung des Goldmarkbetrags maßgebenden Ereignis — d. i. hier Tag des Erwerbes — liegenden Börsentages (§ 1 Abs. 1 d. 1. DV.).

Die amtliche Notierung des Dollarmittelkurses begann wieder am 2. Februar 1920. Für die Zeit vom 1. Januar 1918 bis einschl. Januar 1920 — für Zeiten vor dem 1. Januar 1918 findet ja keine Umrechnung statt — sind die maßgebenden Dollarmittelkurse von der Reichsregierung in § 1 Abs. 2 der 1. DV. festgesetzt worden. Sie entsprechen den in § 11 DV. zur Obligationensteuer bestimmten Umrechnungssätzen. Seine für 1 Goldmark in Papiermark gegebenen Werte sind deshalb auch hier zu verwenden.

Erwarb jemand z. B. am 20. Dezember 1918 eine Hypothek zu 10000 M. um 10000 M., so errechnet sich ihr Goldmarkbetrag dadurch, daß die 10000 M. durch den für Dezember 1918 festgestellten Papiermarkwert der Goldmark, nämlich 2 Papiermark geteilt werden; die Hypothek hat also einen Wert von 5000 Goldmark. Ist der Erwerb dieser Hypothek am 5. Januar 1920 erfolgt, so müssen die 10000 M. durch den für Januar 1920 festgestellten Papiermarkwert der Goldmark geteilt werden, also durch 15,45 = 647,37 Goldmark. Dieser Betrag wird in berechtigter gleichmäßiger Anwendung des § 10 Abs. 2 Satz 2 d. DV. z. OblSt. auf 647 Goldmark nach unten abzurunden sein.

Würde die Hypothek am 4. Januar 1922 erworben, so sind die 10000 M. durch den nach dem amtlichen Dollarmittelkurse der Berliner Börse vom 3. Januar 1922 — d. i. des letzten Tages vor dem Erwerbstag — sich errechnenden Wert der Goldmark in Papiermark = 44,76 (1 Doll. = 188 Papiermark: 4,20) zu teilen. Der Goldmarkbetrag der 10000 M. beträgt daher 10000: 44,76 = 223 Goldmark.

Hat jemand die Hypothek im Nennbetrage von 10000 M. z. B. um 5000 Papiermark erworben, so sind diese 5000 M. der Umrechnung zugrunde zu legen. Die vorberechneten Goldmarkbeträge würden sich also um die Hälfte ermäßigen. Denn nach § 2 Abs. 2 letzter Satz ist für die Berechnung der Erwerbspreis maßgebend, wenn er niedriger als der Nennbetrag ist. Sollte aber jemand die Hypothek zu 10000 M. infolge Berücksichtigung der Geldentwertung um einen über den Nennbetrag hinausgehenden Preis erworben haben, so ist nicht dieser, sondern der Nennbetrag der Berechnung zugrunde zu legen.

Nach Kipp (JW. 1924 S. 481) muß es bei unentgeltlichem Erwerb beim Nennbetrag sein Bewenden haben.

Bei Amortisations-(Tilgungs-)hypotheken bleiben nach § 6 d. 3. DV. für die Berechnung des Goldmarkbetrages die nach dem 31. Dezember 1922 gezahlten planmäßigen Tilgungsbeträge außer Betracht. Andere Zahlungen dagegen, die vom Gläubiger ohne Vorbehalt (§ 11 V.) nach dem 31. Dezember 1922 bis zum 14. Februar 1924 angenommen wurden, sind dagegen bei der Berechnung des Goldmarkbetrages zu berücksichtigen. Der sich unter Abrechnung dieser Zahlungen für den 14. Februar 1924 ergebende Nennbetrag ist dann für die Berechnung des Goldmarkwerts auf den Erwerbstag als Erwerbspreis zurückzubeziehen. Ist der Erwerbspreis aber niedriger als dieser Nennbetrag, so ist wieder der geringere Erwerbspreis der Goldmarkberechnung zugrunde zu legen.

Die Vorschrift des § 6 d. 3. DV. findet auf Grundschulden und Reallasten entsprechende Anwendung.

Da gem. § 1190 BGB. bei einer Höchstbetragshypothek nur der Höchstbetrag bestimmt ist, bis zu dem das Grundstück haften soll, im übrigen aber die Feststellung der Forderung vorbehalten bleibt, muß zur Bestimmung des aufzuwertenden Betrags erst die Höhe der Forderung erhoben werden, wie sie am 14. Februar 1924 bestand. — S. „Die Aufwertung bei der Kautions- und Höchstbetragshypothek" von Dr. Koppe in d. StZ. 1924 S. 326. —

c) Über Zeit der Zahlung und die Höhe der Geldsumme, die für den Aufwertungsbetrag zu zahlen ist, s. § 5 V.

II. Zeit des Erwerbes.

Hierunter ist zu verstehen der Zeitpunkt, in dem die Ansprüche der Ziff. 1—3 des § 1 Abs. 2 in rechtsgültiger Weise erstmals begründet wurden oder in dem sie von dem bisherigen Berechtigten auf einen neuen Gläubiger übergegangen sind. Erst der Tag, an dem die in den folgenden Anmerkungen im einzelnen aufgeführten Erwerbsakte durch Erfüllung der gesetzlichen Bedingungen abgeschlossen sind, ist der Erwerbstag.

Bezüglich der Novation vgl. § 12 Anm. II, b, 8.

a) Begründung der Rechte.

1. Eine Hypothek, Grundschuld, Rentenschuld und Reallast setzt im allgemeinen zu ihrer Begründung voraus: Einigung zwischen dem Eigentümer und Gläubiger über die Bestellung des Rechts und die Eintragung des Rechts in das Grundbuch (§ 873 BGB.).

Besonderheiten:

Ist die Erteilung eines Hypotheken- oder Grundschuldbriefs nicht ausgeschlossen — Briefhypothek, Briefgrundschuld im Gegensatze zur Buchhypothek und Buchgrundschuld, bei denen ein derartiger Brief nicht ausgestellt wird —, so erwirbt der Gläubiger die Hypothek oder Grundschuld erst mit der Übergabe des Briefs durch den Eigentümer (§§ 1117, 1192 Abs. 1 BGB.).

Zur Bestellung einer Hypothek für die Forderung aus einer Schuldverschreibung auf den Inhaber und zur Bestellung einer Inhabergrundschuld genügt die einseitige Erklärung des Eigentümers gegenüber dem Grundbuchamte, daß er die Hypothek oder die Grundschuld für den Briefinhaber bestelle, und die Eintragung in das Grundbuch (§§ 1188, 1195 BGB.).

Hinsichtlich Zwangsvollstreckungshypothek s. §§ 866, 867 ZPO. — mit der Eintragung in das Grundbuch entsteht die Hypothek! —

2. Ein Schiffspfandrecht wird begründet durch die Einigung des Eigentümers des Schiffes und des Gläubigers darüber, daß dem Gläubiger das Pfandrecht zustehen soll, und durch die Eintragung des Pfandrechts in das Schiffsregister (§ 1260 BGB.).

3. Für die Begründung von Bahnpfandrechten sind die einzelnen Landesgesetze maßgebend (s. Anm. B III b zu § 1).

Auch solche Rechte (Hypotheken oder Grundschulden) entstehen erst mit der Eintragung ins Bahngrundbuch.

4. Hinsichtlich der Hypotheken hält es Lehmann für zweifelhaft, ob der Zeitpunkt des Grundbucheintrags als Erwerbstag zu gelten habe, oder ob der Zeitpunkt in Frage komme, in dem wirtschaftlich der Erwerb durch Festlegung des obligatorischen Anspruchs auf die Eintragung des dinglichen Rechts sich vollzogen habe. In letzterem Falle würde der persönliche und dingliche Anspruch im allgemeinen gleichzeitig entstehen, während im ersteren Falle sich große Verschiedenheiten im Goldmarkwerte der beiden Ansprüche infolge der erst später erfolgenden Eintragung der Hypothek ins Grundbuch ergeben könnten. Wir möchten dies allerdings häufig mögliche Mißverhältnis nicht als ausreichenden Grund für die Annahme erachten, daß der Gesetzgeber den Zeitpunkt des wirtschaftlichen Erwerbs im Sinne Lehmanns gewollt hat. Jedenfalls wird die von Lehmann für die Richtigkeit seiner Ansicht vorgebrachte Tatsache, daß im § 2 Abs. 1 der Ausdruck „Schuldner" gebraucht sei, während nach der Terminologie des BGB. dem dinglichen Gläubiger kein Schuldner, sondern nur der Eigentümer des Grundstücks gegenüberstehe, nicht durchschlagend sein. Denn man wird hier ebenfalls, wie es das Reichsgericht im Urteil vom 20. Mai 1922 (Bd. 104, 352) hinsichtlich des schweizerischen Goldhypothekenabkommens ausgesprochen hat, annehmen müssen, daß die Setzung des allgemeinen Begriffs „Schuldner" darauf zurückzuführen ist, daß nur an den Regelfall gedacht wurde, in welchem der Eigentümer auch persönlicher Schuldner ist.

Unserer Auffassung entspricht die nunmehr in § 5 der 3. DV. getroffene Regelung, daß für Hypotheken, Grundschulden, Reallasten und durch Hypothek gesicherte Forderungen im Zweifel als Tag des Erwerbes im Sinne des § 2 Abs. 2 V. der Tag der Eintragung des Rechtes in das Grundbuch anzusehen ist.

b) Abgeleiteter Erwerb.

Zunächst ist darauf hinzuweisen, daß der Übergang eines Anspruchs vom Erblasser auf seine Erben als Gläubiger nicht als neuer Erwerbsakt im Sinne der V. gilt. Es bleibt also für die Berechnung des Goldmarkwerts als Erwerbstag derjenige maßgebend, an dem der Erblasser den Anspruch erworben hat.

Im übrigen ist folgendes auszuführen:

1. Hypothek.

Sie geht mit der Übertragung der ihr zugrunde liegenden Forderung auf den neuen Gläubiger über — §§ 401 Abs. 1, 1153 BGB. —

α) Zur Abtretung der Forderung ist Erteilung der Abtretungserklärung in schriftlicher Form (§ 126 Abs. 1 BGB.) und Übergabe des Hypothekenbriefes erforderlich, sofern ein solcher erteilt ist (Briefhypothek). Die schriftliche Form der Abtretungserklärung kann dadurch ersetzt werden, daß die Abtretung in das Grundbuch eingetragen wird. — § 1154 Abs. 1, 2 BGB. —

β) Ist die Erteilung des Hypothekenbriefes ausgeschlossen (Buchhypothek), so ist neben der Einigung des bisherigen und des neuen Gläubigers über die Abtretung der Forderung und Übertragung der Hypothek die Eintragung dieser Rechtsänderung in das Grundbuch erforderlich.

2. Grund- und Rentenschuld.

Zur Abtretung einer Briefschuld ist Übergabe des Briefs und schriftliche Abtretungserklärung, die durch Eintragung ins Grundbuch ersetzt werden kann, notwendig, und zur Abtretung einer Buchschuld Einigung und Eintragung ins Grundbuch.

3. Reallast.

Ihre Abtretung vollzieht sich ebenfalls in den Formen des § 873 BGB., also Einigung und Eintragung ins Grundbuch.

Zu 1—3.

Durch § 5 d. 3. DV. ist bestimmt, daß, wenn das Recht im Wege der Abtretung erworben ist, im Zweifel als Tag des Erwerbs bei Hypotheken, Grundschulden und durch Hypothek gesicherten Forderungen, *insofern ein Brief erteilt ist*, der Ausstellungstag der Abtretungsurkunde, *im übrigen* der Tag der Eintragung der Abtretung in das Grundbuch anzusehen ist.

4. Schiffspfandrecht.

Mit der Übertragung der Forderung geht das Pfandrecht auf den neuen Gläubiger über. Die Übertragung der Forderung vollzieht sich nach den Vorschriften der §§ 398ff. BGB. Sie ist auch ohne Registrierung im Schiffsregister gültig (Staud. Anm. 3 zu § 1260 BGB.).

5. Hinsichtlich *Bahnpfandrechte* s. wieder die landesgesetzlichen Bestimmungen — Anm. B III b zu § 1 —

c) Nicht beachtliche Änderungen im Inhalte der Rechte.

Nach § 4 Abs. 1 der 1. DV. bleiben für die Feststellung des Erwerbstages der Rechte der Ziff. 1—3 des § 1 Abs. 2 Änderungen in ihrem Inhalte außer Betracht. Insbesondere ist die Tatsache aufgeführt, daß die Fälligkeit des Anspruchs hinaus geschoben wurde (Prolongation, Stundung). Sollten ferner z. B. der Gläubiger und der Eigentümer des Grundstücks eine Vereinbarung dahin getroffen haben, daß die Hypothekensumme mit Rücksicht auf die Geldentwertung erhöht werde (§ 13 V.) so könnte der Gläubiger nicht Aufwertung der erhöhten Summe, sondern nur eine solche des ursprünglichen Nennbetrages oder Erwerbspreises verlangen, wenn er von der Aufwertungsregelung der §§ 1, 2 V. Gebrauch machen will oder kann (§ 1 Abs. 1 letzter Satz!).

Nicht selten sind die Fälle, in denen zum ursprünglichen Darlehen, das hypothekarisch gesichert ist, ein weiteres gegeben wird, dann diese beiden Darlehen in eines zusammengezogen und für dieses unter Aufhebung der bisherigen Hypothek eine neue eingetragen wird. Für solche Fälle bestimmt § 4 Abs. 2 d. 1. DV., daß für die Umrechnung der alten Hypothek ihr ursprünglicher Erwerbstag maßgebend bleibt. Ist also die 1. Hypothek zu 10000 M. im Januar 1919 erworben worden, sei es durch Begründung oder abgeleitet, und ein Zusatzdarlehen von 5000 M. im Oktober 1919 gegeben, und dann für die Gesamtforderung unter Aufhebung der bisherigen Hypothek eine neue im Dezember 1919 eingetragen worden, so ist der Goldmarkwert der 1. Hypothek zu 10000 M. nach dem Dollarumrechnungssatze des Januar 1919 und der des Zusatzdarlehens und der für sie mitbestellten Hypothek zu 5000 M. nach dem des Dezember 1919 festzustellen.

C. I. Von dem allgemeinen Aufwertungssatze von 15 % — in § 7 Abs. 1 d. 1. DV. „normaler Höchstsatz" genannt — sind Ausnahmen nach unten zulässig, wenn diese Herabsetzung mit Rücksicht auf die wirtschaftliche Lage des Schuldners zur Abwendung einer großen Unbilligkeit unabweisbar erscheint. Ob dieser Fall gegeben ist, ist der Prüfung der Aufwertungsstelle unterworfen (§ 9 V.). Das Wort „unabweisbar" deutet daraufhin, daß ein strenger Maßstab gewollt ist.

Bei der Prüfung wird u. E. wohl zu beachten sein, daß die aufgewerteten Beträge nicht vor dem 1. Januar 1932 zur Zahlung verlangt werden können (§ 5 Abs. 1 V.). Bis dahin können sich aber die vielleicht zur Zeit der Entscheidung über den Herabsetzungsanspruch ungünstigen Vermögensverhältnisse des Schuldners wieder so bessern, daß es keine große Unbilligkeit wäre, wenn der Schuldner ab 1. Januar 1932 die vollen 15% bezahlen müßte. Die Nichtbeachtung dieser Möglichkeit würde dem Gläubiger ein großes Unrecht zufügen. U. E. wird also zu berücksichtigen sein, ob nach den gegebenen Verhältnissen (Art der Erwerbstätigkeit, Alter) eine wesentliche Verbesserung der Vermögenslage des Schuldners menschlichem Voraussehen nach bis 1. Januar 1932 zu erwarten ist.

II. a) Es könnte auch die Frage aufgeworfen werden, wie es in den Fällen steht, in denen die Schuld vor dem Aufwertungsstichtage des 14. Februar 1924 von dem ursprünglichen Schuldner auf einen neuen übergegangen ist (z. B. bei Anwesensübergaben, Erbschaft), und der frühere Schuldner zahlungsfähiger oder zahlungsunfähiger ist, als der nunmehrige. Die Beantwortung dieser Frage ist von besonderer Bedeutung für die Ansprüche des § 1 Abs. 2 Ziff. 4 (s. § 3 V.); sie soll aber der vollständigen Darstellung halber gleich hier behandelt werden.

1. Schuldübernahme unter Lebenden (§§ 414ff. BGB).

Ausschlaggebend ist, ob der Gläubiger die Schuldübernahme genehmigt hat oder nicht. Hat er sie genehmigt, so tritt der neue Schuldner gem. § 414 BGB. an die Stelle des alten. Der Gläubiger kann sich also gegenüber dem Herabsetzungsbegehren des neuen Schuldners nicht auf eine bessere Vermögenslage des alten Schuldners berufen, und andererseits der neue Schuldner nicht auf eine schlechtere Vermögenslage des alten. Denn der Übernehmer kann dem Gläubiger nur die Einwendungen entgegensetzen, die sich aus dem Rechtsverhältnis zwischen dem Gläubiger und dem bisherigen Schuldner ergeben (§ 417 Abs. 1 BGB.), also nur Tatsachen, die den bisherigen Schuldner zu einer Einwendung nach dem Wesen und Inhalte des Schuldverhältnisses berechtigt hätten. Zu diesen Tatsachen gehört aber nicht die schlechte Vermögenslage des alten Schuldners.

Hat der Gläubiger die Schuldübernahme nicht genehmigt, so gilt gem. § 415 Abs. 2 BGB. die Schuldübernahme als nicht erfolgt. Maßgebend bleiben also für den Herabsetzungsanspruch des § 2 Abs. 1 V. die Vermögensverhältnisse des alten Schuldners.

2. Übernahme von Schulden im Erbwege vor dem 14. Februar 1924.

Der Erbe haftet für Nachlaßverbindlichkeiten des Erblassers, zu denen auch die vom Erblasser herrührenden Schulden gehören, unbeschränkt (§ 1967 BGB.), sofern er nicht nach den Vorschriften des BGB. eine Beschränkung seiner Haftung herbeigeführt hat (§§ 1970ff.: Aufgebot der Nachlaßgläubiger — s. bes. § 1974 BGB. hinsichtlich eines sich erst nach 5 Jahren seit dem Erbfalle meldenden Gläubigers, der seine Forderung nicht anmeldete, weil er sie infolge der Inflation für wertlos hielt —; § 1975ff.: Nachlaßverwaltung und Nachlaßkonkurs; § 1990: Unzulänglichkeitseinrede bei Nichteröffnung oder Einstellung der Nachlaßverwaltung oder des Nachlaßkonkurses infolge Mangels einer den Kosten entsprechenden Masse).

Haftet der Erbe unbeschränkt, so wird lediglich seine gesamte Vermögenslage hinsichtlich einer etwaigen Herabsetzung des Aufwertungssatzes in Frage kommen.

b) Die Schuldübernahme oder der Erbfall erfolgte in der Zeit vom 14. Februar 1924 bis 31. Dezember 1924, dem letzten Tage des Antragrechts auf Herabsetzung des Aufwertungssatzes.

Auch hier kommt für die Entscheidung das gleiche in Frage, das unter a ausgeführt ist.

c) Hat die Schuldübernahme oder der Erbfall erst nach dem 31. Dezember 1924 stattgefunden, so bleibt für den Schuldübernehmer oder Erben der Aufwertungsbetrag bestehen, der für den alten Schuldner vor der Übernahme oder dem Erbfall festgesetzt wurde; beim Erben allerdings kann wieder eine Beschränkung der Haftung auf den Nachlaß eintreten (§ 1975 BGB.).

Zu bemerken ist noch, daß hinsichtlich eines Nacherben als Schuldner einer Nachlaßverbindlichkeit die gleichen Vorschriften hinsichtlich der Beschränkung der Haftung gelten, wie beim Erben (§ 2144 BGB.).

d) Mehrheit von Schuldnern.

1. Schulden mehrere eine bestimmte Geldsumme, so ist zunächst der Fall festzuhalten, in dem jeder nur einen Teil von ihr schuldet — § 420 BGB. —. Hier kann eine Herabsetzung nur für die einzelnen Teilbeträge erfolgen.

2. Schulden mehrere eine Geldsumme in der Weise, daß jeder die ganze Leistung zu bewirken verpflichtet, der Gläubiger aber die Leistung nur einmal zu fordern berechtigt ist (Gesamtschuldner), so kann der Gläubiger die Leistung nach seinem Belieben von jedem der Schuldner ganz oder zu einem Teile verlangen. Bis zur Bewirkung der ganzen Leistung bleiben sämtliche Schuldner verpflichtet (§ 421 BGB.). Hier kann zwar der einzelne Gesamtschuldner verlangen, daß ihm gegenüber der Aufwertungssatz von 15% herabgesetzt wird. Der Gläubiger kann aber dann von den anderen vermöglicheren

Gesamtschuldnern den auf 15% fehlenden Aufwertungsbetrag verlangen, wenn er nicht vorzieht, sich von Anfang an einen der vermöglicheren zu halten. Da der Gesamtschuldner, der den Gläubiger befriedigt, von den übrigen Gesamtschuldnern im Rahmen des § 426 BGB. anteilsmäßigen Ersatz verlangen kann, wird dieser Umstand bei der Würdigung seiner Leistungsfähigkeit wohl in Betracht zu ziehen sein.

Siehe hinsichtlich Miterben §§ 2058, 2060 BGB., hinsichtlich Haftung von Ehegatten die einschlägigen Vorschriften des BGB.

3. Wenn bei einer Hypothekenschuld der dingliche und persönliche Schuldner personengleich sind, ist bei der Würdigung eines Herabsetzungsbegehrens das dinglich verhaftete und das übrige Vermögen des Schuldners zu berücksichtigen.

Sind sie nicht personengleich, so ist darauf zu achten, daß die Haftung aus der persönlichen Schuld und die des Grundstückseigentümers keine gesamtschuldnerische i. S. des § 421 BGB. ist (Staud. Anm. I. 3 zu § 1113 BGB.). Trotzdem haftet jeder von ihnen für die ganze Schuld. Für die Frage, ob der Grundstückseigentümer die vollen 15% bezahlen muß oder Herabsetzung verlangen kann, kommt es nur auf die wirtschaftlichen Verhältnisse des mit der Hypothek belasteten Grundstücks an — A.M. Schlegelberger S. 42 —. Die sonstigen Vermögensverhältnisse des Grundstückseigentümers bleiben außer Betracht (gleicher Ansicht Lehmann). Erreicht einer der beiden Schuldner Herabsetzung des Aufwertungsnormalsatzes, so ist dies u. E. ohne Einfluß auf den Aufwertungsanspruch gegenüber dem anderen Schuldner. Lehmann ist hinsichtlich des Grundstückseigentümers der gegenteiligen Ansicht. Er meint, daß die Haftung aus dem Grundstücke nicht höher sein könne als die persönliche Schuld. Infolgedessen könne der Grundstückseigentümer, wenn Zahlung aus dem Grundstücke begehrt werde, sich gem. § 1137 BGB. auch auf die schlechten Vermögensverhältnisse des persönlichen Schuldners berufen. Dieser Ansicht kann nicht beigestimmt werden. Die schlechten Vermögensverhältnisse des persönlichen Schuldners werden keine Einrede für den Grundstückseigentümer hinsichtlich seiner Zahlungsverpflichtung aus dem Grundstück begründen (vgl. auch Mügel Anm. 1 zu § 2 V., Kipp JW. 1924 S. 481).

Soweit einer der beiden Schuldner den Gläubiger befriedigt, geht die Forderung oder Hypothek auf ihn über (§ 1143, 1164 BGB.). Diese Rechtsfolge wird bei der Würdigung der Leistungsfähigkeit des die Herabsetzung beantragenden Schuldners zu berücksichtigen sein.

Da für eine Rentenschuld der Grundstückseigentümer ebenfalls nur mit dem Grundstück haftet (Staud. Vorbem. II a 2. Abs. zu § 1199 BGB.), kommen bei Prüfung dss Herabsetzungsbegehrens wieder nur die wirtschaftlichen Verhältnisse des Grundstücks in Frage, ebenso wie bei der gewöhnlichen Grundschuld.

Bei der Reallast haftet der Grundstückseigentümer der Regel nach für die während der Dauer seines Eigentums fällig werdenden Renten auch persönlich (Staud. a. a. O.). In diesen Fällen sind deshalb seine gesamten Vermögensverhältnisse zu würdigen.

e) Der zusammenfassenden Darstellung halber sei hier auch die Bürgschaft und das Pfandrecht für eine aufzuwertende Vermögensanlage behandelt.

Besteht für eine Vermögensanlage im Sinne der V. eine Bürgschaft, so kann der Bürge über den normalen Höchstsatz hinaus nicht zur Zahlung im aufgewerteten Betrage herangezogen werden. Denn der Bürge darf nicht schlechter gestellt werden als der eigentliche Schuldner (RG. Bd. 93, 91) — s. auch Anm. 3 zu § 13 —. — gleich Ans. Lehmann. —

Erreicht dagegen der Schuldner auf Grund seiner mißlichen Vermögenslage eine Herabsetzung des normalen Höchstsatzes, so wird diese Tatsache auf die Verpflichtung des Bürgen ohne Einfluß sein. Denn die schlechte Vermögenslage des Schuldners begründet für den Bürgen keinen Grund zur Zahlungsweigerung. Außerdem wird die Herabsetzung des normalen Höchstsatzes als eine Art Zwangsvergleich hinsichtlich der Aufwertung betrachtet werden können und die Rechtslage eine ähnliche sein, wie beim Zwangsvergleich im Konkurs. Dort bestimmt aber § 193 KO., daß die Rechte des Gläubigers aus einer Bürgschaft für die Forderung durch den Zwangsvergleich nicht berührt werden.

Gleiches wird für die Befriedigung aus einem für die Forderung bestehenden Pfandrechte zu gelten haben, vgl. hierzu für einen Fall der Individualaufwertung Fischer im Recht 1924 Sp. 184.

f) Der Herabsetzungsanspruch ist nur zulässig, wenn das Verlangen bis zum 31. Dezember 1924 einschließlich gestellt wird.

Diese Befristung war nötig, einerseits um dem Schuldner genügende Zeit zu lassen, seine Belange wahrzunehmen, andererseits um den Gläubiger nicht bis zum ersten Zahlungstag, dem 1. Januar 1932 (§ 5 Abs. 1 V.) in Ungewißheit darüber zu lassen, welchen Betrag er eigentlich zu beanspruchen hat.

Der Herabsetzungsantrag ist bei der nach § 9 V. zuständigen Aufwertungsstelle einzureichen.

Auf § 13 Abs. 1 V. sei auch hier hingewiesen.

D. Abs. 3 u. 4.

I. In dem Entwurfe war vorgesehen, daß bei dinglichen Rechten der Aufwertungsbetrag an der nächstbereiten Stelle eingetragen werden sollte. Es wäre dies eine gesetzliche Änderung des Rangverhältnisses gewesen, die sonst der Vereinbarung zwischen dem zurücktretenden und vortretenden Berechtigten gem. § 880 BGB. vorbehalten ist. Diese Bestimmung hätte aber eine weitere schwere Schädigung der Gläubiger bedeutet. Die nunmehrige Regelung, daß der Aufwertungsbetrag — bis zu 15 % des Goldmarkbetrages — den dinglichen Rang des aufgewerteten Rechts behält, ist daher nur zu begrüßen. Hatte also die aufzuwertende Hypothek (Schiffspfandrecht, Bahnpfandrecht) die erste Rangstelle im Grundbuche oder Register, so hat auch der 15 %ige Aufwertungsbetrag die erste Rangstelle.

II. Die Aufwertung ist in das Grundbuch (Schiffsregister oder Bahngrundbuch) auf Antrag des Gläubigers oder des Schuldners einzutragen, sofern das aufgewertete Recht selbst eingetragen ist. Diese Eintragung wird sich mit Rücksicht auf § 891 BGB. stets empfehlen, wonach vermutet wird, daß demjenigen, für den ein Recht im Grundbuch eingetragen ist, das Recht im vorgetragenen Umfang auch zusteht (öffentlicher Glaube des Grundbuchs). Der Aufwertungsbetrag kann aber, wie bereits gezeigt, je nach der Zeit des Erwerbs ein sehr verschiedener sein — s. bezüglich der Schiffspfandrechte § 1262 BGB. —.

Zur Eintragung des Aufwertungsbetrages von Hypotheken auf Grund Antrages des Eigentümers ist bei Feststehen des Erwerbstages die Zustimmung des Hypothekengläubigers und der nachstehenden Hypothekengläubiger nicht erforderlich — Beschluß d. LG. Oldenburg, JW. 1924 S. 1278.

Nach § 3 Abs. 1 d. 1. DV. ist der gem. § 2 Abs. 2 V. errechnete Goldmarkbetrag einzutragen, wobei eine Goldmark die Bezeichnung für den amtlich festgestellten Preis von $^1/_{2790}$ kg Feingold ist (s. § 2 d. 1. DV.).

Der Nachweis des Erwerbstages und des Erwerbspreises bedarf nach § 3 Abs. 2 d. 1. DV. nicht der im § 29 GrBO. und der im § 107 Abs. 2 FGG. vorgeschriebenen Form. Es ist also nicht nötig, daß die hierauf bezüglichen Erklärungen vor dem Grundbuchamt oder der Registerbehörde zu Protokoll gegeben oder durch öffentliche oder öffentlich beglaubigte Urkunden nachgewiesen werden. Sollte in den Landesgesetzen hinsichtlich der Eintragungen in das Bahngrundbuch gleiche Formvorschriften bestehen, so gilt für sie hinsichtlich des Erwerbstages und des Erwerbspreises das gleiche (s. auch § 6 d. 2. DV.).

Die Kosten der Eintragung der Aufwertung hat gem. § 5 d. 1. DV. der Eigentümer des belasteten Grundstücks zu tragen.

Nach § 6 d. 1. DV. ist die Eintragung von Amts wegen gebührenfrei zu berichtigen, soweit eine Aufwertung bereits abweichend von den Vorschriften der §§ 2—4 V. eingetragen ist. Eine derartige Berichtigung wird besonders dann notwendig sein, wenn zunächst der 15 %ige Aufwertungsbetrag eingetragen wurde, der Schuldner aber Herabsetzung des Aufwertungsbetrags gem. § 2 Abs. 1 Satz 2 V. erreicht und infolgedessen sich eine Verminderung des Aufwertungsbetrags ergibt.

III. Bis zur Entscheidung über einen gestellten Antrag auf Herabsetzung des Aufwertungsbetrages steht nicht fest, ob der für das dingliche Recht allgemein anzunehmende Aufwertungssatz von 15 % nach der Entscheidung mit dem wirklichen Aufwertungsbetrag übereinstimmt. Letzterer kann schließlich geringer sein. Um diese Möglichkeit in den Grundbüchern und im Schiffsregister ersichtlich zu machen, ist dem Eigentümer, wenn die Herabsetzung rechtzeitig, d. i. bis einschl. 31. Dezember 1924 bei der Aufwertungsstelle beantragt ist, ein Widerspruchseintragungsrecht eingeräumt (§§ 894, 899, 1263 BGB.). Die Kosten einer solchen Eintragung treffen den Eigentümer.

IV. Hinsichtlich der Eintragung eines über den normalen Höchstsatz hinausgehenden Aufwertungsbetrags, dessen Vereinbarung nach § 13 Abs. 1 V. zulässig ist, s. § 13 Abs. 2 V.

V. Über Eintragung von Änderungen bei Tilgungshypotheken s. § 7 Abs. 2—4 d. 3. DV.; s. ferner § 22 Abs. 6 d. 3. DV.; § 3 Abs. 1 d. 4. DV.

§ 3.

Ansprüche der im § 1 Abs. 2 Ziffer 4 bezeichneten Art werden nach Maßgabe der Vorschriften des § 2 Abs. 1, 2 aufgewertet, soweit nicht nach allgemeinen Vorschriften eine höhere oder geringere Aufwertung stattfindet.

Anmerkungen.

A. In gleicher Weise, wie sie in § 2 geregelt ist, werden auch Forderungen aufgewertet, die durch Hypotheken, Schiffs- oder Bahnpfandrechte gesichert sind (§ 1 Abs. 2 Ziff. 4 V.). Der „normale Höchstsatz" der Aufwertung ist 15% (s. auch § 7 Abs. 1 d. 1. DV.).

I. Eine Abweichung von diesem normalen Höchstsatz ist bei solchen qualifiziert gesicherten Forderungen einmal nur möglich, wenn nach allgemeinen Vorschriften eine höhere oder geringere Aufwertung stattfindet. Über den Inhalt dieser Bestimmung des § 3 bestanden Zweifel. Sie sind nun durch § 7 d. 1 DV. behoben. Ob allerdings in glücklicher Weise, mag wieder Zweifeln begegnen. Es wird bereits die rechtliche Gültigkeit dieser Regelung bestritten, insbesondere soweit qualifiziert gesicherte Ansprüche i. S. des § 12 Abs. 2 V. in Frage kommen (s. z. B. Th. Meyer, Aufwertungsparadoxa in MNN. 1924 Nr. 148, und Lehmann in Steuer und Wirtschaft 1924 S. 669ff. Letzterer erklärt die Bestimmungen des § 7 Abs. 1 Ziff. 3 und Abs. 2 d. 1. DV. als völlig neues im Widerspruch mit § 3 V. stehendes materielles Recht und infolgedessen in dieser Hinsicht die 1. DV. für ungültig.) Wir möchten uns aber dahin aussprechen, daß die in § 7 getroffene Regelung sich im Rahmen des § 178 Abs. 3 Reichsverfassung (mit § 64 DV.: allgemeine Anordnungen ergänzenden oder abweichenden Inhalts!) hält und deshalb rechtsgültig ist (vgl. Dr. Haberstumpf in MNN. 1924 Nr. 156). Gegen die Gültigkeit: KGBesch. v. 13. Nov. 24 (MNN. 1924 Nr. 327).

Nach § 7 Abs. 1 Ziff. 1—3 d. 1. DV. ist eine Abweichung von dem normalen Höchstsatz, also eine Aufwertung nach den allgemeinen Regeln des bürgerlichen Rechts — auf Grund von Treu und Glauben mit Rücksicht auf die Verkehrssitte (§ 242 BGB.) — nur zulässig:

1. wenn die Forderung auf den Beziehungen zwischen unterhaltsberechtigten und unterhaltsverpflichteten Personen beruht.

Für die gesetzliche Unterhaltspflicht sind die Vorschriften der §§ 1601ff., 1708ff. BGB. maßgebend, für eine darüber hinaus z. B. aus sittlicher Pflicht bestehende vertragliche Unterhaltsverpflichtung die Vereinbarungen des Vertrags — s. im übrigen über die Aufwertung von Unterhaltsverpflichtungen Anm. IIb 6 γ zu § 12 V., hinsichtlich Altenteilsverträge Anm. 1 zu § 14 V. —.

2. wenn die Forderung auf den Beziehungen aus der Auseinandersetzung unter Miterben, zwischen Erben und Pflichtteilsberechtigten, unter geschiedenen Ehegatten oder unter Eltern und Kindern beruht, sofern der Gläubiger zum Kreise der Auseinandersetzungsbeteiligten oder ihrer Erben gehört.

Ist also ein derartiger Anspruch an einen nicht zu diesem Kreise gehörenden Dritten veräußert worden, so kann der Dritte eine Aufwertung nur bis zum normalen Höchstsatze von 15% verlangen. Denn für ihn bedeutet die erworbene Forderung wohl eine Vermögensanlage i. S. des § 12 Abs. 1 V.

Die in § 7 Abs. 1 Ziff. 2 genannten Forderungen sind, soweit sie auf wiederkehrende Leistungen gerichtet sind, auch ohne die qualifizierte Sicherung nach § 12 Abs. 2 V. von der Aufwertungsregelung des § 2 V. ausgenommen.

3. wenn es sich um eine Restkaufgeldforderung und zwar für den Erwerb des mit der Hypothek belasteten Grundstücks handelt, die nach dem 31. Dezember 1918 begründet worden ist. Dies gilt auch dann, wenn diese Forderung bei ihrer Begründung in eine Darlehnsforderung umgewandelt worden ist. Anscheinend hat man mit letzterer Bestimmung dem bekannten RGU. vom 28. November 1923 (Bd. 107, 78ff.) über die Aufwertung einer Darlehnshypothekforderung Rechnung getragen. Nach diesem Urteil kommt nämlich bei Darlehnshypothekenforderungen besonders in Betracht, daß der Schuldner regelmäßig in dem — wenigstens, wenn man die Berechnung in Papiergeld zugrundelegt — erheblich gestiegenen Werte des Grundstücks einen entsprechenden Ausgleich erhalten hat. Diese Wertsteigerung will die Ausnahmebestimmung der Ziff. 3 bei den durch Hypothek gesicherten Restkaufgeldforderungen nicht allein dem Schuldner zugute kommen lassen.

Andere in der qualifizierten Weise gesicherte Darlehnsforderungen, zu denen nach dem einschränkenden Wortlaut des § 7 Abs. 1 Ziff. 3 d. 1. DV.

auch Restkaufgeldforderungen gehören, die nicht gleich bei ihrer Begründung, sondern erst später in eine Darlehnsforderung umgewandelt worden sind, werden wie alle so gesicherten sonstigen Forderungen nach § 7 Abs. 2 d. 1. DV. nur bis zum Höchstsatz von 15 % aufgewertet. Doch darf man die Bestimmung des § 7 Abs. 2, daß bei diesen Forderungen eine Abweichung von dem normalen Höchstsatz ausgeschlossen ist, jedenfalls nicht dahin auffassen, als ob nicht zwischen den Beteiligten eine höhere Aufwertung vereinbart werden könnte, wie sie § 13 Abs. 1 V. ausdrücklich gestattet. Es sollte durch sie vielmehr nur nochmals der allgemeine Grundsatz des Art. I betont werden, daß der Gläubiger keinen klagbaren Rechtsanspruch auf eine höhere Aufwertung als 15 % hat.

II. Eine zweite Abweichung von dem normalen Höchstsatze ist bei den qualifiziert gesicherten Forderungen möglich, wenn der Schuldner Herabsetzung des Höchstsatzes von 15 % nach den Vorschriften des § 2 Abs. 1 V., also mit Rücksicht auf seine wirtschaftlichen Verhältnisse verlangen kann. Diese Herabsetzung ist bei sämtlichen in der qualifizierten Weise gesicherten Forderungen zulässig, also ohne Rücksicht darauf, ob eine Forderung des § § 7 Abs. 1 oder des Abs. 2 d. 1. DV. gegeben ist.

Im übrigen s. Anm. C zu § 2 V.

III. Wird eine solche vom normalen Höchstsatz abweichende Aufwertung vereinbart, so ist zu ihrer Gültigkeit notwendig, daß sie vor dem 1. Januar 1925 bei der Aufwertungsstelle (§ 9 V.) beantragt wird. (§ 7 Abs. 4 d. 1. DV.).

Dieser Antrag bei der Aufwertungsstelle ist in der V. selbst nur für Herabsetzungen gem. § 2 Abs. 1 Satz 2 angeordnet (§ 2 Abs. 1 Satz 3), nicht aber für Vereinbarungen eines höheren Aufwertungssatzes als 15 % nach § 13 Abs. 1 V. Daß in § 7 Abs. 4 d. 1. DV. die Stellung des Antrags auch für Aufwertungen der Forderungen des § 7 Abs. 1 Ziff. 1—3 über 15 % hinaus gefordert ist, hat wohl seinen Grund darin, daß man spätere Streitigkeiten über den Inhalt solcher Aufwertungsvereinbarungen vermeiden wollte, die zu einer Berichtigung des Grundbuchs, Schiffspfandregisters oder Eisenbahngrundbuchs führen könnten. Der Zweck der gegenwärtigen Aufwertungsregelung hinsichtlich der qualifiziert gesicherten Forderungen ist aber, Klarheit über ihren jetzigen Wert und damit über die endgültige Belastung der Grundstücke, Schiffe und Bahneinheiten durch sie in den Büchern und Registern zu schaffen.

B. Für die Berechnung des Goldmarkwerts dieser Forderungen ist der in § 2 Abs. 2 V. bestimmte Zeitpunkt des (ursprünglichen oder abgeleiteten) Erwerbs maßgebend. Es kann deshalb hier auf die einschlägigen Ausführungen zu § 2 V. — Anm. II — hingewiesen werden.

§ 4.

(1) Ansprüche aus Schuldverschreibungen der im § 1 Abs. 2 Ziffer 6, 7, 8 bezeichneten Art werden nach Maßgabe des § 2 Abs. 1 aufgewertet. Bei Teilschuldverschreibungen kann eine Herabsetzung des Aufwertungsbetrages nur in der Weise verlangt werden, daß die Ansprüche aller Gläubiger gleichmäßig aufgewertet werden.

(2) Als Goldmarkbetrag gilt bei Schuldverschreibungen, die vor dem 1. Januar 1918 ausgegeben sind, der Nennbetrag. Bei später ausgegebenen Schuldverschreibungen ist für die Berechnung

des Goldmarkbetrages der Tag der Ausgabe maßgebend. Der Goldmarkbetrag wird dadurch festgestellt, daß der Nennbetrag nach dem letzten auf Grund der amtlichen Berliner Kurse für Auszahlung New York errechneten Mittelkurs in Goldmark umgerechnet wird. Für die Zeit, in der der nordamerikanische Dollar an der Berliner Börse amtlich nicht notiert wurde, bestimmt die Reichsregierung den maßgebenden Börsenkurs.

Anmerkungen.

1. In § 4 ist die Aufwertung der Schuldverschreibungen geregelt, die auf den Inhaber lauten oder durch Indossament übertragbar sind (§ 1 Abs. 2 Ziff. 6, 7, 8), also ausnahmlich der Schuldverschreibungen des § 1 Abs. 2 Ziff. 5, für die ein Pfandrecht oder das Recht auf vorzugsweise Befriedigung im Konkurse besteht und deren Aufwertung sich nach § 6 V. bestimmt.

2. Die Aufwertung der in § 4 bezeichneten Forderungen erfolgt ebenfalls nach den Vorschriften des § 2 Abs. 1. Der Höchstsatz der Aufwertung beträgt also 15 % ihres Goldmarkbetrags, und es kann auch bei ihnen der Schuldner Herabsetzung des normalen Höchstsatzes unter den in § 2 Abs. 1 Satz 2, 3 bezeichneten Voraussetzungen verlangen — s. auch § 31 d. 3 DV. —. Diese Herabsetzung kann aber bei Teilschuldverschreibungen — z. B. bei Massenanleihen — nur allen Gläubigern gegenüber gleichmäßig erfolgen. Es findet also z. B. keine Bevorzugung der Schuldverschreibungen statt, in denen Mündelgelder angelegt sind (s. dagegen bei Sparkassenguthaben § 7 Abs. 3 V.).

Hinsichtlich der Entscheidung über den Herabsetzungsanspruch s. Anm. C I zu § 2. Soweit es sich um eine juristische Person als Schuldner handelt, sind deren wirtschaftliche Verhältnisse und zukünftige Aussichten — Rückzahlung kann vor dem 1. Januar 1932 nicht gefordert werden! — zu berücksichtigen.

3. Der Goldmarkbetrag errechnet sich bei den Schuldverschreibungen, sei es, daß sie vor dem 1. Januar 1918 oder nach dem 31. Dezember 1917 ausgegeben sind, wieder nach den Vorschriften des § 2 Abs. 2 V. Es kann deshalb hier auf die Anm. B I a, b zu § 2 verwiesen werden. Es sei jedoch besonders darauf aufmerksam gemacht, daß stets der Nennbetrag maßgebend ist, ein Agio oder Disagio im Gegensatze zur Obligationensteuer (§ 22 Abs. 2 Satz 3 V. mit § 13 d. DV. z. OblSt.) hier nicht berücksichtigt wird (s. auch Lehmann).

Für die Umrechnung der nach dem 31. Dezember 1917 ausgegebenen Schuldverschreibungen gilt als letzter Mittelkurs i. S. des Abs. 2 Satz 3 auch hier nach § 1 Abs. 1 d. 1. DV. der Mittelkurs des letzten vor dem Ausgabetag liegenden Börsentages (s. auch zu Abs. 2 Satz 4: § 1 Abs. 2 dieser DV.).

Bei Schuldverschreibungen der gegenständigen Art ist für die Berechnung des Goldmarkbetrages nicht der Erwerbstag des einzelnen Schuldverschreibungsinhabers, sondern die Ausgabezeit maßgebend. Denn bei Massenanleihen konnte der Erwerbstag naturgemäß nicht auf den Erwerbsakt des einzelnen Gläubigers abgestellt werden, vielmehr mußte die Aufwertungsquote für jede Obligationenserie einheitlich berechnet werden. Bei Einzelschuldverschreibungen wird aber Erwerbstag ohnehin gleich Ausgabetag sein. Späterer Eigentumswechsel bleibt ohne Einfluß.

Ausgabetag ist der Emissionstag. Wir möchten als solchen entgegen den Ausführungen Mügels den Tag annehmen, der in § 12 Abs. 1 DV. z. OblSt. als Emissionstag für die Berechnung der Obligationensteuer bestimmt ist. Nach § 21 V. beträgt nämlich die Obligationensteuer grundsätzlich 2% des um den Aufwertungsbetrag (§ 2 Abs. 1 V.) verminderten Goldmarkbetrags der Schuldverschreibungen. Dieser enge Zusammenhang zwischen Aufwertungsbetrag und Obligationensteuer dürfte aber eine verschiedenartige Feststellung des Ausgabetags verbieten. Der Umstand, daß bei der Obligationensteuer ein Agio oder Disagio zu berücksichtigen ist (s. Anm. 3) wird unserer Auffassung nicht entgegenstehen. Denn hierbei handelt es sich um eine Sonderbelastung und Sonderbegünstigung für den Obligationensteuerschuldner.

Nach § 12 DV. z. OblSt. gilt aber als Tag der Begebung der Tag, an dem die ersten Zahlungen auf die Schuldverschreibungen geleistet worden sind. Sind die Schuldverschreibungen an einem früheren Tage erstmals ausgegeben, veräußert, verpfändet oder zum Gegenstand eines Geschäfts unter Lebenden gemacht worden, so gilt der erste dieser Tage als Tag der Begebung. Sind anläßlich einer einheitlichen Darlehnsaufnahme Schuldverschreibungen in Teilabschnitten mit oder ohne Bezeichnung als Teilschuldverschreibungen (Partialobligationen) begeben worden, so ist maßgebend der erste Tag, an dem Schuldverschreibungen dieser Ausgabe (Emission, Serie, Gruppe) begeben worden sind.

Der für die Obligationensteuer festgestellte Ausgabetag ist daher für die Berechnung der Aufwertung zu übernehmen.

4. s. auch hier § 13 Abs. 1 V.

§ 5.

(1) Die Zahlung der gemäß §§ 2 bis 4 aufgewerteten Kapitalbeträge kann nicht vor dem 1. Januar 1932 verlangt werden.

(2) Die aufgewerteten Ansprüche sind bis zum 31. Dezember 1924 unverzinslich. Rückständige Zinsen gelten als mit dem Inkrafttreten dieser Verordnung erlassen. Vom 1. Januar 1925 ab beträgt der Zinssatz 2 vom Hundert; er erhöht sich in jedem weiteren Jahre um je 1 vom Hundert, bis der Satz von 5 vom Hundert erreicht ist. Die Verpflichtung zur Leistung von Tilgungsbeträgen ruht bis zu diesem Zeitpunkt.

(3) Wiederkehrende Leistungen, die auf Grund einer Reallast oder Rentenschuld geschuldet werden, sind im Jahre 1925 mit 40 vom Hundert zu bewirken; in jedem weiteren Jahr erhöht sich der Satz um 20 vom Hundert, bis der aufgewertete Betrag der Jahresleistung erreicht ist.

Anmerkungen:

a) Abs. 1.

1. Im Entwurf war vorgesehen, daß die Zahlung der nun nach den §§ 2—4 aufzuwertenden Vermögensansprüche nicht vor dem 1. Januar 1929 verlangt werden könne. Diese Frist ist in § 5 Abs. 1 V. bis zum 1. Januar 1932 verlängert worden, wohl mit Rücksicht auf die Erhöhung des ursprünglich vorgesehenen Aufwertungssatzes von 10 auf nunmehr 15%. Sie bedeutet unter Umständen eine große Beeinträchtigung der ohnehin schon sehr verkleinerten Rechte des Gläubigers, wenn er nach den Bestimmungen des

Schuldvertrages die Zahlung bereits vor dem 1. Januar 1932 hätte verlangen können. In diesem Zusammenhang sei auch darauf hingewiesen, daß die Zurückbezahlung der Vermögensanlagen, welche nicht unter § 1 Abs. II fallen, von dieser Rückzahlungsbeschränkung betroffen wird (s. II a zu § 12). — Die Verzinsung der aufgewerteten Beträge nach Abs. 2 und die allmähliche Steigerung der wiederkehrenden Leistungen nach Abs. 3 bilden nur eine ungenügende Ausgleichung der allenfallsigen Beeinträchtigung —, und unter Umständen eine u. E. nicht gerechtfertigte Begünstigung eines schon vor dem 1. Januar 1932 zahlungsfähigen Schuldners. Eine Abhilfe hätte dadurch geschaffen werden können, daß die Bestimmung der Rückzahlungszeit ebenfalls der Aufwertungsstelle für den einzelnen Fall übertragen worden wäre. Sie hätte entscheiden können, ob die nach dem Schuldvertrag gegebene Zahlungszeit eine unerträgliche Härte für den Schuldner oder aber die Hinausschiebung des Zahlungstermins bis zum 1. Januar 1932 infolge Zahlungsfähigkeit des Schuldners eine besondere nicht gerechtfertigte Schädigung für den Gläubiger gebildet hätte. Einer solchen Regelung mag die hierdurch bedingte vielleicht zu große Belastung der Aufwertungsstellen entgegengestanden haben. So bleiben nur private Vereinbarungen nach § 13 V. möglich.

Wenn der vertragliche Fälligkeitstag der Forderung erst nach dem 1. Januar 1932 eintritt, so ist er maßgebend. Bei Tilgungshypotheken ist äußerster Zahltermin der 1. Januar 1935 — § 7 Abs. 3 d. 3. DV. — Hinsichtlich des Beginns der Verteilung der Teilungsmasse im Falle des § 6 V. s. § 19 d. 3. DV. Zu § 8 V. s. § 5 Abs. 4 d. 4. DV.

2. Gewarnt durch die Erfahrungen der Inflationszeit hat man bereits jetzt in § 2 der 1. DV. die Höhe der Geldsumme festgesetzt, die bei der seinerzeitigen Rückzahlung der Forderung für je 1 Goldmark des nach den Vorschriften der V. aufgewerteten Betrages zu zahlen ist. Es ist nämlich 1 Goldmark des Aufwertungsbetrages dem jeweiligen Preise von $^1/_{2790}$ kg Feingold gleichgesetzt. Maßgebend ist der für den Tag der Fälligkeit amtlich festgestellte Preis, wobei § 2 der V. zur Durchführung des Gesetzes über wertbeständige Hypotheken vom 29. Juli 1923 — RGBl. I S. 482 — Anwendung findet. Dieser § 2 lautet:

„Als amtlich festgestellter Preis für Feingold gilt nur der von dem Reichswirtschaftsminister oder der von ihm bestimmten Stelle im Reichsanzeiger bekannt gegebene Londoner Goldpreis. Die Umrechnung in die deutsche Währung erfolgt nach dem Mittelkurse der Berliner Börse auf Grund der letzten amtlichen Notierung vor dem Tage, der für die Berechnung der Kapital-, Tilgungs- und Zinsbeträge sowie der sonstigen Nebenleistungen maßgebend ist; ist ein Durchschnittspreis maßgebend, so erfolgt die Umrechnung nach dem Durchschnittskurse desselben Zeitraums."

b) Abs. 2 bringt die Verzinsungsvorschriften.

1. Die Verzinsungspflicht beginnt erst am 1. Januar 1925. Für 1924 ist von einer solchen offenbar mit Rücksicht auf die schwere wirtschaftliche Notlage abgesehen worden, in der die Schuldner sich jetzt und noch geraume Zeit befinden. Bei Hypotheken auf Hausbesitz wurde wohl auch bedacht, daß die Mieten noch nicht auf Friedenshöhe gebracht sind.

Die Bestimmung, daß rückständige Zinsen mit dem Inkrafttreten der V. als erlassen gelten, ist von besonderer Bedeutung für Pfandbriefgläubiger, Kommunal- und Kleinbahnobligationäre; denn ihr Konkursvorrecht nach § 35 HBG. erstreckt sich eigentlich auch auf Zinsrückstände, die vor der Konkurseröffnung (s. Anm. B V c 1 Abs. 2 zu § 1) fällig geworden sind — Stern S. 55 —.

Der Zinssatz beträgt für 1925: 2%, für 1926: 3%, für 1927: 4%, ab 1928: 5%. Es bedeuten diese Sätze eine geringe Erhöhung der Sätze des Entwurfs.

Hinsichtlich der Verzinsung von Pfandbriefen usw. des § 1 Abs. 2 Ziff. 5 V. bestimmt § 10 d. 3. DV., daß die Zinsen, solange der Zinssatz weniger als 4% beträgt, jährlich und zwar am 1. Juli eines jeden Jahres zu entrichten sind. Für die spätere Zeit treten dann die vertraglichen Zinszahlungszeiten wieder in Kraft.

Nach § 14 d. 3. DV. werden Zinsscheine der Pfandbriefe nicht eingelöst und neue Zinsscheine nicht ausgegeben.

2. Tilgungsbeiträge.

Solche können vereinbart sein in Amortisationsquoten als Zuschlägen zu den Zinsen oder in anderweitigen Teilzahlungen, die allenfalls in regelmäßig wiederkehrenden Fristen zu entrichten sind.

Nach der Stellung der Bestimmung über die Tilgungsbeträge kommen u. E. nur die Amortisationsquoten in Betracht. Die Anforderung anderweitig vereinbarter Teilzahlungen wird sich mit Rücksicht auf Abs. 1 bis 1. Januar 1932 verbieten. Auch die Amortisationsquoten sind ihrer Natur nach keine Zinsen, sondern Kapitalrückzahlungen (s. Staud. Anm. 4 zu § 197 BGB.). Es muß also hinsichtlich ihrer eine gewisse Ausnahme von Abs. 1 als gegeben angenommen werden; denn der Zeitpunkt, von dem ab sie wieder zu entrichten sind, kann nach der Stellung dieser Bestimmung in Abs. 2 nur derjenige sein, von dem an 5% Zinsen zu bezahlen sind, d. i. nach dem unter 2a Gesagten das Jahr 1928, also nicht der 1. Januar 1932 (gleicher Ans. Mügel). Solche Amortisationsquoten können also vor 1928 nicht verlangt werden, dann aber neben den 5% Zinsen in der seinerzeit vereinbarten Höhe, auch wenn der ursprünglich versprochene Zins + Amortisationsquote 5% des Kapitals nicht erreicht hatte. Sonst würde der Einschluß dieser Quote in die 5% Zinsen eine Verschlechterung der Lage des betreffenden Gläubigers gegenüber anderen Gläubigern bedeuten, die nach dem Inhalt der Schuldurkunde stets 5% Zinsen + eine Amortisationsquote zu erhalten hatten.

Die prozentuale Amortisationsquote ist dann seinerzeit nur aus dem nach der V. sich ergebenden Aufwertungsbetrage zu berechnen.

Über besondere Tilgungsbeiträge s. §§ 7, 22 d. 3. DV. und bei § 6 V. Anm. D IIa 3 und D IV.

c) Abs. 3.

Reallasten und Rentenschulden sind auf die Bewirkung alljährlich wiederkehrender Leistungen und zwar hier einer jährlichen Geldsumme abgestellt (s. Anm. B I, II zu § 1 V.).

Diese wiederkehrenden Leistungen sind im Jahre 1924 überhaupt nicht zu bewirken. Noch rückständige werden ebenso erlassen sein, wie die rückständigen Zinsen.

Im Jahre 1925 sind 40% der aufgewerteten Leistung zu bezahlen; 1926: 60%, 1927: 80%, ab 1928: 100%. Hat also z. B. die wiederkehrende Leistung einen nach § 2 Abs. 2 V. errechneten Goldmarkbetrag von jährlich 900 M., so beträgt, falls nicht ein Herabsetzungsanspruch des Schuldners durchdringt, der Aufwertungsbetrag 15% von 900 M. = 60 Goldmark. Im Jahre 1925 sind also 40% von 60 Goldmark = 24 Goldmark zu bezahlen.

d) Auch auf Zinsen, Amortisationsquoten und die wiederkehrenden Leistungen des Abs. 3 wird § 2 der 1. DV. anzuwenden sein.

§ 6.

(1) Ansprüche aus Pfandbriefen und anderen Schuldverschreibungen der im § 1 Abs. 2 Ziffer 5 bezeichneten Art werden in der Weise aufgewertet, daß die Teilungsmasse gleichmäßig unter die Gläubiger im Verhältnis der nach Maßgabe des § 4 Abs. 2 festzustellenden Goldmarkbeträge ihrer Ansprüche verteilt wird. Die Teilungsmasse besteht aus der aufgewerteten Deckung der Schuldverschreibungen und einem etwa aus dem sonstigen Vermögen des Schuldners zu leistenden Beitrag unter Abzug eines Beitrags zu den Verwaltungskosten.

(2) Die Reichsregierung trifft nähere Bestimmungen über die Bildung und Verteilung der Teilungsmasse sowie über den vom Schuldner zu der Teilungsmasse zu leistenden Beitrag. Die Reichsregierung oder die von ihr bestimmte Stelle gibt Grundsätze für die Bemessung des Verwaltungskostenbeitrags.

Anmerkungen.

A. Hinsichtlich der Frage, welche Pfandbriefe und Schuldverschreibungen nach den Vorschriften des § 6 aufgewertet werden s. Anm. B Vc zu § 1 V.

B. 1. Die **Goldmarkbeträge** der gegenständigen Pfandbriefe und Schuldverschreibungen sind nach den Vorschriften des § 4 Abs. 2 V. festzustellen, also in gleicher Weise wie bei den übrigen Schuldverschreibungen (s. Anm. 3 zu § 4).

II. a) Hinsichtlich des für die Berechnung des Goldmarkbetrages maßgebenden Ausgabetages bestimmt § 15 Abs. 1 der 3. DV., daß als Ausgabetag jeder Pfandbriefserie oder jeden Pfandbriefjahrganges der Tag gilt, an dem der Treuhänder zuerst — erstmalig — Pfandbriefe dieser Serie oder dieses Jahrganges mit der durch § 30 Abs. 3 HBG. vorgeschriebenen Bescheinigung — nämlich über das Vorhandensein der vorschriftsmäßigen Deckung und über die Eintragung in das Hypothekenregister — versehen hat. Interimsscheine können auf Antrag der Bank mit Zustimmung der Aufsichtsbehörde hinsichtlich des Ausgabetages den Pfandbriefen gleichgestellt werden.

b) Ist der nach § 15 Abs. 1 maßgebende Ausgabetag für die einzelnen Serien oder den einzelnen Jahrgang kein einheitlicher, verteilt sich also die Ausgabe einer Serie oder eines Jahrgangs auf verschiedene Zeitpunkte, die ganz oder teilweise nach dem 31. Dezember 1917 liegen, so kann die Aufsichtsbehörde nach § 15 Abs. 2 d. 3. DV. auf Antrag der Bank nach einer von dieser auf Grund der verschiedenen Ausgabetage aufzustellenden Berechnung den Durchschnittsmittelkurs für Auszahlung New-York — s. § 4 Abs. 2 V. — festsetzen, nach welchem die Umrechnung des Nennbetrages dieser Pfandbriefe in den Goldmarkbetrag zu erfolgen hat. Diese Durchschnittsberechnung bringt eine wesentliche Erleichterung in der Feststellung des Goldmarkwertes und ist sicherlich nicht unbillig für die Gläubiger. Für die Zeit vor dem 1. Januar 1918 war eine gleiche Bestimmung überflüssig, da für diese Zeit der Goldmarkbetrag stets gleich Nennwert ist (s. § 4 Abs. 2 V.).

III. Umtausch von Pfandbriefen.

Eine sehr wichtige Bestimmung hinsichtlich der Feststellung des Goldmarkbetrages bringt § 16 Abs. 1 d. 3. DV. Es ist nämlich in zahlreichen Fällen vorgekommen, daß Banken ihren Kunden gehörige Pfandbriefe aus früheren Ausgabejahren gegen solche aus späteren Jahren, ja aus der Zeit nach dem 31. Dezember 1917 ohne ihr Wollen und Wissen umtauschten. Es kann und wird sich meistens der nach § 4 Abs. 2 V. festzustellende Goldmarkbetrag der Pfandbriefe aus verschiedenen Jahrgängen oder Serien sehr verschieden berechnen. Der Umtausch bedeutet dann eine schwere Beeinträchtigung der Aufwertungsansprüche der Gläubiger. Es ist auch bereits auf gerichtlichem Wege versucht worden, diese Schädigung der Gläubigerinteressen dadurch zu beseitigen, daß die Banken verpflichtet erklärt werden sollten, den Umtausch wieder rückgängig zu machen. Hiergegen wehrten sich die Banken. Der nochmalige Umtausch wäre in vielen Fällen auch mit technischen Schwierigkeiten — Mangel an entsprechenden älteren Pfandbriefen! — verbunden gewesen. Nunmehr ist die Streitfrage durch § 16 Abs. 1 d. 3. DV. dahin gesetzlich entschieden worden, daß der Gläubiger oder sein Erblasser — vgl. hierzu § 2 Abs. 2 Satz 1 V. —, wenn er Pfandbriefe späterer Ausgaben gegen solche früherer Jahre, also mit verschiedenem Goldmarkwerte, ohne seine Zustimmung — bei Zustimmung wohl § 11 V! — in Umtausch erhalten hat, verlangen kann, daß bei der Aufwertung seiner Pfandbriefe der Goldmarkbetrag seiner umgetauschten ursprünglichen Pfandbriefe berücksichtigt wird. Doch muß dieses Verlangen bis zum 31. Dezember 1924 bei der Bank, die die eingetauschten Pfandbriefe herausgeben hat, gestellt werden, widrigenfalls eine Berücksichtigung des Goldmarkbetrages der in Umtausch gegebenen Pfandbriefe nicht stattfindet.

C. Die Teilungsmasse (s. Anm. D) wird gleichmäßig unter die Gläubiger im Verhältnis der nach Anm. B festgestellten Goldmarkbeträge verteilt. Eine weitere Bevorzugung von Inhabern z. B. älterer Pfandbriefe gegenüber solchen von jüngeren, als sie sich bereits bei der Berechnung des Goldmarkbetrages ergibt, findet nicht statt. Insbesondere ist die Zeit des Erwerbs des einzelnen Pfandbriefs usw. — mit Ausnahme des Umtauschfalles i. S. des § 16 Abs. 1 d. 3. DV. (Anm. B) — durch die Gläubiger ohne Bedeutung (im Gegensatze zum Entwurf). Eine solche weitere Bevorzugung einzelner Gattungen von Schuldverschreibungen gegenüber anderen würde auch im Konkurse der betreffenden Bank nicht bestehen; sie könnte auch vertraglich nicht eingeräumt werden (§ 35 Abs. 1 Satz 3 HBG.).

Als Höchstbetrag der Aufwertung wird auch hier der normale Höchstsatz von 15 % in Betracht kommen. Die aufgewertete Deckung wird übrigens wohl nie einen höheren Aufwertungssatz zulassen, und der von den Anstalten aus ihrem sonstigen Vermögen etwa zu leistende Beitrag sicherlich nicht höher bemessen werden, als daß äußersten Falls der normale Höchstsatz erreicht wird.

D. **Teilungsmasse.**

I. Sie besteht

a) zunächst in der nach Maßgabe der V. aufgewerteten Deckung der Schuldverschreibungen, wie sie den Gläubigern im Falle des Konkurses der Anstalt oder bei Geltendmachung des Pfandrechts zustehen würde (s. hierzu Stern, die Schuldverschreibungsgläubiger im Konkurse der Hypothekenbank S. 47ff.). Nur ist hier der für die Feststellung der Deckungsmasse maßgebende Tag der Ablauf des 13. Februar 1924 (s. § 2a d. 3. DV.).

b) aus einem etwa aus dem sonstigen Vermögen des Schuldners zu leistenden Beitrage.

II. Deckungsmasse der von Hypothekenbanken i. S. des HBG. ausgegebenen Pfandbriefe und anderen Schuldverschreibungen (s. Art. I d. 3. DV.).

a) Sie setzt sich zusammen

1. aus den in das Hypothekenregister eingetragenen Hypotheken, Grundschulden, Reallasten, Pfandrechten, Wertpapieren und Forderungen (§ 2a d. 3. DV.).

Maßgebend ist also, daß diese Rechte in das Hypothekenregister eingetragen sind (§ 22 HBG.), und zwar entscheidet der Eintragungsstand am Ablaufe des 13. Februar 1924. An diesem Zeitpunkt darf auch die Eintragung nicht gelöscht sein. Zur rechtsgültigen Löschung ist aber die schriftlich erklärte Zustimmung des Treuhänders erforderlich (§ 30 Abs. 4 HBG.).

Hypotheken, Grundschulden und Reallasten können der Anstalt auch an einem Bauplatz, Bergwerk, an einem grundstücksgleichen, einen dauernden Ertrag nicht gewährenden Rechte zustehen (s. auch §§ 6, 10ff. HBG., wo die Fälle aufgeführt sind, in denen Hypotheken in das Hypothekenregister eingetragen sind, die sich nicht ihrem vollen Betrage nach zur Deckung der Pfandbriefe eignen). Ob die Hypotheken und Grundschulden von dem Eigentümer des belasteten Grundstücks selbst der Anstalt bestellt oder ob sie erst aus dritter Hand erworben wurden, begründet keinen Unterschied. Auch Eigentümerhypotheken und Eigentümergrundschulden des Instituts können Bestandteile der Deckungsmassen sein. Ohne Bedeutung ist auch, wie hoch der Wert der Deckungsgegenstände angesetzt ist, da ja diese selbst und nicht etwa nur der angenommene Deckungswert von dem Vorrechte der Pfandbriefgläubiger erfaßt wird (Über die Verwendung von vor dem 1. Januar 1900 erworbenen Bauplätzen und Baugelderhypotheken zur Deckung vgl. § 49 HGB.).

Über die Berechnung des Goldmarkbetrags der Hypotheken, Grundschulden, Reallasten und der durch Hypotheken gesicherten Forderungen s. §§ 5, 6 d. 3. DV. und Anm. B zu § 2 V.

2. Aus den ersatzweise der Deckung zugeführten Geldbeträgen (§ 2b d. 3. DV.), also aus dem Gelde, das dem Treuhänder zur Deckung der Pfandbriefe in Verwahrung gegeben ist.

Die Deckung durch Hypotheken und Grundschulden ist das primäre. Denn an sich soll ja der gesamte Betrag der im Umlauf befindlichen Hypothekenpfandbriefe in Höhe des Nennwertes jederzeit durch Hypotheken und Grundschulden von mindestens gleicher Höhe und gleichem Zinsfuß gedeckt sein (§ 6 Abs. 1 HBG.). Daneben können gewisse Wertpapiere und bares Geld als Deckung in Frage kommen. Infolge von Rückzahlung von Hypotheken oder aus einem anderen Grunde kann die vorgeschriebene Deckung in Hypotheken und Grundschulden nicht mehr vorhanden sein. Ist in solchen Fällen weder die Ergänzung der Deckung durch andere Hypotheken möglich, noch die Einziehung eines der Verminderung der Deckung entsprechenden Teils der Pfandbriefe sofort ausführbar, so muß die Bank die fehlende Deckung einstweilen durch Wertpapiere (Schuldverschreibungen des Reiches oder eines Gliedstaates) oder durch Geld ersetzen. Geld darf vor allem zur Deckung im Falle der Rückzahlung einer Deckungshypothek oder -grundschuld verwendet werden (§§ 18, 31 Abs. 2 HBG.). Geld muß aber, wenn seine Widmung zur vorzugsweisen Befriedigung der Pfandbriefgläubiger gegeben sein soll, dem Treuhänder zu diesem Zweck in Verwahrung gegeben sein und sich noch am 14. Februar 1924 in seiner Verwahrung befunden haben.

Der Umfang der Deckungsmassen sub 1 und 2 entspricht der durch die zwingende Vorschrift des § 35 HBG. gegebenen Begrenzung. Es kann ihn eine Bank nicht in ihrem Statut erweitern. Das Vorrecht der Pfandbriefgläubiger usw. erstreckt sich auch nicht auf den in § 7 HBG. angeführten Pfandbrieftilgungsfonds und sonstige allgemeine oder besondere Reserven.

3. An dieser Teilungsmasse können sich aber nach dem 13. Februar 1924 noch Änderungen ergeben. Es können nämlich die in § 2 d. 3. DV. bezeichneten Werte nach diesem Tage Erträge abwerfen (s. § 5 V.: Zinsen); dann können solche Werte durch Zahlung ganz oder teilweise getilgt werden (Tilgungsbeträge); endlich sind die bereits am Ablaufe des 13. Februar 1924 vorhandenen, zur Deckung dienenden Geldbeträge, sowie später einlaufende Gelder (Zinsen, Tilgungsbeträge) gem. § 4 Abs. 1 Satz 2, 3 d. 3. DV. von der Bank verzinslich anzulegen, sofern nicht die Aufsichtsbehörde — § 3 HBG., § 27 d. 3. DV. — eine anderweitige Anlegung der Teilungsmasse gestattet.

Alle diese Zinsen, Tilgungsbeträge und etwaige sonstige Erträge fließen nach § 3 d. 3. DV. ebenfalls in die Teilungsmasse. Doch ist die Bank nach § 12 — s. auch § 18 — der 3. DV. berechtigt, von allen in die Teilungsmasse fließenden Eingängen vorweg 20% als Verwaltungskostenbeitrag in Anspruch zu nehmen (s. § 6 Abs. 2 V.).

Zu den Tilgungshypotheken und -grundschulden und -reallasten ist noch folgendes zu sagen. Die grundsätzliche Regelung der Tilgungsbeträge findet sich in § 5 Abs. 2 V. (s. Anm. 2b zu diesem §). Darüber hinaus ist der Bank in § 7 d. 3. DV. das Recht eingeräumt, zu verlangen, daß ein höherer als der vereinbarte Tilgungsbetrag zu leisten ist; ferner daß die Tilgungshypothek (Grundschuld, Reallast) unter Aufhebung des bei Bestellung der Hypothek vereinbarten Tilgungsplans in eine durch anders bestimmte Zahlungen zu tilgende Hypothek umgewandelt wird; endlich, daß die Tilgungshypothek durch eine am 1. Januar 1932 (s. § 5 Abs. 1 V.!) fällige Hypothek umgewandelt wird, wenn der zu tilgende Restbetrag gegenüber der ursprünglichen Schuld verhältnismäßig geringfügig ist. Die Bank kann jedoch diese drei Rechte nicht geltend machen, wenn die wirtschaftliche Leistungsfähigkeit des Schuldners oder des belasteten Grundstücks (Verpflichtungen aus weiteren Hypotheken!) es untunlich erscheinen lassen. Zu all diesen Neuregelungen, und insbesondere hinsichtlich der Frage der wirtschaftlichen Leistungsfähigkeit des Schuldners oder des Grundstücks ist aber die Zustimmung der Aufwertungsstelle (§ 9 V.) erforderlich.

Auf jeden Fall kann die Bank die Rückzahlung einer Tilgungshypothek (Grundschuld, Reallast) unter Einhaltung einer Kündigungsfrist von 6 Monaten spätestens zum 1. Januar 1935 verlangen, auch wenn die vertragliche Tilgungsfrist sich über diesen Zeitpunkt erstrecken würde. Zu solchen Kündigungen auf den 1. Januar 1935 ist die Zustimmung der Aufwertungsstelle nicht erforderlich (§ 7 Abs. 3 d. 3. DV.).

Soweit sich auf Grund des § 7 d. 3. DV. Änderungen am Inhalte der Tilgungshypotheken (Grundschulden, Reallasten) ergeben, kann der Eigentümer oder die Bank ihre Eintragung in das Grundbuch verlangen. Die Eintragungskosten hat die Bank zu tragen (§ 7 Abs. 2 d. 3. DV.).

4. Letzter Bestandteil der Teilungsmasse ist der Beitrag, den die Bank aus ihrem sonstigen Vermögen zu leisten hat, wenn ihre wirtschaftlichen Verhältnisse es angemessen erscheinen lassen. Ob und in welcher Höhe ein solcher Beitrag zu leisten ist, wird von der Aufsichtsbehörde bestimmt (§ 6 Abs. 1 Satz 2 V. und § 11 d. 3. DV.).

Theoretisch betrachtet müßten die Teilungsmassen 1—3 zur Befriedigung sämtlicher Pfandbriefgläubiger ausreichen. Wenn man nur die gegenseitigen Papiermarkwerte in Betracht zöge, würde diese Annahme stimmen. Für die in Goldmark erfolgende Aufwertung der Schuldverschreibungen wird es sich aber um deswillen anders verhalten, weil die einzelnen Deckungsmassebestandteile nicht den gleichen Goldmarkwert ergeben werden, wie ihn die nach § 4 Abs. 2 V. mit § 15 d. 3. DV. festgestellten Goldmarkwerte der Pfandbriefe usw. beziffern. So sind eine Reihe von Hypotheken in Papiermark zurückbezahlt. Wurde das Geld liegen gelassen, so ist es nunmehr wertlos. Wurde es in Wertpapieren angelegt, so sind diese wie etwaige sonstige zur Deckung bestimmte Wertpapiere gegenwärtig so gut wie wertlos oder wenigstens in ihrem Werte nicht zu realisieren (s. Art. II V.). Es ist möglich, daß später aus diesen Wertpapieren den Anstalten wieder ein nennenswertes Vermögen zufließt. Schon dieser Umstand rechtfertigt die grundsätzliche Heranziehung der Banken zu Beiträgen aus ihrem sonstigen Vermögen. Eine weitere Rechtfertigung ist auch in der Ansammlung von Reserven — Pfandbrieftilgungsfonds! — zu suchen. Es ist aber noch ein weiterer wichtiger Grund für die Bestimmung solcher Beiträge gegeben. Die Obligationäre sind beim Konkurse des betreffenden Instituts nicht nur auf die Vermögensteile angewiesen, die ihnen zur vorzugsweise Befriedigung dienen. Wenn der Erlös aus diesen Objekten nicht zur vollständigen Befriedigung ihrer Forderungen ausreicht, so können sie sich hinsichtlich des Ausfalls an die allgemeine Konkursmasse halten. Hierin konkurrieren sie allerdings mit sämtlichen Gläubigern, so daß sie auch im Falle des Konkurses wohl niemals mit der ganzen Ausfallsforderung zum Zuge kämen. Immerhin erscheint aber auch um deswillen ein Beitrag der Institute grundsätzlich am Platze.

b) Hatte eine Bank für verschiedene Ausgaben von Pfandbriefen eigene Deckungsmassen i. S. der Ziff. 1—2 gebildet, die bis zum 14. Februar 1924 getrennt verwaltet wurden oder sind die Pfandbriefe erkennbar auf Grund einer besonderen Deckung ausgegeben, so kann die Aufsichtsbehörde auf Antrag der Bank bestimmen, daß für diese verschiedenen Ausgaben gesonderte Teilungsmassen aus den bisherigen gesonderten Deckungsmassen gebildet werden (§ 26 d. 3. DV.).

c) Eine Änderung an der eigentlich nach Ziff. 1—3 bestehenden Teilungsmasse kann sich in dem im § 16 Abs. 1 d. 3. DV. geregelten Falle des früher erfolgten Umtausches von Pfandbriefen gegen andere gem. § 16 Abs. 2 l. c. ergeben. Wenn nämlich die gegeneinander umgetauschten Pfandbriefe von verschiedenen Hypothekenbanken ausgegeben sind, so kann die Aufsichtsbehörde und falls mehrere Aufsichtsbehörden zuständig sind, können diese im gegenseitigen Einverständnis einen Ausgleich zwischen den Teilungsmassen der Hypothekenbanken anordnen. Hat nämlich die Bank A einem Pfandbriefgläubiger gegenüber eigene ältere Pfandbriefe gegen jüngere der Bank B ausgetauscht, so muß der Pfandbriefgläubiger seinen ihm nach § 16 Abs. 1 d. 3. DV. zustehenden Anspruch auf Zugrundelegung des höheren Goldmarkwerts der älteren Pfandbriefe gegen die Bank B geltend machen. Dadurch würden die übrigen Gläubiger der Bank B benachteiligt werden, da auf sie eine geringere Aufwertungsquote treffen würde, als wenn diese Erhöhung der bei der Bank B zu berücksichtigenden Goldmarkwerte nicht eingetreten wäre. Andererseits würden die Pfandbriefgläubiger der Bank A, da die umgetauschten älteren eigenen Pfandbriefe der Bank A nicht an der bei ihr stattfindenden Verteilung zum Zuge kommen (§ 18 der 3. DV.) eine größere Quote bekommen, als ihnen zugekommen wäre, wenn die älteren Pfandbriefe nicht umgetauscht worden wären und deshalb noch bei der Verteilung hätten berücksichtigt werden müssen. Zur Veranschaulichung dieses Ergebnisses diene folgendes Beispiel:

Die beiden Banken haben je 2 Ausgaben von Pfandbriefen veranstaltet, und zwar haben sie je 1000 Stück mit einem Goldmarkwerte von je 1000 M. und später je 1000 Stück mit einem Goldmarkwerte von je 100 M. ausgegeben. Es beträgt deshalb an und für sich bei jeder Bank die Gesamtsumme der bei der Verteilung zu berücksichtigenden Goldmarkwerte 1100000 M. Hat jedoch die Bank A 100 eigene Pfandbriefe zu je 1000 Goldmark gegen 100 der Bank B zu je 100 Goldmark umgetauscht, so verringert sich bei der Bank A infolge § 18 der 3. DV. der Goldmarkwert ihrer bei der Verteilung zu berücksichtigenden Pfandbriefe auf 1. Mill M., während derjenige der Bank B sich um (100000—10000 = Goldmarkwert der eingetauschten jüngeren Pfandbriefe) = 90000 M. auf 1190000 M. erhöht. Stehen nun bei beiden Banken zur Verteilung auf die Pfandbriefe je 10 Mill. M. zur Verfügung, so würden infolge des Umtausches die Pfandbriefgläubiger der Bank A mehr, und die der Bank B weniger erhalten, als ihnen zugekommen wäre, wenn der Umtausch nicht erfolgt wäre. Diesem Mißverhältnis soll ein entsprechender Ausgleich in den Deckungsmassen abhelfen. Bei dieser Ausgleichung wird man aber darauf achten müssen, ob nicht die von der Bank A in Umtausch gegebenen Pfandbriefe der Bank B aus der Deckungsmasse für die Pfandbriefe der Bank A genommen waren, so daß also die Deckungsmasse ihrer Pfandbriefe sich hierdurch vermindert hatte.

Wie verhält es sich aber, wenn die Bank A die Pfandbriefe der Bank B aus ihrem sonstigen Vermögen genommen hatte, also ohne Umtausch mit ihnen an der Verteilung bei der Bank B teilgenommen hätte? Wir sprechen auch hier, wie wir uns bezüglich des Umtausches von eigenen Pfandbriefen gegen andere eigene entschieden haben (s. Anm. B V c 2 zu § 1 V.) der Bank A das Recht zu, die vor dem Umtausch in ihrem Besitze befindlichen Pfandbriefe der Bank B zu der bei letzterer stattfindenden Verteilung anzumelden. Beim Ausgleich der Deckungsmassen wäre dann diese Tatsache zu berücksichtigen, weil sich dann der Goldmarkwert der Pfandbriefe der Bank B um die vollen 100000 M. erhöht.

d) Vorschriften zur Sicherung der Rechte der Pfandbriefgläubiger.

Um den ständigen Überblick über die Teilungsmasse und ihre Sicherstellung zu gewährleisten, ist nach § 4 Abs. 1 Satz 1 d. 3. DV. die Teilungsmasse von der Bank gesondert von ihrem sonstigen Vermögen zu verwalten. Diese Loslösung veranlaßte die Außerkraftsetzung einer Reihe von Vorschriften des HBG. — und zwar der Vorschriften über die Höhe der Deckung (§§ 6, 37 Abs. 2), über ihre Eintragung in das Hypothekenregister (§ 22) und über die Rechte des Treuhänders (§§ 30, 31) — s. § 4 Abs. 2 d. 3. DV.

Der Sicherung der nach der V. berechtigten Gläubiger dienen auch die Vorschriften des § 4 Abs. 3 d. 3. DV. Hiernach finden während der Dauer des Verteilungsverfahrens Arreste und Zwangsvollstreckungen in die Teilungsmasse nicht statt — und zwar weder zugunsten einzelner berechtigter Pfandbriefgläubiger noch anderer Personen —, und sind an der Teilungsmasse, wenn über das Vermögen der Bank Konkurs eröffnet ist, nur die Pfandbriefgläubiger berechtigt, für deren Befriedigung die Teilungsmasse nach der V. bestimmt ist — vgl. § 35 Abs. 1 HBG. —.

Endlich ist in § 8 d. 3. DV. bestimmt, daß Vereinbarungen über die Aufwertung der im § 2 l. c. bezeichneten Werte der Zustimmung der Aufsichtsbehörde bedürfen. Ist diese Zustimmung aber erteilt, so steht den Gläubigern wegen solcher Vereinbarungen ein Schadensersatzanspruch gegen die Bank nicht zu.

Dagegen findet auf die nach Maßgabe der 3. DV. aufzuwertenden Pfandbriefe das Gesetz, betr. die gemeinsamen Rechte von Schuldverschreibungen vom 4. Dezember 1899 (RGBl. S. 691) keine Anwendung (§ 25 d. 3. DV.), also vor allem nicht die Bestimmung, daß Beschlüsse einer Gläubigerversammlung verbindliche Kraft für alle Schuldverschreibungsgläubiger haben.

III. Verteilung.

Nach § 19 d. 3. DV. ist mit der Verteilung der Teilungsmasse zu beginnen, sobald nach der Entscheidung der Aufsichtsbehörde hinreichend bare Masse vorhanden ist. Insofern weicht § 19 von § 5 Abs. 1 V. ab, wonach die Zahlung der nach §§ 2—4 V. aufgewerteten Vermögensanlagen nicht vor dem 1. Januar 1932 verlangt werden kann. Allerdings wird schließlich, da ja die den Hauptteil der Teilungsmasse bildenden Hypotheken, Grundschulden und Reallasten eben nach diesem § 5 V. nicht vor dem 1. Januar 1932 zur Zahlung erzwungen werden können, die Teilung in den wenigsten Fällen sich vor dem 1. Januar 1932 vollenden können. Es werden also vor diesem Tage in der Hauptsache nur Teilzahlungen in Frage kommen.

Das Verfahren nach § 19 stellt die regelmäßige Verteilung dar.

IV. Die **Abfindung**.

Die bisherigen Ausführungen haben ersehen lassen, daß das regelmäßige Verteilungsverfahren mit vielen Schwierigkeiten und mit großer und vielfach nicht lohnender Arbeit verbunden sein wird. Es räumt deshalb die 3. DV. in den §§ 20—22 den Banken das Recht ein, die Pfandbriefgläubiger durch eine Pauschalzahlung abzufinden. Um hierbei eine Benachteiligung der Gläubiger, insbesondere geschäftsungewandter, hintanzuhalten, ist bestimmt, daß das Abfindungsangebot der Bank die Zustimmung der Aufsichtsbehörde gefunden haben muß.

Darüber hinaus steht den Gläubigern ein Widerspruchsrecht gegen das Angebot zu, das innerhalb 3 Monaten nach der letzten der vorgeschriebenen dreimaligen Einrückung im Deutschen Reichsanzeiger bei der Aufsichtsbehörde schriftlich geltend zu machen ist. Damit dieser Widerspruch aber durchdringen kann, müssen die Goldmarkansprüche der widersprechenden Gläubiger mindestens 25% und bei einer durch Pfandbriefe angebotenen Abfindung i. S. des § 21 d. 3. DV. mindestens $^1/_3$ der Goldmarkansprüche sämtlicher bei der Verteilung zu berücksichtigenden Gläubiger betragen. Die Goldmarkansprüche der widersprechenden Gläubiger müssen der Aufsichtsbehörde gegenüber dadurch bewiesen werden, daß dem schriftlichen Widerspruch die Bescheinigung eines deutschen Notars oder einer amtlichen Hinterlegungsstelle — kommt besonders für im Auslande befindliche Pfandbriefgläubiger in Betracht — über die erfolgte Hinterlegung der Pfandbriefe des widersprechenden Gläubigers beizufügen ist. Diese Bescheinigung muß den Nennbetrag, sowie die Nummern- und Serienbezeichnung der Pfandbriefe enthalten. Um eine mißbräuchliche Doppelbenutzung der Pfandbriefe zum Zwecke des Widerspruchs zu verhindern, dürfen die hinterlegten Pfandbriefe nicht vor Ablauf der dreimonatlichen Widerspruchsfrist den Hinterlegern zurückgegeben werden.

Eine bestimmte Besitzzeit der Pfandbriefe ist hier nicht erforderlich, wie sie z. B. in § 269 Abs. 2 HGB. vorgeschrieben ist.

Diese Hinterlegungsvorschriften können naturgemäß dann nicht durchgeführt werden, wenn die Pfandbriefe, auf Grund deren der Widerspruch geltend gemacht wird, infolge Kündigung oder Auslosung in den Besitz der Bank zurückgelangt sind, sich also nicht mehr im Besitze der an und für sich infolge eines Aufwertungsvorbehalts noch berechtigten Pfandbriefgläubiger befinden (§ 20 Abs. 3 mit § 13 Satz 2 d. 3. DV.). Diese Gläubiger werden der Aufsichtsbehörde zum mindesten glaubhaft machen müssen, daß solche im Besitze der Bank befindliche Pfandbriefe ihnen oder ihren Rechtsvorgängern gegenüber ausgelost oder gekündigt worden sind und daß bei der Rückgabe an die Bank ein Aufwertungsvorbehalt gemacht wurde.

Abgesehen von der Nichtausübung dieses Widerspruchsrechts ist zur **Rechtswirksamkeit der Abfindung erforderlich** in formeller Hinsicht, daß auf die Zulässigkeit und die Art der Ausübung des Widerspruchs sowie auf die Folgen der Nichtausübung in dem Angebot hingewiesen wurde (§ 20 Abs. 4 d. 3. DV.), in materieller Hinsicht folgendes, wenn die Abfindung durch Gewährung von neuen Pfandbriefen stattfinden soll: es müssen diese neuen Pfandbriefe gem. § 21 d. 3. DV.

1. bis zum 1. Januar 1927 ausgegeben werden,
2. auf Goldmark lauten, wobei eine Goldmark dem Preise von $^1/_{2790}$ kg Feingold entspricht (§ 2 V. zur Durchführung des Gesetzes über wertbeständige Hypotheken vom 29. Juli 1923, RGBl. I S. 482),
3. mit mindestens 4% jährlich zu verzinsen und
4. zum Nennbetrag einzulösen sein.

Ferner muß die Bank sich verpflichten, die auf die Deckung bei ihr eingehenden ordentlichen und außerordentlichen Rückzahlungen zur Einlösung dieser neuen Pfandbriefe im Wege der Auslosung zum Nennbetrage zu verwenden.

Werden die Pfandbriefgläubiger mit solchen Pfandbriefen abgefunden, so ist die Bank gem. § 22 d. 3. DV., sofern sie sich bereit erklärt, die aufgewerteten Hypotheken (Grundschulden, Reallasten) als ihrerseits dauernd unkündbare Tilgungshypotheken (-grundschulden, -reallasten) den Schuldnern zu belassen, befugt, mit Wirkung vom 1. Januar 1928 neben den nach § 5 Abs. 2 V. zu entrichtenden Zinsen von 5% weitere 3% jährliche Tilgung zu verlangen. Doch kann der Schuldner spätestens 6 Monate, nachdem die Bank diese 3% jährliche Tilgung verlangt hat, bei der Aufwertungsstelle die Herabsetzung dieses besonderen Tilgungssatzes in halbprozentigen Stufen oder den gänzlichen Wegfall der Tilgung begehren, wenn dies mit Rücksicht auf seine und des belasteten Grundstücks wirtschaftliche Leistungsfähigkeit — z. B. Verzinsung mehrerer aufgewerteter Hypotheken! — unerläßlich erscheint. Genehmigt die Aufwertungsstelle den gänzlichen Wegfall dieser besonderen Tilgung, so kann die Bank unter Einhaltung der vertraglichen Kündigungsfrist, oder wenn eine solche nicht bestimmt ist, einer sechsmonatlichen die Zahlung des nach § 2 der V. aufgewerteten Kapitalbetrags verlangen, jedoch nicht vor dem 1. Januar 1932 — s. § 5 Abs. 1 V. —. Die bisherigen vertraglichen Kündigungs- und Rückzahlungsrechte des Schuldners bleiben auf jeden Fall unberührt.

Soweit sich nach § 22 Änderungen des Inhalts eingetragener Rechte ergeben, sind sie auf Antrag der Bank oder des Eigentümers auf Kosten der Bank in das Grundbuch einzutragen.

Weigert sich der Schuldner, die nach § 22 zulässige Änderung des Inhalts der Hypothek (Grundschuld oder Reallast) zu bewilligen und dringt er mit einem allenfallsigen Begehren auf Herabsetzung oder Wegfall des Tilgungssatzes nicht durch, so wird seine Bewilligung auf Antrag der Bank durch die Entscheidung der Aufwertungsstelle ersetzt, die auch sonst dazu berufen ist, Streitigkeiten über die Ausgestaltung der als Deckung der nach § 21 ausgegebenen Goldpfandbriefe dienenden Hypotheken zu entscheiden.

V. Hinterlegung von Teilen der Teilungsmasse und der Abfindung.

Erläßt die Bank zum Abschluß des ordentlichen Verteilungsverfahrens (§ 19 d. 3. DV.) oder des Abfindungsverfahrens (§§ 20—22) eine dreimalige Aufforderung im Reichsanzeiger an die Gläubiger, ihre Ansprüche bei ihr anzumelden und die Pfandbriefe zur Geltendmachung ihrer Rechte vorzulegen, so kann sie den Anteil, der auf die bis zum Ablauf von 3 Monaten nach der letzten Veröffentlichung der Aufforderung nicht eingereichten Pfandbriefe entfällt, hinterlegen. Die Pfandbriefgläubiger, die der Aufforderung nicht nachgekommen sind, können sich dann zwecks Befriedigung ihrer Ansprüche nur mehr an die hinterlegte Summe oder Abfindung halten.

Trotz der dreimaligen Aufforderung ist die Bank zur Hinterlegung nicht befugt, wenn

1. in der Aufforderung auf die Folgen der Nichteinhaltung der Frist nicht hingewiesen wurde,

2. wenn der Gläubiger zwar seinen Anspruch innerhalb der dreimonatlichen Frist angemeldet hat, aber zur Einreichung der Pfandbriefe innerhalb dieser Frist nicht imstande ist, weil entweder seine Pfandbriefe ihm abhanden gekommen oder vernichtet sind, oder infolge Kündigung oder Auslosung in den Besitz der Bank zurückgelangt sind, ohne daß der Gläubiger seinen Aufwertungsanspruch verloren hat. Im Falle des Verlustes muß der Gläubiger aber innerhalb der dreimonatlichen Frist nachweisen, daß er Antrag auf Einleitung des Aufgebotsverfahrens (§§ 1003 ff. ZPO.) oder wenn die sofortige Einleitung des Aufgebotsverfahrens nach § 1015 Abs. 2 ZPO. unzulässig, Antrag auf Zahlungssperre gestellt hat (§ 1020 ZPO.) — s. zu vorstehenden Ausführungen § 23 d. 3. DV.

VI. Nach § 14 Abs. 2 HBG. hat der Schuldner, wenn die Gewährung des Darlehens in Hypothekenpfandbriefen der Bank zum Nennwert erfolgt ist, das Recht und allenfalls die Pflicht, die Rückzahlung der Hypothek nach seiner Wahl in Geld oder in Hypothekenpfandbriefen der gleichen Bank, die derselben Gattung wie die empfangenen angehören, nach dem Nennwerte zu bewirken. In diesem Falle kann nach § 9 d. 3. DV. jede Partei verlangen, daß der nach der 3. DV. sich ergebende Aufwertungsbetrag in bar zu leisten ist.

E. I. Deckungsmasse der Kommunalobligationen (§ 41 HBG.).

Sie setzt sich zusammen

1. aus den in ein besonderes Register (Kommunaldarlehnsregister) eingetragenen Forderungen aus Darlehen, die die Bank an inländische Gesellschaften des öffentlichen Rechts oder an andere Personen gegen Übernahme der Gewährleistung durch eine solche Körperschaft gewährt hat,

2. aus den in das Register eingetragenen Wertpapieren, Bargeldern und allenfalls Hypotheken, Grundschulden, Reallasten und Forderungen.

II. Deckungsmasse der Kleinbahnobligationen (§ 42 HBG.).

Sie besteht

1. aus den in ein besonderes Register eingetragenen Forderungen, die die Bank an Kleinbahnunternehmungen gegen Verpfändung der Bahn oder allenfalls gegen Übernahme der Gewährleistung durch eine inländische Körperschaft des öffentlichen Rechts gewährt hat,

2. aus den in das Register eingetragenen Wertpapieren, Bargeldern und allenfalls Hypotheken, Grundschulden, Reallasten, Forderungen.

III. Für die Aufwertung der Ansprüche aus Kommunal- und Kleinbahnobligationen gelten die §§ 6—28 d. 3. DV. und soweit die Teilungsmasse aus Hypotheken, Grundschulden, Reallasten, Pfandrechten an im Schiffsregister eingetragenen Schiffen und an Bahneinheiten oder aus Forderungen besteht, die durch Hypothek, Schiffs- oder Bahnpfandrecht gesichert sind, — § 1 Abs. 2 Ziff. 1—4 V. — auch die Vorschrift des § 5 d. 3. DV. entsprechend.

Für beide Arten von Obligationen wird je eine besondere Teilungsmasse gebildet.

Sind Pfandbriefe in Umtausch gegen solche Obligationen gegeben worden oder umgekehrt, so findet § 16 d. 3. DV. — Umtausch von Pfandbriefen gegen Pfandbriefe — entsprechende Anwendung.

— s. § 29 d. 3. DV. —

F. Pfandbriefe und andere Schuldverschreibungen, die von anderen Grundkreditanstalten als Hypothekenbanken, von Schiffsbeleihungsbanken, sowie von Ablösungsanstalten ausgegeben sind.

I. Nach § 30 d. 3. DV. werden Ansprüche aus diesen Schuldverschreibungen auf der Grundlage des § 6 Abs. 1 V. und der §§ 1—29 d. 3. DV. nach näheren Anordnungen der obersten Landesbehörden aufgewertet, sofern den Gläubigern an der den Schuldverschreibungen zugrunde liegenden Deckung ein Pfandrecht oder ein Recht auf vorzugsweise oder ausschließliche Befriedigung zusteht (s. Anm. B V c zu § 1). Ob diese Voraussetzungen gegeben sind, entscheidet die oberste Landesbehörde.

II. Hinsichtlich der Deckungsmassen ist folgendes zu bemerken:

a) Für die Rentenbriefgläubiger — § 52 HBG. — besteht sie in den Rentenforderungen, die vor dem 1. Januar 1899 als Reallasten in das Grundbuch eingetragen wurden, aus Wertpapieren und Geld.

b) Bei Schuldverschreibungen von Land- und Stadtschaften und Grundrentenablösungsanstalten regelt sich die Deckungsmasse nach den Satzungen.

c) Auch bei den Schuldverschreibungen von Schiffsbeleihungsbanken bemißt die Deckungsmasse sich nach den Satzungen. Es muß der Gesamtbetrag der im Umlauf befindlichen Schiffspfandbriefe in Höhe des Nennwertes durch Schiffspfandrechte von mindestens gleicher Höhe und mindestens gleichem Zinsfuß gedeckt sein. Sofern die durch die Satzung vorgeschriebene Deckung nicht mehr vollständig vorhanden und weder die Ergänzung durch andere Schiffspfandrechte noch durch Einziehung von Schiffspfandbriefen sofort ausführbar ist, hat die Bank die fehlende Deckung einstweilen durch Schuldverschreibungen des Reiches oder eines Gliedstaates oder durch Geld zu ersetzen.

Die Bank ist berechtigt, ihre Forderungen gegen die Darlehnsschuldner gegen jeden Verlust zu versichern. Auch die ihr bezüglich solcher Forderungen zustehenden Versicherungsansprüche unterliegen dem Pfandrechte der Schuldverschreibungsgläubiger.

§ 7.

(1) Sparkassenguthaben (§ 1 Abs. 2 Ziffer 9), die bis zum 31. Dezember 1924 bei der Aufwertungsstelle angemeldet sind, werden in der Weise aufgewertet, daß die Teilungsmasse von einem Treuhänder unter die Gläubiger verteilt wird. Der von dem Treuhänder aufgestellte Teilungsplan bedarf der Genehmigung der Landesregierung oder einer von ihr bestimmten Stelle.

(2) Die Teilungsmasse besteht aus dem nach Maßgabe dieser Verordnung aufgewerteten Sparkassenvermögen und einem etwa aus dem sonstigen Vermögen des Schuldners zu leistenden Beitrag unter Abzug eines Beitrages zu den Verwaltungskosten.

(3) Die Gläubiger werden nach folgender Rangordnung, bei gleichem Range nach den Verhältnissen ihrer Forderungen, berücksichtigt:

1. Guthaben, die auf Grund gesetzlichen Zwanges zur mündelsicheren Anlage begründet sind. Dem gesetzlichen Zwange steht der Zwang durch die Vorschriften der Satzung, Stiftung oder sonstigen Verfassung einer inländischen Personenvereinigung, Körperschaft oder Vermögensmasse gleich, sofern sie ausschließlich gemeinnützigen, mildtätigen, ethischen oder religiösen Zwecken dienen;
2. alle übrigen Guthaben.

(4) Die Landesregierungen oder die von ihr bestimmten Stellen treffen die näheren Bestimmungen über die Bildung und Verteilung der Teilungsmasse sowie über den vom Schuldner zu der Teilungsmasse zu leistenden Beitrag; sie geben Grundsätze für die Bemessung des Verwaltungskostenbeitrages.

Anmerkungen.

Vorbemerkung.

Nachstehende Ausführungen ergehen vorbehaltlich der vorgesehenen Ausführungsbestimmungen der Landesregierungen.

a) Um nach § 7 aufgewertet zu werden, müssen die Sparkassenguthaben

1. bei öffentlichen oder unter Staatsaufsicht stehenden Sparkassen bestehen,

2. vor dem 14. Februar 1924, dem Tage des Inkrafttretens der V. entstanden sein und an diesem Tage noch bestehen,

3. bis zum Ablaufe des 31. Dezembers 1924 bei der Aufwertungsstelle (§ 9 V.) oder allenfalls bei der Sparkasse (§ 1 Abs. 4 d. 2. DV.) angemeldet werden. (Über die Bescheinigung der Anmeldung von Sparkassenguthaben s. § 6 Abs. 1, 2 d. 2 DV.; für die Anmeldung vergl. für Bayern § 3 der V. über

Aufwertungsstellen vom 5. September 1924 GVBl. 1924 S. 199, abgedruckt S. 168ff.).

b) Auch diese Sparkassenguthaben werden nicht zu einem in vornherein bestimmten Prozentsatze, sondern nur nach Maßgabe der vorhandenen Teilungsmasse aufgewertet.

c) Die Teilungsmasse besteht zunächst aus dem nach Maßgabe der V. aufgewerteten Sparkassenvermögen, also in der Hauptsache aus Hypotheken, Wertpapieren und Bargeld. Es ist zu befürchten, daß dieses Vermögen keine nennenswerte Aufwertungshöhe in Goldmark mehr hat, zumal ja die öffentlichen Anleihen, in denen das Vermögen vornehmlich auf Grund gesetzlicher Vorschriften anzulegen war, überhaupt nach Art. II V. in absehbarer Zeit nicht aufgewertet werden. Die Hypotheken aber wurden zum größten Teil während des Krieges und der Nachkriegszeit mit entwertetem Gelde zurückbezahlt. Von den Pfandbriefen ist ebenfalls ein großer Teil gekündigt oder verlost und zurückbezahlt worden. Soweit diese Rückzahlungen ohne Vorbehalt angenommen wurden, kann aber nach § 11 V. eine Aufwertung nicht mehr verlangt werden. Es ist nun allerdings möglich, daß die zurückbezahlten Gelder wieder anderweitig so angelegt wurden, daß eine Aufwertung nach der V. hinsichtlich dieser Neuanlagen in Frage kommt.

Trotzdem ist anzunehmen, daß das aufgewertete Vermögen nur eine geringfügige Aufwertung der Sparkassenguthaben ermöglichen würde. Um diesem für die Gläubiger unerfreulichen Ergebnis wenigstens etwas abzuhelfen, ist bestimmt, daß zur Teilungsmasse Beiträge aus dem sonstigen Vermögen des Schuldners unter Abzug eines Beitrags zu den Verwaltungskosten zu leisten sind.

Unter „Schuldner" werden die Gewährsträger der fraglichen Sparkassen zu verstehen sein, z. B. Gemeinden, Bezirke, Distrikte. Diese Beiträge finden ihre gerechte Begründung darin, daß den Gewährträgern in früherer Zeit, in denen die Sparkassen Überschüsse abwarfen, diese zugute gekommen sind.

Da die Verhältnisse der Sparkassen landesgesetzlich geregelt sind, war es folgerichtig, den Landesregierungen oder den von ihnen ermächtigten Stellen die näheren Bestimmungen über die Bildung und Verteilung der Teilungsmasse, über den vom Schuldner zu der Teilungsmasse zu leistenden Beitrag und über den Verwaltungskostenbeitrag zu überlassen (§ 7 Abs. 4).

Auch hier wird ein höherer Aufwertungssatz als 15% nicht in Frage kommen. Hierauf wird bei Bemessung der Beiträge der Schuldner Rücksicht zu nehmen sein.

d) Trotz diesen besonderen Beiträgen wurde anscheinend befürchtet, daß die so gebildete Teilungsmasse so gering ist, daß bei einer gleichmäßigen Befriedigung sämtlicher Sparkassengläubiger auf den einzelnen kein nennenswerter Betrag mehr treffen würde. Es wurde deshalb zu dem — bereits lebhaft angegriffenen — Ausweg gegriffen, eine bestimmte Art von Gläubigern bevorzugt befriedigen zu lassen, soweit es nach der Größe der Teilungsmasse überhaupt möglich ist. Diese Art sind die Gläubiger derjenigen Sparkassenguthaben, die auf Grund gesetzlichen Zwanges oder der Satzungsvorschriften, Stiftungen oder sonstigen Verfassung zur mündelsicheren Anlage (vgl. §§ 1806, 1807 BGB. und Staud. Anm. 1d zu § 1807) begründet wurden.

Doch ist hier eine Einschränkung insofern getroffen, als nur die Satzung, Stiftung oder sonstige Verfassung einer inländischen Personenvereinigung,

Körperschaft oder Vermögensmasse in Frage kommt, die ausschließlich gemeinnützige, mildtätige, ethische oder religiöse Zwecke verfolgen.

1. Unter „Körperschaften" sind zu verstehen mit selbständiger Rechtspersönlichkeit ausgestattete, durch eine Organisation zu einer rechtlichen und wirtschaftlichen Einheit zusammengefaßte Personenvereinigungen, also die juristischen Personen des öffentlichen und privaten Rechts,

unter „Personenvereinigungen" vor allem nicht nichtsrechtsfähige Vereine,

unter „Vermögensmassen" Gebilde, die nicht eigene Rechtspersönlichkeit haben oder bei denen die Feststellung dieser Rechtspersönlichkeit auf Schwierigkeiten stößt, die aber in Verwaltung, Rechnungslegung und Verwendung ihrer Einkünfte selbständig sind, also vor allem Anstalten und Stiftungen ohne eigene Rechtspersönlichkeit (s. Evers Anm. 20 zu § 1 KörpStG.).

2. Inländisch.

Es ist erfordert, daß der Sitz im Inlande, d. i. in Deutschland, sich befindet. Als solcher gilt der Ort, an dem die Verwaltung geführt wird (vgl. § 24 BGB.).

3. Ausschließlich.

Die Personenvereinigungen usw. dürfen neben den privilegierten Zwecken nicht noch Zwecke anderer Art verfolgen. Maßgebend ist der satzungsgemäße Zweck, nicht derjenige, den z. B. die einzelnen Mitglieder der Personenvereinigung mit ihrem Anschluß an diese etwa verfolgt haben.

4. Die privilegierten Zwecke werden sich in dem Rahmen halten, in dem sie für die Steuergesetze anerkannt sind.

α) Mildtätig.

Der Zweck muß darauf gerichtet sein, eine gewisse Bedürftigkeit, die aber noch keine Notlage zu sein oder einer solchen nahe zu kommen braucht, in irgendeiner Weise zu mildern, oder auch nur Personen in beschränkten Verhältnissen, ohne daß bei ihnen eine eigentliche Hilfsbedürftigkeit gegeben ist, zu fördern und zu unterstützen.

β) Gemeinnützig.

Gemeinnützig ist, was dem Wohle der Allgemeinheit dient, also der ganzen Bevölkerung oder einem größeren irgendwie umgrenzten Teil dieser Allgemeinheit, z. B. einer bestimmten Bevölkerungsklasse (vgl. auch RFH. Urteil vom 26. Januar 1921, S. Bd. 4 S. 301). Der Teil der Allgemeinheit kann örtlich oder beruflich oder nach beiden Seiten begrenzt sein. Er darf nur nicht in sich fest geschlossen sein durch Bestehen eines engeren Bandes, wie es sich besonders aus der Zugehörigkeit zu einer einzelnen Familie oder etwa auch zu einem Vereine mit geschlossener Mitgliederzahl ergibt (RFH. Urt. vom 1. Februar 1921, S. Bd. 5 S. 13).

γ) Ethisch.

Z. B. Zwecke der Jugenderziehung. Hier wird die Grenze zu „gemeinnützig" vielfach flüssig sein.

δ) Religiös.

Zwecke der Religionsgesellschaften.

Gemeinsame Bemerkung zu *α*—*β*.

Im einzelnen s. auch die diesbezüglichen Ausführungen in den Kommentaren z. B. zum Körperschaftssteuergesetz (bes. Evers) und Erbschaftssteuergesetz. Im konkreten Fall wird die Entscheidung, ob solche Zwecke vorliegen, der Aufwertungsstelle zufallen.

e) Erst wenn diese bevorzugten Sparkassegläubiger den ihnen nach der Regelung der Landesregierungen zukommenden Aufwertungsteil, hinsichtlich dessen sie untereinander nach Maßgabe der Größe ihrer Guthaben mit gleichem Range berechtigt sind, zugewiesen erhalten haben, kommen die übrigen Guthaben — wieder untereinander im gleichen Rang — zum Zug auf den noch verbliebenen Rest der Verteilungsmasse.

Die Größe der Guthaben bestimmt sich, wenn nicht noch landesrechtlich anderes angeordnet wird, nach den Papiermarknennbeträgen. Dann ist auch die Zeit der Entstehung der Guthaben ohne Bedeutung, wenn sie nur vor dem 14. Februar 1924 erfolgt ist. Gerechter wäre es zweifellos, wenn auch für die Sparkassenguthaben die Feststellung des Goldmarkwertes nach den Vorschriften des § 2 Abs. 2 V. vorgeschrieben wäre. Im übrigen ist anzunehmen, daß eine Neuanlage oder Erhöhung von Sparkassenguthaben nur in verschwindendem Maße erfolgt ist, als der Währungsverfall in nennenswerter Weise sichtbar wurde.

f) Um den Vollzug der in § 7 getroffenen Aufwertungsregelung zu sichern, erfolgt die Verteilung nicht durch die Sparkassen, sondern durch einen Treuhänder, dessen Verteilungsplan überdies noch von der Landesregierung näher geregelt wird.

g) Die Auszahlung der Teilungsbeträge wird auch hier nicht vor dem 1. Januar 1932 verlangt werden können, da erst mit diesem Tage die Teilungsmasse auch in ihren nach der V. aufgewerteten Bestandteilen flüssig gemacht werden kann (§ 5 V.). Nach § 13 Abs. 1 V. kann allerdings eine andere Regelung in dieser Richtung wie allenfalls auch über die Höhe der Aufwertung getroffen werden.

§ 8.

Ansprüche der Versicherten aus Lebensversicherungsverträgen werden in der Weise aufgewertet, daß das nach Maßgabe dieser Verordnung aufgewertete Vermögen der Versicherungsunternehmungen nebst einem etwaigen aus dem sonstigen Vermögen des Schuldners zu leistenden Beitrag nach näherer Bestimmung der Reichsregierung einem Treuhänder überwiesen wird. Der Treuhänder hat den ihm überwiesenen Betrag nach Abzug der Verwaltungskosten zugunsten der Versicherten nach einem von der Aufsichtsbehörde genehmigten Teilungsplane zu verwenden. Als Lebensversicherung gilt auch die Invaliditäts-, Alters-, Witwen-, Waisen-, Aussteuer- und Militärdienstversicherung, gleichviel ob auf Kapital oder Rente.

Anmerkungen.

A. Hinsichtlich der in Betracht kommenden Versicherungen s. Anm. B IX zu § 1 V.

Nach § 13 d. 4. DV. kann die Aufsichtsbehörde — Reichsaufsichtsamt für private Versicherungen in Berlin und seine Kommissare (§§ 70 ff. VAG.) — auf Antrag der Unternehmung oder des Treuhänders eine Ausschlußfrist für die Anmeldung der im Verteilungsplane zu berücksichtigenden Ansprüche festsetzen. Die Ausschlußfrist ist nach näherer Vorschrift der Aufsichtsbehörde bekannt zu machen.

— s. auch § 7 Satz 2 d. 4. DV. —

B. Für diese Versicherungsansprüche ist kein allgemeiner Aufwertungsprozentsatz festgesetzt. Es erfolgt vielmehr die Aufwertung nach Maßgabe des gem. der V. aufgewerteten Vermögens der Unternehmungen — s. auch 4. DV. — und eines bestimmten von der Reichsregierung festzusetzenden Beitrages aus ihrem sonstigen Vermögen.

Es werden nämlich die Ansprüche gem. § 2 d. 4. DV. nach Maßgabe der verfügbaren Mittel unter Zugrundelegung der auf sie geschäftsplanmäßig entfallenden Reserven (technische Reserven, vor allem Prämienreserve) nach gewissen Abzügen aufgewertet. Der Aufwertungsbetrag wird hier in gleicher Weise zu ermitteln sein, wie der zu erstattende Betrag im Falle des Rückkaufs einer Versicherung. Dementsprechend sind die gleichen Abzüge an den Reserven wie beim Rückkauf vorgesehen, nämlich Prämienrückstände — in der Inflationszeit sind mit Rücksicht auf die durch die Einhebung entstehenden hohen Verwaltungskosten viele Prämien nicht eingehoben worden —, etwa gewährte Policendarlehen und Vorauszahlungen — nicht zu verwechseln mit dem Rückkauf einer Versicherung — (s. Hager-Bruck Anm. 3, 6 zu § 176 VVG; Gerhard-Hagen Anmerkungen zu §§ 176, 177 VVG.).

Die Goldmarkbeträge der technischen Reserven und der zulässigen Abzüge werden in sinngemäßer Anwendung des § 2 Abs. 2 V. berechnet.

Für die Durchführung dieser Bestimmungen kann die Aufsichtsbehörde nähere Vorschriften treffen, die hoffentlich bezüglich der rückständigen Prämien aus der Inflationszeit Erleichterungen in der Berechnung des Goldmarkwertes bringen werden.

Für lebenslängliche Haftpflichtversicherungen mit begrenzter Deckung bestimmt § 2 Abs. 2 d. 4. DV. insofern eine besondere Regelung, als die vertraglich festgesetzte Höchstversicherungssumme (Deckungssumme) auf der Grundlage der auf die Versicherung entfallenden Reserven gem. § 2 Abs. 1 in Goldmark umgerechnet wird. Nach Eintritt des Versicherungsfalles wird dann der durch rechtskräftiges Urteil, Vergleich oder Anerkenntnis festgestellte Schadensbetrag zu einem dem Verhältnis dieser neu berechneten Deckungssumme zur vertraglichen Deckungssumme entsprechenden Teil, höchstens jedoch die neu berechnete Deckungssumme vergütet. (Z. B. 1. Schadensbetrag 20000 GM., vertragliche Deckungssumme 50000 GM., neuberechnete Deckungssumme 5000 GM.; vergütet wird $^1/_{10}$ von 20000 GM. = 2000 GM.; 2. Schadensbetrag 60000 GM., im übrigen gleich; $^1/_{10}$ von 60000 GM. = 6000 GM.: vergütet werden nur 5000 GM.).

C. Aufwertungsstock.

I. Ihn bilden die auf die Versicherungsansprüche geschäftsplanmäßig entfallenden Reserven (technische Reserven), also vor allem die Prämienreserven (§§ 56ff. VAG.).

a) Nach Hager-Bruck, Vorbem. 6 zu §§ 159ff. VAG. ist die Prämienreserve (Deckungskapital) die aus den jeweils eingehenden Prämien gebildete Rücklage, deren der Versicherer bedarf, um die verfügbaren Beträge seiner künftigen Einnahmen auf die Höhe der zu erwartenden Versicherungsansprüche zu ergänzen. Nach § 61 VAG. dürfen dem Prämienreservefonds, abgesehen von den zur Vornahme und Änderung der Kapitalanlagen erforderlichen Mitteln nur diejenigen Beträge entnommen werden, die durch

Eintritt des Versicherungsfalls, durch Rückkauf oder andere Fälle der Beendigung des Versicherungsverhältnisses frei werden. Demgemäß gehen in Ansehung der Befriedigung aus den in das Register eingetragenen Beständen des Prämienreservefonds (§ 57 Abs. 3 VAG.) die Forderungen auf die rechnungsmäßige Prämienreserve insoweit, als für sie die Zuführung zu diesem Fonds vorgeschrieben ist (§ 57 Abs. 1) den Forderungen aller übrigen Konkursgläubiger vor. Untereinander haben sie gleichen Rang. Diese Regelung ist in § 8 V. übernommen worden.

b) Für die Art der Anlegung der den Prämienreservefonds bildenden Bestände gibt § 59 VAG. — s. auch Gesetz zur Änderung des VAG. vom 19. Juli 1923 (RGBl. I S. 684ff.) Art. 1 Ziff. 7 — bestimmte Vorschriften. Nach Saling, Börsenpapiere 1911, Teil I S. 206, sind seit 1911 die Versicherungsanstalten gehalten, einen Teil ihrer Reserven in deutschen Staatspapieren anzulegen. S. ferner Gesetz betr. die Anlegung des Prämienreservefonds privater Versicherungsunternehmungen vom 30. Dezember 1921 — RGBl. 1922 I S. 42 —: Hypotheken, Grund- und Rentenschulden, Schuldverschreibungen aus nach dem Friedensvertrag ausländisch gewordenen Unternehmungen!

c) In den Aufwertungsstock fließen sämtliche i. S. des Art. I §§ 1—13 V. aufgewerteten Vermögensanlagen der Unternehmung, die ihr beim Ablauf des 13. Februar 1924 gehörten, soweit sie nicht verpfändet oder gem. § 57 Abs. 1 Satz 2 VAG. als besondere Sicherheit im Auslande zugunsten bestimmter Versicherungen aus der Prämienreserve gestellt sind. Soweit Hypotheken zum Aufwertungsstock gehören, finden auf sie die Vorschriften der §§ 5—7 der 3. DV. Anwendung, also die Vorschriften über den Tag des Erwerbs, über die Berechnung des Goldmarkwertes von Tilgungshypotheken und über Änderungen am Inhalte von Tilgungshypotheken (§ 3 Abs. 1 d. 4. DV.). Sind aus Anlaß der Übertragung des Versicherungsbestandes eines Unternehmens auf ein anderes entsprechende Vermögensanlagen übertragen worden, so ist nach § 15 d. 4. DV. für die Berechnung des Goldmarkbetrages dieser Vermögensanlagen der Tag maßgebend, an dem der Anspruch für die übertragende Unternehmung begründet wurde. Das gleiche gilt bei der Übertragung von Vermögensanlagen, die anläßlich der durch Währungsschwierigkeiten bedingten Übertragung einzelner Versicherungen auf eine andere Versicherungsunternehmung erfolgt ist.

d) Einen weiteren Bestandteil des Aufwertungsstocks können Beiträge aus dem sonstigen, nicht durch die §§ 2 und 3 d. 4. DV. erfaßten Vermögen der Unternehmung bilden. Solche Beiträge sind auf Verlangen und nach näherer Bestimmung der Aufsichtsbehörde zu leisten, wenn es die wirtschaftlichen Verhältnisse der Unternehmung angemessen erscheinen lassen. Sie sind auf Antrag des Treuhänders nach den Vorschriften der Länder — in denen die Unternehmungen ihren Sitz haben — über die Beitreibung öffentlicher Abgaben einzuziehen (§ 3 Abs. 2 d. 4. DV.).

Diese Beiträge finden ihre innere Berechtigung darin, daß die Versicherungsprämien nicht nur dazu gedient haben, die Gesamtsumme der Versicherungszahlungen zu decken, sondern auch zur Ausschüttung eines Gewinns an die Aktionäre verwendet wurden.

e) Von dem Aufwertungsstocke kommen in Abzug die Vergütung für den Treuhänder und die übrigen Kosten des Aufwertungsverfahrens — s. bes. die Vergütung für eine allenfallsige Mitwirkung der Unternehmung — § 12 Abs. 2 d. 4. DV.).

II. Aufteilung der Vermögensanlagen.

a) Bei einer Unternehmung kommen mehrere Versicherungszweige in Betracht. Dann werden für die auf Reichswährung lautenden Versicherungen die im § 3 Abs. 1 d. 4. DV. bezeichneten Vermögensanlagen gem. § 4 d. 4. DV. im Einvernehmen mit dem Treuhänder und nach Genehmigung der Aufsichtsbehörde auf die verschiedenen Versicherungszweige im Verhältnis der Goldmarkbeträge der auf sie entfallenden technischen Reserven aufgeteilt, wobei § 2 Abs. 1 Satz 2 und 3 d. 4. DV. entsprechend gelten. Es darf jedoch bei der Aufteilung auf die Aufwertungsstöcke der Lebensversicherung, der Kranken-, Unfall- und Haftpflichtversicherung nicht weniger entfallen, als die zugehörigen Prämienreservefonds an aufgewerteten Vermögensanlagen enthalten haben.

b) Bei einer deutschen Unternehmung sind unzureichend gedeckte Fremdwährungsverpflichtungen vorhanden.

In solchen Fällen wird gem. § 11 d. 4. DV. der Aufwertungsstock unbeschadet der Vorschriften des § 3 Abs. 2, 3 l. c. zwischen den Versicherungen in Fremd- und in Reichswährung im Einvernehmen mit dem Treuhänder im Verhältnis der in sinngemäßer Anwendung des § 2 Abs. 1 d. 4. DV. berechneten Goldmarkbeträge der auf sie entfallenden technischen Reserven geteilt, wobei zu unterscheiden sind

1. Versicherungen in Fremdwährung, die nicht am Prämienreservefonds (§ 57 VAG.) beteiligt sind. Diese werden nur bei der Aufteilung des nicht zum Prämienreservefonds gehörigen Teiles des Aufwertungsstocks und nur mit dem Teile ihrer Ansprüche berücksichtigt, der nicht durch die für sie im Ausland gestellten Sicherheiten (§ 57 Abs. 1 Satz 2 VAG.) gedeckt ist. — § 11 Abs. 2 d. 4. DV. —

2. die übrigen Versicherungen in Fremdwährung. Diese werden bei der Verteilung des zum Prämienreservefonds gehörigen Teiles des Aufwertungsstocks berücksichtigt. Außerdem gebührt ihnen der auch nach Durchführung des § 3 Abs. 2 d. 4. DV. nicht zum Aufwertungsstocke gehörige Teile des Prämienreservefonds und eine etwaige für sie besonders gestellte Sicherheit. — § 11 Abs. 3 —. Soweit diese Fremdwährungsversicherungen durch § 11 Abs. 3 nicht gedeckt sind, nehmen sie auch bei der Verteilung des nicht zum Prämienreservefonds gehörigen Teils des Aufwertungsstocks neben den Versicherungen in Reichswährung teil; beide Arten von Versicherungen werden nur in Höhe des Ausfalls, wie er sich nach der Verteilung des § 11 Abs. 3 ergibt, bei dieser Verteilung berücksichtigt.

3. Entsprechend dem von uns bereits behandelten Konkursvorrecht der Pfandbriefgläubiger wird der auf die Versicherungen in Reichswährung entfallende Anteil am Aufwertungsstock auch im Konkurse der Unternehmung oder bei Maßnahmen der Aufsichtsbehörde nach § 69 VAG. — wenn zwar bei einer Unternehmung die Voraussetzungen der Konkurseröffnung gegeben sind, die Vermeidung des Konkurses aber im Interesse der Pfandbriefgläubiger geboten ist — ausschließlich zugunsten der Versicherungen in Reichswährung mit Genehmigung der Aufsichtsbehörde verwendet. — § 11 Abs. 5. —

4. Das Verteilungsverfahren nach § 11 ist auszusetzen, wenn mit Zustimmung der Aufsichtsbehörde Verhandlungen über eine Regelung der Fremdwährungsverpflichtungen im Vergleichswege schweben. Es entfällt endgültig, wenn ein Vergleich zustande kommt — § 11 Abs. 6 —.

D. Treuhänder.

I. Die Bestellung eines Treuhänders ist in § 8 V. vorgesehen. Er soll die Rechte der Versicherungsnehmer wahrnehmen. In der Erfüllung dieser Aufgabe wird er von der Aufsichtsbehörde überwacht — § 12 Abs. 1 Satz 4 d. 4. DV. —

a) Bestellung.

Der Treuhänder wird gem. § 12 Abs. 1 d. 4. DV. nach Anhörung der Unternehmung durch die Aufsichtsbehörde bestellt unter Aushändigung einer Bestallung. Er darf nicht Mitglied des Vorstandes oder des Aufsichtsrates oder Angestellter der Unternehmung sein und auch nicht zu ihren Aktionären gehören. U. E. wird er aber ebensowenig aus den Gläubigern genommen werden können.

Von der Bestellung eines Treuhänders kann abgesehen werden bei den kleineren Vereinen i. S. des § 53 VAG. — also bei solchen, die bestimmungsgemäß einen sachlich, örtlich oder hinsichtlich des Personenkreises eng begrenzten Wirkungskreis haben — und bei den nach dem Angestelltenversicherungsgesetze zugelassenen Ersatzkassen — Ges. v. 20. Dezember 1911 §§ 372ff. (RGBl. S. 1054) und Änderungsgesetz vom 10. November 1922 § 372aff. (RGBl. I S. 872). — In diesem Falle wird die Verwendung der im § 3 Abs. 1 d. 4. DV. bezeichneten Vermögensanlagen durch den Geschäftsplan geregelt, der der Genehmigung der Aufsichtsbehörde bedarf. Seine Aufstellung erfolgt durch übereinstimmenden Beschluß von Vorstand und Aufsichtsrat, oder wenn ein Aufsichtsrat nicht vorhanden ist, durch den Vorstand. — § 14 d. 4. DV. —

b) Vergütung.

Ihre grundsätzliche Zulässigkeit ist in § 12 Abs. 2 d. 4. DV. festgelegt. Die Festsetzung im einzelnen Fall erfolgt durch die Aufsichtsbehörde nach Anhörung der Unternehmung.

c) Ende des Treuhänderverhältnisses.

1. Das Amt des Treuhänders endigt allgemein, sobald der Aufwertungsstock gem. § 10 d. 4. DV. — also nach Genehmigung des Verteilungsplanes — der Unternehmung zur Verfügung gestellt ist. (§ 12 Abs. 3 d. 4. DV.)

2. Das Amt endigt im besonderen, wenn ein wichtiger Grund zur Entlassung des Treuhänders vorliegt. (§ 12 Abs. 1 letzt. S.). Hierüber hat die Aufsichtsbehörde zu entscheiden.

3. In jedem der beiden Fälle hat der Treuhänder die Bestellung der Aufsichtsbehörde zurückzugeben (§ 12 Abs. 3 Satz 2).

II. Aufgaben des Treuhänders.

a) Seine erste Hauptaufgabe ist die Verwaltung des ihm überwiesenen Aufwertungsstockes. Er ist berechtigt über ihn zu verfügen, soweit diese Verfügung im Interesse der Versicherten, insbesondere zu einer schnellen Durchführung der Aufwertung zweckdienlich erscheint (§ 3 Abs. 1 Satz 1 und § 5 Abs. 1 d. 4. DV.). Bei diesen Verwaltungshandlungen soll der Treuhänder die Unternehmung anhören. Bei Streitigkeiten hierüber wie überhaupt bei Streitigkeiten zwischen Treuhänder und Unternehmung über den Aufwertungsstock entscheidet unter Ausschluß des Rechtsweges die Aufsichtsbehörde (§ 5 Abs. 1 und § 3 Abs. 4).

Im einzelnen ist noch folgendes bestimmt:

1. Der Treuhänder hat die Einziehung der Beiträge aus dem sonstigen Vermögen der Unternehmung veranlaßtenfalls zu beantragen (§ 3 Abs. 2, 2. Satz).

2. Er hat seine Zustimmung zur Verteilung des Aufwertungsstocks zu geben, wenn mehrere Versicherungsarten oder Reichs- und Fremdwährungsversicherungen in Frage kommen (§§ 4 Abs. 1; 11 Abs. 1. d. 4. DV.) — s. Anm. IIa, b —.

3. Er hat gem. § 3 Abs. 3 d. 4. DV. mit Zustimmung der Aufsichtsbehörde Teile des Aufwertungsstocks für die Befriedigung anderweitiger Verpflichtungen der Unternehmung (Verwaltungskosten, Fremdwährungsverpflichtungen, Ansprüche aus Kranken-, Unfall- und Haftpflichtversicherungsverträgen, soweit sie nicht unter § 1 d. 4. DV. fallen, usw.) freizugeben. Voraussetzung hierfür ist, daß die beabsichtigte Verwendung des freizugebenden Teiles zur wirtschaftlichen Erhaltung der Unternehmung oder zur Abwendung einer groben Unbilligkeit geboten oder nach der Gesamtlage der Unternehmung für die Versicherten vorteilhaft erscheint.

Der Treuhänder hat ferner nach § 8 d. 4. DV. mit Genehmigung der Aufsichtsbehörde den Aufwertungsstock ganz oder teilweise an die Unternehmung herauszugeben, wenn und soweit eine besondere Regelung bestimmter Ansprüche nach § 6 d. 4. DV. erfolgt oder erfolgt ist — s. Anm. E II oder wenn Vereinbarungen i. S. des § 13 Abs. 1 V. mit Genehmigung der Aufsichtsbehörde getroffen werden.

Endlich hat der Treuhänder den Aufwertungsstock der Unternehmung nach der Genehmigung des Verteilungsplans zur Verfügung zu stellen (§ 10 Satz 1 d. 4. DV.).

4. Die Verwendung der Rücklage im Falle des § 7 Satz 2 d. 4. DV. obliegt dem Treuhänder.

b) Die zweite Hauptaufgabe des Treuhänders liegt in der Aufstellung eines Plans (Verteilungsplans) für die Verwendung des Aufwertungsstocks (§ 5 Abs. 2 d. 4. DV.).

E. Der Verteilungsplan.

I. Aus dem Verteilungsplane müssen sich die auf die Versicherungen entfallenden Aufwertungsanteile ergeben. (§ 5 Abs. 2 Satz 2 mit § 2 d. 4. DV.)

Soweit die Versicherungsansprüche noch nicht fällig sind, also der Versicherungsfall noch nicht eingetreten ist, wird für sie im Verteilungsplan eine beitragsfreie oder beitragspflichtige Versicherung auf Goldmark berechnet (§ 5 Abs. 2 Satz 3). Die Berechnung der prämienfreien Versicherung wird nach den Grundsätzen zu erfolgen haben, die für die Umwandlung einer Lebensversicherung in eine prämienfreie Versicherung aufgestellt sind (§ 174 VVG.). Es tritt an Stelle des vereinbarten Kapital- oder Rentenbetrages der Betrag, der sich für das Alter desjenigen, auf dessen Person die Versicherung genommen ist, als Leistung des Versicherers ergibt, wenn die auf die Versicherung nach Maßgabe der 4. DV. entfallende Prämienreserve als einmalige Prämie angesehen wird. Dies bedeutet also die Umwandlung der ursprünglichen Versicherung in eine beitragsfreie Versicherung mit reduzierter Versicherungssumme.

Bei der Berechnung der neuen Versicherungsansprüche können die Versicherungsformen geändert, insbesondere kann der Ablauf der Versicherungen trotz entgegenstehender Bestimmungen des alten Vertrages bis Ende 1932 hinausgeschoben und die Gewinnbeteiligung aufgehoben oder in anderer Weise geregelt werden. — § 5 Abs. 3 —.

Der Versicherte kann jedoch die Umwandlung in eine neue Versicherung ablehnen, und zwar wird die Ablehnung der beitragspflichtigen Weiterversicherung i. S. des § 5 Abs. 2 Satz 3 auch ohne ausdrückliche Erklärung des Versicherten als erfolgt betrachtet, wenn die nach dem Verteilungsplane zu leistende erste Prämienzahlung nicht innerhalb der gestellten Frist bewirkt wird — § 5 Abs. 5 —. Wird die Fortsetzung abgelehnt, so finden hinsichtlich der Abfindung die Vorschriften über den Rückkauf einer Versicherung Anwendung, es ist die volle Prämienreserve zu zahlen (§ 5 Abs. 3 Satz 2 d. 4. DV. mit § 176 VVG.).

II. Bezüglich der seit dem 1. Januar 1919 abgeschlossenen Versicherungen, bei denen der Goldmarkwert der Versicherungssumme infolge der fortschreitenden Inflation schon zur Zeit des Vertragsabschlusses immer geringer wurde, ist in § 6 d. 4. DV. eine besondere Regelung vorgesehen. Es kann nämlich im Verteilungsplane vorgesehen werden, daß die Ansprüche für gewisse Gruppen von Versicherungsnehmern oder für die Versicherungsnehmer aller oder einzelner Jahrgänge der seit dem 1. Januar 1919 abgeschlossenen Versicherungen aus der allgemeinen Verteilung ausscheiden und abgesondert geregelt werden. In diesem Falle kann dem Versicherungsnehmer insbesondere an Stelle seiner bisherigen Versicherung eine neue beitragspflichtige Versicherung mit einem von der Aufsichtsbehörde festgesetzten Mindestbetrag unter Berücksichtigung seines Aufwertungsanteils angeboten werden. Lehnt der Versicherungsnehmer dieses Angebot ab, so wird ihm nach Wahl der Unternehmung sein Aufwertungsanteil auf seine Kosten bar ausgezahlt oder eine entsprechende beitragsfreie Versicherung eingeräumt.

F. Zahlungszeit.

I. Sind die Versicherungssummen bereits zur Zeit der Aufstellung des Verteilungsplanes fällig oder werden sie vor Ende 1932 fällig — gleichgültig ist hierbei, ob eine Umwandlung des Versicherungsverhältnisses nach Maßgabe des § 5 Abs. 2 oder des § 6 stattgefunden hatte oder ob ein Fall des Rückkaufs gegeben ist —, so können mit Genehmigung der Aufsichtsbehörde Zahlungen aus den aufgewerteten Versicherungsverhältnissen bis Ende (31. Dezember) 1932 abgelehnt werden. — § 5 Abs. 4 mit § 6 letzt. Satz —. Dies gilt auch dann, wenn hinsichtlich von Aufwertungsanteilen von weniger als 30 Goldmark in dem Verteilungsplane gem. § 7 Satz 1 d. 4. DV. angeordnet wurde, daß der Aufwertungsanteil dem Versicherungsnehmer unter Aufhebung des Versicherungsverhältnisses bar auszuzahlen ist.

II. Eine Auszahlung an die Versicherungsnehmer hat überhaupt zu unterbleiben, wenn der Aufwertungsanteil bei Versicherungen über eine Summe von mehr als 2000 M. oder über eine Jahresrente von mehr als 100 M. weniger als 10 Goldmark, bei anderen Versicherungen — also ohne Rücksicht auf die Höhe der Versicherungssumme oder -rente — weniger als 3 Goldmark beträgt. Diese nicht auszuzahlenden Aufwertungsanteile sind einer Rücklage zuzuführen, die der Treuhänder zum Ausgleich besonderer Härten mit Zustimmung der Aufsichtsbehörde für die Versicherten zu verwenden hat — § 7 Satz 2 d. 4. DV. —.

G. Ist nach Genehmigung des Verteilungsplanes der Aufwertungsstock der Unternehmung zur Verfügung gestellt worden, so hat diese für die neuberechneten Versicherungsansprüche gem. § 56ff. VAG. die Prämienreserven zu berechnen und die erforderlichen Beträge dem Prämienreservefonds zuzuführen. Bis zu ihrer Durchführung finden die Vorschriften des § 61 VAG.

— über die Zulässigkeit von Entnahmen aus dem Prämienreservefonds (s. Anm. C I a) und über die Vorrechte der Versicherungsberechtigten im Konkurse der Unternehmung — zugunsten der neuberechneten Versicherungsansprüche auf den Aufwertungsstock Anwendung. Während der gleichen Zeit finden Arreste und Zwangsvollstreckungen in den Aufwertungsstock nicht statt. — § 10 Satz 2, 3 d. 4. DV. —.

H. Öffentliche Versicherungsunternehmungen.

Sämtliche vorstehend aufgeführte Bestimmungen finden gem. § 18 d. 4. DV. Anwendung, wenn der Anspruch aus dem Versicherungsvertrage gegen eine auf Grund landesgesetzlicher Vorschriften errichtete öffentliche Versicherungsanstalt gerichtet ist (§§ 119, 120 VAG.; § 192 VVG.).

§ 9.

(1) Besteht Streit über die Höhe des nach den Vorschriften der §§ 1 bis 8 zu berechnenden Aufwertungsbetrages oder ist ein Verlangen auf Herabsetzung des Aufwertungsbetrages gestellt, so entscheidet hierüber ausschließlich die Aufwertungsstelle.

(2) Die Aufwertungsstelle wird von der Reichsregierung nach Anhörung des Reichsrats bezeichnet.

(3) Die Aufwertungsstelle hat den Versuch einer gütlichen Einigung zu machen; sie kann Sachverständige zum Einigungstermine zuziehen. Im übrigen finden auf das Verfahren die Vorschriften des Reichsgesetzes über die Angelegenheiten der freiwilligen Gerichtsbarkeit sinngemäß Anwendung.

(4) Gegen die Entscheidung der Aufwertungsstelle findet die sofortige Beschwerde statt. Sie kann nur darauf gestützt werden, daß die Entscheidung auf einer Verletzung des Gesetzes beruht. Die Frage, ob im einzelnen Falle die Vorschrift des § 2 Abs. 1 Satz 2 richtig angewendet ist, unterliegt nicht der Nachprüfung durch das Beschwerdegericht. Über die sofortige Beschwerde entscheidet das Oberlandesgericht. Die Vorschriften des § 28 Abs. 2, 3, § 199 des Reichsgesetzes über die Angelegenheiten der freiwilligen Gerichtsbarkeit finden entsprechende Anwendung.

(5) Die rechtskräftige Entscheidung der Aufwertungsstelle ist vollstreckbar und für die Gerichte bindend.

(6) Die Aufwertungsstelle erhebt nach Maßgabe der Durchführungsbestimmungen eine Gebühr und verteilt die Kosten auf die Beteiligten nach billigem Ermessen.

(7) Die Zuständigkeit der Aufwertungsstelle kann auch für andere mit der Aufwertung zusammenhängende Ansprüche vereinbart werden, auf die sich die Vorschriften der §§ 1 bis 8 nicht erstrecken.

Anmerkungen.

a) Nach § 1 der 2. DV. zu Art. I v. 24. Mai 1924 — RGBl. I S. 561/562 und nach der 5. DV. v. 18. Nov. 24 — ist Aufwertungsstelle das Amtsgericht. Die Durchführungsbestimmungen hierzu sind für Bayern durch die V. vom 5. September 1924 über die Aufwertungsstellen GVBl. 1924 S. 199 getroffen (abgedruckt S. 168 ff).

Örtlich zuständig ist

1. bei Ansprüchen der im § 1 Abs. 2 Ziff. 1—4 V. bezeichneten Art das Amtsgericht, in dessen Bezirk das Grundbuch, Schiffsregister oder Bahngrundbuch — für das belastete Grundstück oder Schiff oder die belastete Bahneinheit — geführt wird; im Falle einer Gesamtbelastung — s. z. B. § 1132 BGB. — bleibt dasjenige Gericht, welches zuerst angegangen ist, auch für die Entscheidung über die Aufwertung hinsichtlich der mitbelasteten Grundstücke, Schiffe oder Bahneinheiten zuständig.

Zur Regelung für Ansprüche aus § 1 Abs. 2 Ziff. 4 V. s. § 25 ZPO. S. auch Anm. a 4.

2. bei Ansprüchen der im § 1 Abs. 2 Ziff. 6—10 V. bezeichneten Art das Amtsgericht, bei welchem der Schuldner seinen allgemeinen Gerichtsstand hat, vgl. § 13 ff. ZPO.

3. Die obersten Landesbehörden können bestimmen, daß an Stelle der Amtsgerichte andere Landesbehörden zuständig sind oder daß die Amtsgerichte einzelne Verrichtungen den Notaren übertragen können oder daß für mehrere Amtsgerichte eine gemeinsame Aufwertungsstelle errichtet wird; sie können ferner bestimmen, daß an Stelle der Amtsgerichte oder neben ihnen die Sparkassen für die Entgegennahme der im § 7 Abs. 1 V. vorgesehenen Anmeldung zuständig sind.

4. Für die Ansprüche aus § 1 Abs. 2 Ziff. 5 wie für die im § 2 d. 3. DV. bezeichneten Ansprüche (zur Teilungsmasse gehörige Hypotheken, Grundschulden, Reallasten, Pfandrechte, Wertpapiere und Forderungen) ist zuständig die Aufwertungsstelle, in deren Bezirk die Bank ihren Sitz hat. Es kann jedoch der Reichsminister der Justiz im Einvernehmen mit den obersten Landesbehörden bestimmen, daß an Stelle der für den Sitz der Bank zuständigen Aufwertungsstelle eine andere Aufwertungsstelle zuständig ist — § 24, § 29, § 30 d. 3. DV.—.

b) Umfang der Rechte der Aufwertungsstelle.

1. Die Aufwertungsstelle ist ausschließlich zuständig zur erstinstanziellen Entscheidung

α) über die Höhe des nach den §§ 1—8 zu berechnenden Aufwertungsbetrages, also hinsichtlich des Goldmarkbetrages der Vermögensanlagen des § 1 Abs. 2 (Zeit des Erwerbs oder der Ausgabe, maßgebender Umrechnungssatz, Feststellung, ob der verbliebene Goldwert 15 % des ursprünglichen Goldmarkbetrages erreicht oder übersteigt — § 1 Abs. 1 Satz 2, § 2 Abs. 2 V. —), ferner bei allenf. Streitigkeiten über die Verzinsungspflicht (§ 5 V.), dann über ein Verlangen des Schuldners auf Herabsetzung des Aufwertungssatzes (§§ 2—4 V.); s. ferner §§ 7; 22 Abs. 1 letzt. Satz, Abs. 2 letzt. Satz, Abs. 4 und 5; 28; 29; 30 d. 3. DV. und § 3 Abs. 1 letzt. Satz d. 4. DV.

β) nach § 9 d. 2. DV. wenn auf Grund des § 3 V. eine Aufwertung nach allgemeinen Vorschriften begehrt wird — s. § 7 Abs. 3 mit Abs. 1 Ziff. 1—3 d. 1. DV. —

2. Nicht zuständig ist dagegen die Aufwertungsstelle zur Entscheidung der Frage, ob überhaupt eine Vermögensanlage des § 1 Abs. 2 V. gegeben ist, dann ob der Vermögensanspruch, der unbestritten eine Vermögensanlage im Sinne des § 1 Abs. 2 ist oder als solcher vom ordentlichen Gericht entschieden wird, infolge vorbehaltloser Annahme erloschen ist (§ 11 V.); — doch werden solche Fragen gem. § 9 Abs. 7 vor die Aufwertungsstelle gebracht werden können (s. auch Mügel) — ferner nicht für die Aufwertung der Vermögensanlagen des § 12 Abs. 1 V. (gleich Ans. Dr. Friedlaender JW. 1924 S. 490). Die Entscheidung hierüber wie auch über die Aufwertung der überhaupt nicht von der V. betroffenen Vermögensansprüche bleibt nach wie vor den ordentlichen Gerichten überlassen (s. RGU. vom 1. März 1924 über die Rechtsgültigkeit der 3. Steuernotverordnung). Eine Ausnahme von dieser Zuständigkeit der ordentlichen Gerichte enthält § 1 Abs. 2 Ziff. 8 V., wonach die Entscheidung, ob eine der dort behandelten Schuldverschreibungen vorliegt, dem Reichsminister der Justiz obliegt, der hierbei an die Zustimmung des Reichsrats gebunden ist.

c) Abs. 3.

1. Zu „gütlicher Einigung" s. § 13 Abs. 1 V.

2. Von den Vorschriften des Gesetzes über die Angelegenheiten der freiwilligen Gerichtsbarkeit vom 17. Mai 1898 — RGBl. S. 771 ff. — werden vor allem folgende sinngemäß anzuwenden sein, wobei statt „Gericht" jeweils „Aufwertungsstelle" zu setzen ist:

§ 12, wonach das Gericht — also hier die Aufwertungsstelle — von Amts wegen die zur Feststellung der Tatsachen erforderlichen Ermittlungen zu veranstalten und die geeignet erscheinenden Beweise aufzunehmen hat.

§ 13, nach dem die Beteiligten mit Beiständen erscheinen können. Sie können sich, soweit nicht das Gericht das persönliche Erscheinen anordnet, auch durch Bevollmächtigte vertreten lassen. Die Bevollmächtigten haben auf Anordnung des Gerichts oder auf Verlangen eines Beteiligten die Bevollmächtigung durch eine öffentlich beglaubigte Vollmacht nachzuweisen.

§ 14 über die Erteilung des Armenrechts und Anwendbarkeit der §§ 34 bis 36 Rechtsanwaltsordnung.

§ 15 über die Vorschriften der ZPO. über den Zeugenbeweis, über den Beweis durch Sachverständige und über das Verfahren bei der Abnahme von Eiden.

§ 2 d. 2. DV. bestimmt noch besonders, daß die Aufwertungsstelle von den Beteiligten die Glaubhaftmachung einer tatsächlichen Behauptung verlangen kann (s. auch § 15 Abs. 2 FGG.).

d) Abs. 4.

1. Die sofortige Beschwerde kann nach § 4 d. 2. DV. — vgl. § 29 FGG. — bei der Aufwertungsstelle oder bei dem Oberlandesgericht — vgl. Anm. d 3 — eingelegt werden. Die Einlegung der Beschwerde kann zu Protokoll des Gerichtsschreibers beider Stellen oder durch Einreichung einer Beschwerdeschrift geschehen. Letztere muß von einem Rechtsanwalt unterzeichnet sein. Der Zuziehung eines Rechtsanwalts bedarf es nicht, wenn die Beschwerde von einer Behörde oder von einem Notar eingelegt wird, der in der Angelegenheit einen Antrag bei der Aufwertungsstelle gestellt hat (§ 4 d. 2. DV.; vgl. § 29 FGG.).

2. Nach § 22 FGG. ist die sofortige Beschwerde binnen einer Frist von 2 Wochen einzulegen. Die Frist beginnt mit dem Zeitpunkt, in dem die Entscheidung der Aufwertungsstelle den Beteiligten bekannt gemacht worden ist. Im übrigen sind für die Berechnung der Frist die Vorschriften des BGB. maßgebend. Danach endet die Frist mit dem Ablaufe des letzten Tages (§ 188 Abs. 1 BGB.).

Die Bekanntmachung kann erfolgen durch Zustellung des Bescheides oder, wenn die Beteiligten anwesend sind, zu Protokoll (§ 16 Abs. 2, 3 FGG.).

Bei Versäumung der Frist ist Wiedereinsetzung in den vorigen Stand unter den Voraussetzungen des § 22 Abs. 2 FGG. möglich.

3. Die Beschwerde kann nur darauf gestützt werden, daß die Entscheidung auf einer Verletzung des Gesetzes beruht.

Mit Rücksicht hierauf ist es ein unbedingtes Erfordernis, daß die Entscheidung der Aufwertungsstelle mit Gründen versehen ist (§ 3 d. 2. DV.; vgl. § 25 FGG. und Schlegelberger Anm. 16 hierzu). Das Fehlen von Gründen muß zur Aufhebung der angefochtenen Entscheidung und Zurückverweisung an die Aufwertungsstelle führen. Aus Schlegelberger Anm. 17 zu § 25 FGG. ist anzuführen, daß sich aus der Natur der Sache ergibt, daß alle Angriffe der Beteiligten in tatsächlicher und rechtlicher Hinsicht gewürdigt sein müssen, daß also die Begründung erkennen lassen muß, ob alle wesentlichen Anführungen geprüft sind. Die Notwendigkeit der Sachdarstellung ergibt sich aus § 27 FGG. in Verbindung mit § 561 ZPO., wonach die tatsächliche Feststellung der Aufwertungsstelle für das Beschwerdegericht bindend ist. Eine allgemeine Verweisung auf den Akteninhalt ist unzulässig.

Die Beschwerde kann also auf neue Tatsachen nicht gestützt werden. Dies gilt auch von Tatsachen, deren rechtzeitiges Eintreten oder Bekanntwerden zu einer anderen Entscheidung der Aufwertungsstelle geführt haben würde. Eine nochmalige Würdigung der tatsächlichen Verhältnisse in der Beschwerdeinstanz ist ausgeschlossen (Schlegelberger Anm. 16, 17 zu § 27 FGG.)

Die auf Grund *rechtlicher* Würdigung der Tatsachen getroffene tatsächliche Feststellung der Aufwertungsstelle unterliegt dagegen unbeschränkt der Nachprüfung durch das Beschwerdegericht (Schlegelberger Anm. 18 a. a. O.).

Gesetzesverletzung.

Einem Gesetzes steht diejenige Rechtsverordnung gleich, die auf Grund gesetzlich erteilter Ermächtigung von staatlichen Organen erlassen ist (s. § 64 V. !). Unerheblich ist es, ob die Gesetzesverletzung einen Verstoß gegen das *materielle* Recht der Verordnung und ihrer Durchführungsverordnungen oder gegen eine Vorschrift über das *Verfahren* enthält. Zu beachten ist aber, daß das Verfahren der freiwilligen Gerichtsbarkeit die Heilung eines Verfahrensmangels durch Unterlassung rechtzeitiger Rüge (§ 295 ZPO.) nicht kennt. Auch die Ordnungs-(Soll-))Vorschriften sind Rechtsnormen. Ihre Verletzung begründet die Beschwerde (Schlegelberger Anm. 4, 5 zu § 27 FGG.).

Das Gesetz ist verletzt, wenn es nicht oder nicht richtig angewendet ist. Es ist aber auch dann nicht richtig angewendet, wenn zwar die zutreffenden Rechtsnormen zugrunde gelegt, aus ihnen aber falsche Schlüsse gezogen sind (Schlegelberger Anm. 7 a. a. O.).

Von der Prüfung des Beschwerdegerichts, ob die materiellrechtlichen Bestimmungen der §§ 1—8 V. und der DV. angewendet oder richtig angewendet wurden, ist die Frage ausgenommen, ob der Herabsetzungsantrag des Schuldners mit Rücksicht auf seine wirtschaftlichen Verhältnisse gerechtfertigt ist (§ 9 Abs. 4 Satz 3 V.). Denn von unrichtiger Gesetzesanwendung kann da nicht die Rede sein, wo das Gesetz dem *Ermessen* des Richters einen freien Spielraum gewährt, und das Gericht nach ausreichender Aufklärung des Sachverhaltes innerhalb dieser Grenzen entschieden hat (Schlegelberger Anm. 8 zu § 27 FGG.).

Die Aufwertungsstelle kann ihrer eigenen Entscheidung zweifellos nicht mehr abhelfen, sobald sie einmal bekannt gemacht worden ist.

Beschwerdegericht.

Über die sofortige Beschwerde entscheidet das Oberlandesgericht. In Bayern ist jedoch auf Grund des § 199 FGG. das Oberste Landesgericht (Art. 42 Abs. 3 AGGVG. in der Fassung des Art. 167 Nr. XII AGBGB.), in Preußen das Kammergericht (Art. 7, 8 des preuß. FGG. vom 21. September 1899 — GS. 249 —) für zuständig erklärt worden (s. § 9 Abs. 4 letzt. S. V.). In allen übrigen Staaten besteht nur ein Oberlandesgericht.

Der in § 9 Abs. 4 letzt. S. V. weiter angeführte § 28 Abs. 2, 3 FGG. bestimmt, daß in den Fällen, in denen das Beschwerdegericht (also Oberlandesgericht, bzw. Oberstes Landesgericht, Kammergericht) von der Entscheidung eines anderen Gerichts oder falls über die Rechtsfrage bereits eine Entscheidung des Reichsgerichts ergangen ist, von dieser abweichen will, es die Beschwerde unter Begründung seiner Rechtsauffassung dem Reichsgericht vorzulegen hat. Letzteres entscheidet dann über die Beschwerde. Der Beschluß über die Vorlegung ist dem Beschwerdeführer bekannt zu machen.

Das Beschwerdegericht wird in der gleichen Zusammensetzung zu entscheiden haben, wie bei der weiteren Beschwerde nach § 30 FGG., also im Zivilsenat.

e) Abs. 5.

Nach § 31 FGG. sind die Zeugnisse über die Rechtskraft einer Entscheidung von dem Gerichtsschreiber erster Instanz zu erteilen. Er hat sich durch Anfrage bei der Beschwerdestelle zu vergewissern, ob Beschwerde eingelegt ist.

Die Vollstreckung richtet sich nach den Vorschriften der ZPO.

Der Gläubiger oder Schuldner — insbesondere beim Herabsetzungsbegehren — kann sich also nicht noch einmal an das ordentliche Gericht wenden, wenn er mit der Entscheidung der Aufwertungsstelle, die im gesetzlichen oder durch die Parteien vereinbarten Rahmen gesprochen hat, oder des Beschwerdegerichts nicht einverstanden ist (s. § 767 ZPO.!). Anders verhält es sich wohl, wenn die Aufwertungsstelle über diesen Rahmen hinausgegangen ist. Dann wird ihr Spruch weder für die Parteien noch für das angegangene Gericht bindend und den Gerichten das Recht zuzugestehen sein, nachzuprüfen, ob die Aufwertungsstelle nicht die ihr gezogenen Zuständigkeitsgrenzen überschritten hat, und dies selbst dann, wenn die Aufwertungsstelle ihre Zuständigkeit bejaht hatte (s. auch Dr. Friedlaender JW. 1924 S. 960).

Die Vollstreckbarkeit der rechtskräftigen Entscheidung wird zunächst für die nach § 5 V. geschuldeten Zinsen usw. von Belang sein, da die Kapitalszahlung bis 1. Januar 1932 hinausgeschoben ist.

— s. auch Dr. Friedlaender JW. 1924 S. 491 Ziff. I 5. —

f) Abs. 6.

Nach § 5 d. 2. DV. ist die Gebühr im Aufwertungsverfahren nach dem Werte des Streitgegenstandes zu erheben. Der Streitwert selbst wird von der Aufwertungsstelle unter Berücksichtigung der gestellten Anträge nach freiem Ermessen festgesetzt. Die näheren Bestimmungen über die Bemessung und Erhebung der Gebühr treffen die obersten Landesbehörden.

Die Aufwertungsstelle verteilt die Kosten auf die Beteiligten nach billigem Ermessen. Eine Richtschnur hierfür wird die Feststellung bilden können, inwieweit die Beteiligten mit ihrem Begehren durchgedrungen sind.

Die hier getroffenen Bestimmungen werden auch für die Beschwerdeinstanz gelten (s. auch Mügel Anm. 6 zu § 9).

g) Abs. 7.

Hierher werden gehören z. B. Ansprüche wegen Verzugs. Die Zuständigkeit der Aufwertungsstelle wird auch für Ansprüche des § 12 V. vereinbart werden können. Letzteres war in § 6 des Entw. d. V. ausdrücklich vorgesehen — s. auch Anm. 2b zu § 9; Mügel Anm. 1 zu § 9; Dr. Friedlaender JW. 1924 S. 491 Ziff. I 4. —

h) Nach § 8 d. 2. DV. kann die Aufwertungsstelle die Verbindung mehrerer bei ihr gegen denselben Schuldner anhängiger Aufwertungsverfahren zum Zwecke der gleichzeitigen Verhandlung und Entscheidung anordnen; die Aufwertungsstelle kann eine solche Anordnung wieder aufheben. Diese Vorschriften bilden eine Analogie zu den §§ 147, 150 ZPO. Im Gegensatz zu § 147 ZPO. sind hier allerdings keine bestimmten materiellen Voraussetzungen für die Verbindung gegeben.

Eine solche Verbindung wird z. B. zweckmäßig sein, wenn die persönliche und dingliche Forderung gegen den gleichen Schuldner getrennt zur Aufwertung verlangt wird, oder wenn die Aufwertung mehrerer Ansprüche gegen den gleichen Schuldner getrennt beansprucht wird, der Schuldner aber Herabsetzung des normalen Höchstsatzes hinsichtlich dieser Forderungen begehrt.

i) Gem. § 6 d. 2. DV. hat die Aufwertungsstelle jedem, der ein berechtigtes Interesse darlegt, auf Antrag eine Bescheinigung darüber zu erteilen, ob bei ihr bis zum 31. Dezember 1924 ein Antrag auf Herabsetzung des Aufwertungsbetrages — § 2 Abs. 1 Satz 2, 3 V. — oder auf anderweitige Abweichung von dem normalen Höchstsatz der Aufwertung — § 7 Abs. 3 d. 1. DV. — eingegangen oder ein Sparkassenguthaben angemeldet ist (§ 7 Abs. 1 V.). Wenn ein Interesse an der Bescheinigung dargelegt wird — z. B. zwecks Eintragung eines Widerspruchs des Schuldners gem. § 2 Abs. 3 Satz 3 V. —, erfolgt ihre Ausstellung gebührenfrei.

Die obersten Landesbehörden können bestimmen, daß die Bescheinigung auch ohne Darlegung eines bestimmten Interesses erteilt werden kann, und daß in diesem Falle eine Gebühr erhoben wird.

§ 10.

In bürgerlichen Rechtsstreitigkeiten ist das Verfahren auf Antrag auszusetzen, soweit die Entscheidung von der Höhe der Aufwertung eines der im § 1 bezeichneten Ansprüche abhängt. Der Antrag auf Aussetzung kann vor dem Gerichtsschreiber zu Protokoll erklärt werden.

Anmerkungen.

1. Eine Aussetzung des Verfahrens gem. § 10 kann nur in denjenigen bürgerlichen Rechtsstreitigkeiten in Frage kommen, die sich um Vermögensansprüche drehen, für deren Aufwertung die Aufwertungsstelle zur Entscheidung zuständig ist (Anm. b 1 zu § 9). Ist das ordentliche Gericht auch hinsichtlich der Aufwertung zuständig, so besteht zu einer Aussetzung des Verfahrens kein Anlaß, soweit nicht etwa § 148 ZPO. Platz zu greifen hat.

2. Das Antragsrecht steht sowohl dem Gläubiger wie dem Schuldner zu, und zwar in jedem Stande des Rechtsstreites und in jeder Instanz.

Gegen die Ablehnung des Aussetzungsantrages hat der Antragsteller das Recht der sofortigen Beschwerde. Gegen die Entscheidung auf Aussetzung des Verfahrens ist einfache Beschwerde gegeben (§ 252 ZPO. mit § 577 bzw. §§ 567 ff. ZPO.).

3. Soweit der Rechtsstreit sich ausschließlich um die Frage dreht, wie hoch einer der zur Zuständigkeit der Aufwertungsstelle gehörenden und noch bestehenden (s. § 11 V.!) Vermögensansprüche aufzuwerten ist, wird sich die Aussetzung des Verfahrens wohl stets als veranlaßt erweisen, wenn Gläubiger und Schuldner sich nicht über die Aufwertung einigen können (§ 13 Abs. 1 V.). Denn zu einer Entscheidung über diese Höhe ist das ordentliche Gericht endgültig nicht zuständig. Es wäre zweckmäßig gewesen, in diesen Fällen dem Gerichte selbst die Befugnis zu erteilen, die Aussetzung von Amts wegen auszusprechen (vgl. § 148 ZPO.). So kann das Gericht, wenn von den Parteien der Aussetzungsantrag nicht gestellt wird, über den Grund des Anspruchs entscheiden (Aktivlegitimation des Gläubigers, Einwand der vorbehaltlosen Annahme der Zahlung, Verjährung). Wird der Anspruch als begründet anerkannt, so hat die Entscheidung nach dem RGU. vom 1. März 1924 über die Rechtsgültigkeit der 3. Steuernotverordnung dahin zu lauten, daß die Forderung vorbehaltlich der Befugnis des Schuldners, Herabsetzung nach § 2 Abs. 1 Satz 2 d. 3. Steuernotverordnung zu verlangen, höchstens mit 15% des Goldmarkwertes zu zahlen und gem. § 5 V. zu verzinsen ist.

4. Wird der Aussetzungsantrag gestellt und ergeht im weiteren eine Entscheidung der Aufwertungsstelle oder des Beschwerdegerichts über die Höhe der Aufwertung, so kann durch diese Entscheidung der Rechtsstreit materiell erledigt sein.

Die Parteien können dann vom ordentlichen Gerichte nur mehr einen Ausspruch über die Kosten des Zivilprozesses verlangen. In diesen Fällen ist schließlich die Lage der Parteien die gleiche wie im Falle des § 11 V. § 7 d. 2. DV. hat deshalb eine gegenüber der Kostenregelung des § 11 bisher bestandene Lücke des § 10 dahin ausgefüllt, daß er die Kostenbestimmung des § 11 auch für § 10 übernommen hat. Findet nämlich ein gem. § 10 V. ausgesetztes Verfahren infolge einer nach dem 14. Februar 1924 getroffenen Vereinbarung — § 13 Abs. 1 V. — oder infolge einer Entscheidung der Aufwertungsstelle (oder des Beschwerdegerichts) in der Hauptsache seine Erledigung, so trägt jede Partei die ihr entstandenen außergerichtlichen Kosten. Die Gerichtskosten werden niedergeschlagen. Eine Sonderbestimmung gegenüber § 11 ist aber dahin getroffen, daß das Prozeßgericht über die außergerichtlichen Kosten anderweit zu entscheiden hat, wenn dies zur Vermeidung offenbar unbilliger Härten geboten ist (wohl z. B. § 93 ZPO.).

Anders liegt die Sache, wenn sich der Rechtsstreit nicht nur um die Höhe der Aufwertung handelt, über die die Aufwertungsstelle zu entscheiden hat, wenn also dieser Punkt nur einen Teil des Rechtsstreits bildet, so daß trotz der Entscheidung der Aufwertungsstelle oder des Beschwerdegerichts noch ein Urteil des ordentlichen Gerichts ergehen muß — z. B. bei einer Klage auf Löschung einer Hypothek, wenn der Gläubiger die Löschung verweigert, obwohl er nach dem Inhalte der Entscheidung der Aufwertungsstelle das ihm Zukommende erhalten hat —. Hier wird sich die Kostenentscheidung nach den allgemeinen Vorschriften der §§ 91 ff. ZPO. zu richten haben.

5. Die Aussetzung kann sicherlich auch vor dem ordentlichen Gerichte selbst z. B. während eines Verhandlungstermins beantragt werden (vgl. § 248 ZPO.).

6. Zu § 10 s. auch Dr. Friedlaender in JW. 1924 S. 491, Ziff. II.

§ 11.

Hat der Gläubiger, ohne sich seine Rechte vorzubehalten, in den Fällen des § 1 Abs. 2 Ziffer 1 bis 3 die Löschung des Rechtes bewilligt, in den Fällen der Ziffer 4 bis 10 die Zahlung angenommen, so kann eine Aufwertung auch wegen ungerechtfertigter Bereicherung oder auf Grund einer Anfechtung wegen Irrtums oder aus einem anderen Rechtsgrund nicht verlangt werden. Findet infolge dieser Regelung ein anhängiger Rechtsstreit seine Erledigung, so trägt jede Partei die ihr entstandenen außergerichtlichen Kosten. Die Gerichtskosten werden niedergeschlagen.

Anmerkungen.

1. § 11 regelt die Frage, inwieweit eine Aufwertungsmöglichkeit besteht, wenn die Forderung, die an sich nach der V. aufzuwerten wäre, zur Zeit des Inkrafttretens der V. bereits erloschen war. Nach den Ausführungen des Reichsfinanzministers Dr. Luther in JW. 1924 S. 474 konnten Gegenstand der Aufwertung nur solche Forderungen sein, die rechtlich überhaupt noch bestanden. „Forderungen, die nicht mehr da waren, konnten durch Richterspruch auch nicht mehr aufgewertet werden. Das Reichskabinett hat freilich eingehend geprüft, ob nicht aus Gründen innerer Gerechtigkeit durch Gesetzgebungsakt auch solche Forderungen aufgewertet werden müßten, die bereits erloschen waren. Die bei solchem Versuch sich ergebenden Schwierigkeiten und die aus ihnen notwendig erwachsende Beunruhigung der Gesamtwirtschaft erschienen jedoch zu groß. Einen juristischen Gesichtspunkt hätte überhaupt nur die ungerechtfertigte Bereicherung abgeben können. Um eine solche festzustellen, hätte aber neben allem anderen auch noch die Frage erörtert werden müssen, was denn aus dem früher zurückgezahlten Geldbetrag geworden ist. Dabei hätte die Gesetzgebung sicherlich in allen den Fällen von einer Aufwertung absehen müssen, in denen das zurückgezahlte Geld spekulativ angelegt worden war."

Aus diesen Erwägungen heraus wurde in § 11 allgemein die Aufwertungsmöglichkeit verneint, wenn der Gläubiger bei dinglichen Rechten, Pfandrechten an Schiffen und Bahneinheiten die Löschung des Rechts bewilligt hat (§ 1 Abs. 2 Ziff. 1—3) oder aber in den Fällen des § 1 Abs. 2 Ziff. 4 bis 10 die Zahlung angenommen hat, ohne sich seine Rechte (auf Aufwertung) vorzubehalten. Auch die Löschung der Ansprüche des § 1 Abs. 2 Ziff. 1—3 setzt im allgemeinen Befriedigung des Gläubigers durch Zahlung der Schuld voraus (§ 1144 BGB.). Die Löschung bildet dann den Schluß dieser Befriedigung und ihre letzte Folge.

2. Das natürliche Ende eines Schuldverhältnisses ist die Erfüllung, d. i. die Leistung des Geschuldeten. Daneben kann ein Schuldverhältnis noch erlöschen durch Aufhebung des Vertrages, Erlaß, Anfechtung, Rücktritt, Widerruf, Kündigung. Die Verjährung bringt einen Anspruch, auch den auf Aufwertung, nicht zum Erlöschen, sondern verleiht nur eine Einrede gegen seine Geltendmachung. Der Aufwertungsanspruch verjährt als Nebenanspruch, mit dem Hauptanspruch, Oberlandesgericht München vom 25. April 1924, Z. für Rechtspflege in Bayern 1924 S. 158.

§ 11 behandelt nur das Erlöschen eines Schuldverhältnisses durch Zahlung. Die hierfür bestimmte Regelung wird aber sicherlich auf das Erlöschen durch andere Erfüllungsarten Anwendung finden, die unter entsprechender Willenseinigung zwischen Gläubiger und Schuldner erfolgten (§ 364 Abs. 1 BGB.).

3. Das Entscheidende ist, ob der Gläubiger die Erfüllung, die ihm weniger an Wert brachte, als ihm nunmehr nach der V. zustehen würde, ohne irgendeine Erinnerung hinsichtlich ihres Wertes angenommen oder ob er Erinnerungen in dieser Richtung erhoben hat. Nach der Rechtsprechung, die sich in letzter Zeit vor der V. zu bilden begann, wurde der Anspruch des Gläubigers auf Aufwertung eines in alter Reichswährung hingegebenen hypothekarischen Darlehens nicht dadurch ausgeschlossen, daß der Gläubiger die Zahlung des Nennbetrages in Papiermark vorbehaltslos als Erfüllung angenommen hatte (OLG. Darmstadt U. vom 18. Dezember 1923 — JW. 1924 S. 206/207). Mit dieser Rechtsauffassung bricht § 11 (vgl. auch OLG. Marienwerder im U. vom 11. März 1924, JW. 1924 S. 126 Abs. 3). Bei vorbehaltloser Annahme der Zahlung als Erfüllung kann demnach eine Aufwertung der Ansprüche, die Vermögensanlagen i. S. des § 1 Abs. 2 und des § 12 Abs. 1 V. sind, nicht mehr verlangt werden (s. auch § 12 Abs. 1 Satz 2 V.).

4. Vorbehalte werden nun in früheren Jahren, in denen die Geldentwertung noch nicht so in Erscheinung getreten war, wohl kaum gestellt worden sein. Dies dürfte bei der Regelung der V. auch nicht von besonderer Bedeutung sein. Denn der Goldmarkwert der Leistungen früherer Jahre wird eben wegen der noch nicht so weit vorgeschrittenen Entwertung der Papiermark wohl stets über dem 15%igen Aufwertungsbetrage stehen (vgl. § 1 Abs. 1 Satz 2 V.). Bei Leistungen in den letzten Jahren, in denen bereits eine große Entwertung der Papiermark eingetreten war, könnte dagegen ein solcher Vorbehalt bewirken, daß die in der zu geringen Zahlung liegende Schädigung des Gläubigers durch die nachträgliche Aufwertung nach der V. wenigstens gemildert würde.

5. Es ist wahrscheinlich, daß in Fällen, in denen ein ausdrücklicher Vorbehalt nicht gegeben ist — eine bestimmte Form ist für den Vorbehalt nicht vorgeschrieben; er muß nur wirklich erkennbar sein — versucht wird, einen solchen nachträglich zu konstruieren. Hier wird es Sache der freien Beweiswürdigung sein festzustellen, ob wirklich ein Vorbehalt vorliegt oder nicht. Besondere Vorsicht wird bei der Behauptung eines „stillen" Vorbehalts am Platze sein, wenn er nicht durch andere Umstände erwiesen wird. Die Behauptung, daß schon aus dem Mißverhältnis zwischen ursprünglichem Goldmarkwert der Forderung und dem Goldmarkwerte der Zahlung zu folgern sei, daß der Gläubiger die Zahlung als Erfüllung nicht annahm oder annehmen konnte, wird wohl einen solchen „Umstand" nur dann bilden können, wenn dieses Mißverhältnis ein derartiges ist, daß die Papiermarkzahlung fast wertlos war (vgl. BayerRpflZ. 1924 S. 143). Man wird im allgemeinen vorbehaltlose Annahme annehmen können, wenn auf die Zahlung nicht innerhalb einer Zeit Widerspruch erfolgt, innerhalb deren der Schuldner ihn nach Treu und Glauben, insbesondere nach den Gepflogenheiten des täglichen oder geschäftlichen Lebens, erwarten konnte.

Vorbehaltlose Annahme wird in den Fällen gegeben sein, in denen z. B. Banken ihre Schuldverschreibungen mit einer gewissen Aufwertung einlösten oder sie in einem bestimmten Verhältnis vom Schuldner gegen andere Schuldverschreibungen oder Aktien umtauschen ließen und der Schuldner durch Einlösung oder Umtausch sein Einverständnis mit dieser Regelung der Aufwertungsfrage zu erkennen gab (s. § 13 Abs. 1 V.). Die vorbehaltliche Annahme bedeutet nur dann einen Verzicht auf die Aufwertung, wenn der

Gläubiger nach allgemeinen Vorschriften diesen Verzicht wirksam aussprechen konnte. Die vorbehaltlose Annahme der Zurückzahlung einer Hypothek durch den Vorerben ist deshalb nur dann für den Nacherben wirksam, wenn der Erblasser den Vorerben von der Beschränkung des § 2113 BGB. befreit hat.

Dinglich gesicherte Forderungen.

Hinsichtlich der dinglich gesicherten Forderungen hat sich ein Widerstreit der Meinungen darüber ergeben, ob Aufwertung eines am 14. Februar 1924 noch nicht gelöschten dinglichen Rechts bei vorbehaltlos vor dem 14. Februar 1924 ausgestellter Quittung über den Empfang des Hypothekenkapitals noch möglich ist. Das KG. spricht sich im Beschl. vom 3. April 1924 — JW. 1924 S. 1259/1260 — dahin aus, daß in einem solchen Falle die nachträgliche Aufwertung des dinglichen Anspruchs ausgeschlossen sei! Denn durch die vorbehaltlose Quittung über den Empfang des Hypothekenkapitals sei die hypothekarisch gesicherte Forderung erloschen, und durch die Quittung, wenn sie den Grundstückseigentümer als Zahlenden angebe, der Nachweis erbracht, daß die Hypothek nicht mehr dem eingetragenen Gläubiger, sondern dem Grundstückseigentümer, sei es gem. §§ 1143, 1153 BGB. als Hypothek, sei es gem. §§ 1163, 1177 BGB. als Grundschuld zustehe. Werde unter solchen Voraussetzungen von dem Grundstückseigentümer in der Form des § 29 GBO. vorbehaltlos die Löschung der eingetragenen Post beantragt, so sei, da der Löschungsantrag zugleich die nach § 19 GBO. erforderliche Löschungsbewilligung und die in § 27 Abs. 1 daselbst vorgeschriebene Zustimmung zum Ausdruck bringe, den grundbuchrechtlichen Voraussetzungen für die Löschung der Hypothek genügt. Der von Gadow im Recht 1924 S. 57f. vertretene Standpunkt, daß dann, wenn der Hypothekengläubiger zwar vorbehaltlos quittiert, Löschungsbewilligung aber nicht erteilt habe, dem Gläubiger eine der Eigentümergrundschuld im Range vorgehende Grundschuld in Höhe des Unterschiedes zwischen der gesetzlichen Aufwertung und der geleisteten Zahlung verbleibe, wird in dem Beschluß abgelehnt. Denn da § 11 V. bei vorbehaltloser Zahlungsannahme eine Aufwertung der hypothekarisch gesicherten Forderung ausschließe, gehe das dingliche Hypothekenrecht in dem Umfange, in welchem es der Gläubiger besessen habe, auf den zahlenden Grundstückseigentümer über. Der Verlust der dinglichen gesicherten Forderung habe für den Gläubiger notwendigerweise auch den Verlust der Sicherung zur Folge (vgl. § 1183 BGB.).

Das LG. Königsberg hat sich in einem U. vom 5. Mai 1924 — JW. 1924 S. 1277 — zu dieser Frage folgendermaßen geäußert: „Es würden hinsichtlich der Frage, welche Folgen sich für die Aufwertung der Hypothek ergäben, wenn der Gläubiger die Zahlung der Schuldsumme vorbehaltlos angenommen, die Löschung aber noch nicht bewilligt hätte, drei Ansichten vertreten. Entweder sage man, die Aufwertung der Hypothek und der Forderung könne so lange verlangt werden, als nicht vorbehaltlos sowohl die Löschungsbewilligung als auch die Zahlung angenommen sei. Oder man folgere daraus, daß durch die vorbehaltlose Annahme der Zahlung eine Aufwertung der Forderung nach der V. ausgeschlossen, die Forderung also erloschen sei, demgemäß dem Gläubiger auch die Hypothek nicht mehr zustehe, so daß er verpflichtet sei, die Löschungsbewilligung zu erteilen. Schließlich könne man annehmen, daß die Hypothek, nachdem die persönliche Forderung durch vorbehaltlose Annahme der Zahlung erloschen sei, sich in eine Grundschuld — für den Gläubiger — verwandelt habe, deren Aufwertung nach wie vor verlangt werden könne." Das LG. Königsberg schloß sich der letzteren Auffassung an. Denn die V. unterschiede ausdrücklich zwischen Hypotheken und durch Hypothek gesicherte Forderungen und knüpfe bei beiden den Verlust des Aufwertungsanspruchs an verschiedene Voraussetzungen. Daraus folge, daß die vorbehaltlose Annahme der Zahlung, die den Aufwertungsanspruch nur hinsichtlich der Forderung zum Erlöschen bringe, diesen Anspruch hinsichtlich der Hypothek unberührt lasse. Die Hypothek falle also nicht, wie sonst nach § 1163 BGB. im Falle eines Erlöschens der Forderung durch Befriedigung seitens des Grundstückseigentümers, diesem zu, sondern verbleibe dem Gläubiger insoweit, als er ihre Aufwertung nach den Bestimmungen der V. noch beanspruchen könne.

Der Auffassung des KG. ist z. B. Schlegelberger in Anm. 4 zu § 11, während die Ansicht, wie sie im U. des LG. Königsberg niedergelegt ist, z. B. Dr. Rosenthal in MNN. 1924 Nr. 221 vertritt.

Wir selbst halten die Ansicht des KG. für zutreffend und die Abstellung des § 11 auf die Löschungsbewilligung als eine Regelung der Beweislast. Die vollzogene Löschung begründet die Vermutung, daß ein Vorbehalt nicht bestellt wurde. Ist die Löschung am 14. Februar 1924 noch nicht erfolgt gewesen, so kommt es deshalb darauf an, ob bei der Entgegennahme der Zahlung des Kapitals ein Vorbehalt gemacht wurde oder nicht. Es ist nicht einzusehen, warum ein Gläubiger, der die persönliche Forderung vorbehaltlos tilgen ließ, nachträglich schlechthin einen Aufwertungsanspruch hinsichtlich des nicht gelöschten dinglichen Rechts haben sollte. Er hat damals die Zahlung als genügende Begleichung der persönlichen Forderung angesehen und deshalb in gleicher Höhe den Anspruch auf dingliche Sicherung verloren, wie u. E. das KG. sehr richtig ausführt; es ist das dingliche Recht in gleicher Höhe auf den zahlenden Eigentümer übergegangen. Damit entfällt aber auch für den ursprünglichen Gläubiger der nachträgliche Aufwertungsanspruch hinsichtlich des dinglichen Rechts. Diese Auffassung entspricht auch der Absicht der V., das Wiederaufleben längst erloschener Schuldverhältnisse und eine dadurch bedingte vielleicht untragbare Verwirrung der jetzigen wirtschaftlichen Lage, mit der der Schuldner rechnen konnte, zu vermeiden. Man denke nur an den Fall, daß eine Hypothek bereits lange Zeit zurück in einem geringeren Goldmarkbetrag zurückbezahlt wurde, als die nach der V. errechneten 15 % betragen würden. Die Löschung ist aber aus irgendeinem Grunde nicht betrieben worden. Sollte in einem solchen Falle ein Gläubiger, der an einen Vorbehalt hinsichtlich des dinglichen Rechts nicht gedacht hätte, wenn seine Löschungszustimmung unmittelbar nach der vorbehaltlos angenommenen Zahlung des Kapitals verlangt worden wäre, nunmehr Aufwertung des dinglichen Rechts mangels Löschung verlangen, so würde dieses Begehren u. E. Treu und Glauben widersprechen.

Ist dagegen die Zahlung der persönlichen Forderung nur unter Vorbehalt angenommen worden, so wird man sich, wie es z. B. Dr. Haberstumpf in MNN. 1924 Nr. 221 tut, auf den Standpunkt stellen können, daß dieser Vorbehalt sich auch auf das dingliche Recht erstrecken sollte (§ 133 BGB.). Wenn also der Vorbehalt bei Zahlung der persönlichen Forderung nicht einwandfrei erkennen läßt, daß er nur hinsichtlich dieser Forderung gelten sollte und der Gläubiger auf die dingliche Sicherung verzichten wollte, so wird man trotz Löschung dem Gläubiger auch den dinglichen Aufwertungsanspruch nicht absprechen können. Denn gegen das Löschungsbegehren an sich konnte sich ja der Gläubiger, solange der Grundsatz Mark = Mark galt, nicht mit Erfolg wehren.

Soweit nun ein Gläubiger seinen Aufwertungsanspruch hinsichtlich des dinglichen Rechts nicht verloren hat, muß nach einem Beschlusse des bay. Obst.LG. vom 12. Juli 1924 Reg. III Nr. 51/24 — BayerRpflZ. 1924 S. 227 — die gelöschte Papiermarkhypothek auf den einseitigen Antrag des Gläubigers im Wege des Berichtigungsverfahrens — § 22 GBO. — wieder als Papiermarkhypothek im ursprünglichen Nennbetrag in das Grundbuch eingetragen werden. Auf diesen Standpunkt hatte sich bereits das KG. im Beschlusse vom 28. Februar 1924 — JW. 1924 S. 544 — ferner im Beschluß vom 3. April 1924, Blätter f. Rechtspflege im Bezirk des Kammergerichtes 1924 S. 67ff. gestellt. „Die 3. Steuernotverordnung stelle dadurch, daß sie in § 11 bei vorbehaltloser Quittung oder Löschungsbewilligung des Gläubigers die Aufwertung ausschließe, für die Fälle, in denen Quittung oder Löschungsbewilligung unter Vorbehalt erklärt seien, eine Ausnahme auf, und zwar in der Weise, daß derartigen Erklärungen rückwirkend ihre etwa angenommene Eignung zu Unterlagen im Grundbuchverkehr entzogen werde, selbst wenn die Löschung bereits vorgenommen worden sei. Das Grundbuch sei also durch die Löschung unrichtig geworden und, da gutgläubiger späterer, nach § 892 BGB. wirkender Eigentumserwerb nicht in Frage komme, Berichtigung nach § 22 GBO. vorzunehmen." Gegen diesen KG-Beschluß hatte sich Keidel in BayerRpflZ. gewendet und sich dahin ausgesprochen, daß im Falle vollzogener Löschung nur ein persönlicher Anspruch auf Wiedereinräumung des gelöschten Rechts in Form einer Neubestellung des Rechts bestehe, sofern und soweit letztere im Einzelfall überhaupt möglich sei. Das Obst.LG. schloß sich jedoch, wie vorangeführt, der Keidelschen Ansicht nicht an, trat vielmehr auf den Boden des KG.-Beschlusses, daß die Berichtigung in der Form einer neuen Eintragung (vgl. Meikel Bem. 6b zu § 22 GBO.) zu erfolgen habe. Der wiedereinzutragenden Hypothek werde regelmäßig auch die frühere Rangstelle wieder zuzukommen haben, soweit nicht durch Zwischeneintragungen, insbesondere im Hinblick auf § 892 BGB., sich Hindernisse und Abweichungen ergeben. Diese Rechtsauffassung des Obst.LG. wird so lange für alle deutschen Gerichte wegweisend sein, als nicht eine abweichende Entscheidung des RG. erfolgt (§ 79 Abs. 2 GBO.) — vgl. auch Warneyer in DStZ. 1924 S. 478ff. —

6. U. E. würde es der Absicht der V., durch Ausschluß der nachträglichen Aufwertung bei vorbehaltloser Annahme der Erfüllung das Wiederaufleben längst erloschener Schuldverhältnisse und eine dadurch bedingte vielleicht untragbare Verwirrung der jetzigen wirtschaftlichen Verhältnisse, mit denen der Schuldner rechnen konnte, zu vermeiden, nicht entsprechen, wenn der Begriff „Vorbehalt" zu weit ausgedehnt würde. Diese Absicht der V. hat auch dazu geführt, daß in den Fällen, in denen vorbehaltlose Erfüllung vorliegt, der wirtschaftliche Erfolg einer nachträglichen Aufwertung nicht auf Umwegen, sei es durch Anfechtung der Gültigkeit der Zahlung wegen Irrtums oder aus einem anderen Rechtsgrunde (§§ 119ff. BGB.), sei es im Wege der ungerechtfertigten Bereicherung (§§ 812ff. BGB.) herbeigeführt werden kann. Nach der früheren Rechtsprechung wäre eine Aufwertung auf Grund ungerechtfertigter Bereicherung nicht ausgeschlossen gewesen (s. das in Anm. 3 angeführte U. des OLG. Darmstadt).

Die Beweislast hinsichtlich eines behaupteten Vorbehalts wird den Gläubiger treffen.

7. Über die Frage, ob ein Vorbehalt bestellt wurde oder nicht, haben die ordentlichen Gerichte zu entscheiden, und zwar gleichgültig, ob der Prozeß vor oder nach dem Inkrafttreten der V. anhängig wurde. Entscheidet das Gericht, daß ein Vorbehalt nicht vorliegt, dann ist der Aufwertungsanspruch — auch wenn er sich auf ungerechtfertigte Bereicherung oder auf einen Anfechtungsgrund stützt — abzuweisen. Entscheidet es gegenteilig, so tritt hinsichtlich der Höhe der Aufwertung der Vermögensanlagen des § 1 Abs. 2 V. und des § 7 Abs. 1 Ziff. 1—3 d. 1. D.V. die Aufwertungsstelle in Tätigkeit (s. § 10 V.); bei anderen Vermögensansprüchen hat das ordentliche Gericht über diese Höhe zu befinden.

8. § 11 Satz 2 bringt hinsichtlich der Kosten eine besondere Regelung dahin, daß, wenn ein anhängiger Rechtsstreit infolge der Regelung des § 11 Satz 1 seine Erledigung findet, jede Partei die ihr entstandenen außergerichtlichen Kosten zu tragen hat, während die gerichtlichen Kosten niedergeschlagen werden. Wie schon ausgeführt, bewegte sich die Rechtsprechung in letzter Zeit in Bahnen, die ohne die Vorschrift des § 11 Satz 1 eine Aufwertung trotz vorbehaltloser Annahme der Zahlung z. B. auf Grund ungerechtfertigter Bereicherung nicht ausgeschlossen haben. Es ist deshalb wohl für eine Unbilligkeit gehalten worden, dem Gläubiger, der mit Rücksicht auf eine solche Rechtsprechung oder schließlich auf die allgemeine Rechtsunsicherheit hinsichtlich der Aufwertung trotz vorbehaltloser Annahme der Zahlung Aufwertung beim Gerichte begehrt hatte, nunmehr aber auf Grund des § 11 Satz 1 den Rechtsstreit verlieren müßte, die Kosten des Rechtsstreits aufzubürden. Es kann angenommen werden, daß er den Prozeß nicht geführt hätte, wenn die Vorschrift des § 11 Satz 1 zur Zeit der Klageerhebung schon gegolten hätte. Andererseits wäre vielleicht ohne die Regelung des § 11 Satz 1 der Schuldner zur Aufwertung verurteilt worden. Die Verteilung der Parteikosten in der Vorschrift des § 92 ZPO. entsprechender Weise erscheint deshalb billig. Gleichen Erwägungen wird die Anordnung der Niederschlagung der Gerichtskosten entsprungen sein.

Die Kostenregelung des § 11 Satz 2 wird man aber nur auf die Rechtsstreite beziehen können, die zur Zeit des Inkrafttretens der V., d. i. 14. Februar 1924, bereits anhängig waren. Die Anhängigkeit wird nach § 263 ZPO. durch die Erhebung der Klage begründet. Es kann also u. E. die Kostenvorschrift des § 11 Satz 2 nicht angewendet werden, wenn die Klage erst nach Inkrafttreten der V. erhoben wurde.

— vgl. hinsichtlich der Kostenentscheidung: Friedlaender JW. 1924 S. 492 Ziff. III, insbesondere bezüglich der Fälle, in denen die Parteien (oder eine Partei) sich der Regelung des § 11 Abs. I nicht fügen will: ferner Dr. Lesser: Streitwert bei Klagen auf Löschung von Hypotheken (§ 11 d. 3 Steuernotverordnung) in JW. 1924 S. 525/526 —.

9. Dr. Machens weist in der Allgemeinen Steuerrundschau 1924 S. 122 darauf hin, daß bei den im § 18 V. erwähnten Schuldverschreibungen diejenigen Schuldner, die noch nicht zurückgezahlt haben, sich entschieden besser stehen als diejenigen, die sich ihrer Schuld rechtzeitig entledigt haben. „Während nämlich der Aufwertungsbetrag der noch nicht zurückgezahlten Schuldverschreibungen bei einer geringen Verzinsung von 2—5% nicht vor 1932 zurückgezahlt zu werden braucht, muß der gleiche Betrag bei erfolgter Schuldtilgung vom 1. Oktober 1924—1927 an den Staat bezahlt werden."

Diese Erwägung könnte dazu führen, daß die Aussteller solcher Schuldverschreibungen den Gläubigern, die einen Vorbehalt bei der Annahme der

Zahlung behaupten, diesen widerspruchslos, selbst wenn er in Wirklichkeit nicht vorliegt, zugeben. Denn dann wäre die Forderung aus den Schuldverschreibungen noch nicht erloschen, und deshalb die Bestimmung des § 21 Abs. 2 V. über die Erhöhung der Steuer nicht anwendbar. Wir glauben aber nicht, daß dieser momentane Vorteil die Aussteller veranlassen wird, auf den Einwand der vorbehaltlosen Annahme der Zahlung zu verzichten. Denn die Verringerung ihrer Zahlungsverpflichtungen aus alten Schuldverschreibungen dürfte für sie wirtschaftlich — z. B. mit Rücksicht auf die bessere Unterbringungsmöglichkeit neuer Schuldverschreibungen — oder infolge der Möglichkeit, daß in der Folge die Aufwertung anders geregelt wird, wertvoller sein, als die größere Belastung an Obligationssteuern durch § 21 Abs. 2 V., die sich noch dazu auf mehrere Jahre verteilt (s. hierzu auch Brumby „Aufwertung trotz vorbehaltloser Annahme" in DStZ. 1924 S. 416).

§ 12.

(1) Soweit die Aufwertung von Ansprüchen aus Vermögensanlagen anderer als der im § 1 Abs. 2 bezeichneten Art verlangt werden kann, darf sie das im § 2 vorgesehene Maß nicht übersteigen. Die Vorschrift des § 11 gilt entsprechend.

(2) Ansprüche aus gegenseitigen Verträgen, Gesellschaftsverträgen und anderen Beteiligungsverhältnissen sowie Ansprüche auf wiederkehrende Leistungen, die bei Abfindungen, Auseinandersetzungen oder ähnlichen Rechtsvorgängen begründet sind, gelten nicht als Vermögensanlage im Sinne des Abs. 1.

(3) Ansprüche aus einer laufenden Rechnung oder einem Kontokurrent, die den Saldo als solchen betreffen, werden nicht aufgewertet.

Anmerkungen.

I. § 12 Abs. 1 regelt die Aufwertung von Ansprüchen aus Vermögensanlagen, die nicht in § 1 Abs. 2 ausdrücklich als solche aufgeführt sind. Hinsichtlich des Begriffs „Vermögensanlage" wird auf die Vorbem. zu Art. I verwiesen. Nach ihm scheiden aus alle Vermögensansprüche, bei denen das Erfordernis der Hingabe von Vermögen fehlt, also Ansprüche aus unerlaubten Handlungen, aus Haftpflicht, wegen Verzugs und zum Zwecke des Schadensersatzes. Ferner fallen nicht unter den Begriff „Vermögensanlage" die kurzfristigen Geschäfte des täglichen Lebens (Wechsel, kurzfristige Darlehen); dann nicht Ansprüche aus laufenden Geschäftsverbindungen, soweit sie nicht auf Grund des § 12 Abs. 3 von der Aufwertung ohnehin ausgeschlossen sind; Bau- und Baugeldforderungen — Gesetz vom 1. Juni 1909 RGBl. S. 44ff. —, soweit sie nicht hypothekarisch gesichert sind; überhaupt alle Geschäfte, die auf einen raschen Umsatz des Geldes gerichtet sind; endlich nicht Ansprüche aus einem Schenkungsversprechen oder einem Stiftungsgeschäft (vgl. Maercks in JW. 1924 S. 1130).

Dagegen werden „Vermögensanlagen" i. S. des § 12 Abs. 1 darstellen: Pfandrechte an nicht im Schiffsregister eingetragenen Schiffen, Einlagen bei privaten Sparkassen, und vor allem nicht dinglich gesicherte Darlehen. Doch wird die Frage, ob im einzelnen Fall ein Darlehen als „Vermögensanlage" anzusehen ist, sich danach zu entscheiden haben, ob der Darlehensgeber sich eine „Vermögensanlage" in dem Sinne schaffen wollte, wie wir ihren Begriff festgestellt haben. Es wird also notwendig sein, daß der Darlehensgeber das Darlehen hingegeben hat, um für sein Geld in seinem eigenen Interesse eine langfristige Kapitalsanlage zu schaffen. Damit werden die Fälle für den Begriff „Vermögensanlage" ausscheiden, in denen ein Darlehen aus anderen Beweggründen gegeben wurde, z. B. um einem anderen aus einer Geldverlegenheit zu helfen oder um einen anderen in der Erreichung eines bestimmten Zweckes zu unterstützen — „Gefälligkeitsdarlehen" —, selbst wenn das Darlehen erst in längerer Zeit zurückzubezahlen sein sollte (vgl. hierzu Warneyer „Aufwertung von Darlehen" in DStZ. 1924 S. 407, 408, in welchem Aufsatz auch daraufhingewiesen ist, daß das RGU. vom 8. April 1924 VII 551 23 nicht, wie irrtümlich angenommen wurde, allgemein ausgesprochen hat, daß Darlehen keine „Vermögensanlage" i. S. des § 12 Abs. 1 sind.) — Über Darlehen oder Beteiligung s. Anm. 6 β. —

Als „Vermögensanlage" werden auch Einlagen (Anteilscheine) bei Vereinen ohne wirtschaftlichen Zweck, die sich z. B. der Pflege gesellschaftlicher oder beruflicher Interessen widmen — Sports-, Standesvereine usw. — anzusehen sein (vgl. Dr. Kemmer in MNN. 1924 Nr. 261).

Im übrigen wird es Sache der Würdigung im einzelnen Falle sein, ob ein Vermögensanspruch eine Vermögensanlage i. S. des § 12 Abs. 1 ist oder nicht.

II. a) Zuständig zur Entscheidung hierüber sind die ordentlichen Gerichte, nicht die Aufwertungsstellen des § 9.

Die Gerichte werden zunächst zu prüfen haben, ob der Vermögensanspruch, dessen Aufwertung begehrt wird, eine Vermögensanlage i. S. des § 12 Abs. 1 darstellt, also vor allem auf die Zahlung einer bestimmten Summe in Reichswährung ausgedrückt ist, und bejahendenfalls, ob eine Aufwertung nach den Regeln des bürgerlichen Rechts zulässig ist. Hinsichtlich der Höhe der allenfallsigen Aufwertung sind dann die Gerichte insofern beschränkt, als sie mehr als 15% des nach Maßgabe des § 2 V. errechneten Goldmarkbetrages nicht zubilligen dürfen (hinsichtlich des Zeitpunktes des Entstehung der Schuld s. die Ausführungen über die Entstehung der persönlichen Schuld bei den §§ 1—4 V.). Selbstverständlich können sie auf einen niedrigeren Prozentsatz als 15% entscheiden, wenn die Verhältnisse des Schuldners dies bedingen.

Die Anwendung des § 11 V. (insbesondere auch hinsichtlich der Kostenregelung) ist ausdrücklich vorgeschrieben. Eine Geldforderung, deren Zahlung vor dem 14. Februar 1924 vorbehaltslos angenommen wurde, kann deshalb nicht nachträglich aufgewertet werden (vgl. U. d. OLG. Marienwerder vom 11. März 1924 in JW. 1924 S. 1269). § 5 V. bezüglich Zahlungszeit und Verzinsung ist allerdings in § 12 Abs. 1 nicht erwähnt. Wir möchten uns aber gleich Lehmann und Maercks (in JW. 1924 S. 1130) dahin aussprechen, daß auch er zu beachten ist (gegent. Ans. Mügel).

b) Entscheidet sich das Gericht dahin, daß eine Vermögensanlage i. S. des § 12 Abs. 1 nicht gegeben ist, also insbes. daß ein Vermögensanspruch i. S. des § 12 Abs. 2 vorliegt, so hat es über die Aufwertungsfrage sowohl dem Grunde wie der Höhe nach gem. den Normen des bürgerlichen Rechts, demnach auf Grund von Treu und Glauben mit Rücksicht auf die Verkehrssitte (§ 242 BGB.) zu befinden. Eine Beschränkung auf einen bestimmten Aufwertungsprozentsatz ist hier nicht gegeben. Er bemißt sich nach der Höhe der Entwertung einerseits und andererseits nach den Verhältnissen des Gläubigers und Schuldners. Der nach diesen allgemeinen Regeln festgestellte Aufwertungssatz ist auch für die Verpflichtung des Bürgen und für die Befriedigung aus einem für die Forderung bestehenden Pfande maßgebend.

Es ist in jedem einzelnen Falle zu prüfen, ob der Gläubiger nach diesen allgemeinen Grundsätzen Aufwertung verlangen kann und allenfalls in welcher Höhe. Hierzu sei auf die Ausführungen des RGU. vom 28. November 1923 (Bd. 107, 78) hingewiesen und außerdem folgendes ausgeführt.

1. Ein solcher Aufwertungsanspruch ist anerkannt bei Verzugsschäden auf Grund der §§ 286, 288 Abs. 2 BGB. Der schuldhafter Weise im Verzuge befindliche Schuldner muß seinem Gläubiger neben dem sonstigen Schaden auch denjenigen Betrag ersetzen, um den die geschuldete Summe infolge der Geldentwertung an Kaufkraft verloren hat. Da die Vermutung dafür spricht, daß der Gläubiger bei rechtzeitiger Zahlung durch wirtschaftliches Handeln sich vor weiterer Geldentwertung geschützt hätte, muß der Schuldner den Gegenbeweis liefern, daß der Gläubiger es nicht getan hätte (vgl. Dr. Rosenthal, Dr. Geiler JW. 1923 S. 101ff.). Hierbei wird die wirtschaftliche und soziale Stellung des Gläubigers und seine Art, mit Geld umzugehen, von entscheidender Bedeutung sein (Zacharias JW. 1924 S. 85ff.). Welche Vermögenseinbuße der Gläubiger durch verspätete Zahlung erlitten hat, d. h. um wieviel der Wert der Leistung bei rechtzeitiger und verspäteter Zahlung sich unterscheidet, ist Tatfrage. Jedenfalls kann hier nicht ein bestimmter Wertmesser aufgestellt werden, und wird es Sache des Richters sein, die Höhe des Schadens zu bestimmen (OLG. Düsseldorf U. vom 30. Mai 1923 — JW. 1923 S. 1000/1001).

S. auch Dr. Roeder (JW. 1923 S. 114) über die Verpflichtung der Eisenbahn, die gem. § 88 EVO., § 430 HGB. schadensersatzpflichtig ist, den Verzugsschaden zu ersetzen, wenn sie den Wert des Gutes verspätet ersetzt.

2. Auch bei sonstigen nicht vertraglichen Ansprüchen (**Ersatzforderungen, Ansprüche aus unerlaubten Handlungen, aus ungerechtfertigter Bereicherung** (s. hierzu aber § 11 V.) wird es Sache des Richters sein, die Höhe des allenfallsigen Geldentwertungsschadens zu bestimmen. Hinsichtlich der Geldentwertung bei Schadenersatzansprüchen sei auf das RGU. vom 29. Juni 1922 (JW. 1923 S. 174) hingewiesen, wonach dem Berechtigten Ersatz für alle Schäden zu gewähren ist, die sich zur Zeit des Urteils als Folgen der schädigenden Handlung ergeben haben. Es richtet sich also die Höhe des Ersatzes nicht nach dem Zeitpunkt des Schadens, weshalb die inzwischen liegende Geldentwertung zu berücksichtigen ist.

— S. auch RGU. vom 10. Januar 1923 (Bd. 106, 184) über die Verjährung von Schadensansprüchen, die im Lauf eines Rechtsstreits wegen der allgemeinen Geldentwertung erhöht werden.

Über Aufwertung von Bereicherungsansprüchen und Grundsätze für den Umfang der Aufwertung s. RGU. vom 12. März 1924 (Bd. 108 S. 120).

3. Bei **kurzfristigen Krediten** des Handelsverkehrs und des sonstigen täglichen Lebens spricht die Vermutung dafür, daß der Gläubiger das Risiko der Geldentwertung tragen wollte. Sie besteht auch für diejenigen spekulativen Geschäfte auf längere Zeit, deren ganzer Sinn auf sie und die mit ihr verbundenen Preisverschiebungen hinausläuft. (Dr. Best JW. 1923 S. 980). S. auch RGU. vom 23. März 1923 (Bd. 106, 396).

4. Bei **Okkupationsleistungen** stehen die Vorschriften des OkkLG. vom 2. März 1919 in der Fassung vom 27. März 1920 (RGBl. S. 353) einer angemessenen Berücksichtigung der seit der Zeit der Leistung eingetretenen Geldentwertung nicht entgegen. Denn es handelt sich hier nicht um Ansprüche, die auf Leistung einer bestimmten in deutscher Währung ausgedrückten Geldsumme gerichtet sind, sondern auf Vergütung für einen geleisteten Sachwert, für eine geleistete Arbeit oder für einen erlittenen Schaden, also um sog. Wertersatzansprüche (RGU. vom 12. Mai 1923, JW. 1923 S. 791/792).

4. a) Die Geldentwertung ist auch bei der Bemessung der Enteignungsentschädigung nach § 8 preuß. Enteign.-Ges. zu berücksichtigen (RGU. vom 15. Januar 1924, Bd. 107, 228).

4. b) Nach KG.-Beschluß vom 1. Oktober 1923 (JW. 1924 S. 326) kann ein Ausgleich der Geldentwertung bei Sachverständigengebühren an Hand der Reichsinderziffer zugelassen werden.

4. c) Über Aufwertung von Anwaltsgebühren, die in Papiermark zu berechnen waren s. Friedländer in JW. 1924 S. 1233 und KG.-Beschluß vom 10. März 1924 über Aufwertung von Armenanwaltsgebühren in JW. 1924 S. 1258.

5. Aufwertung von **erbrechtlichen Ansprüchen**.

Hier wird man folgende Fälle zu unterscheiden haben:

α) Hat der Erblasser Erben oder Vermächtnisnehmer auf bestimmte Vermögensgegenstände eingesetzt, so können sie nur diese beanspruchen, gleichviel, ob sie entwertet sind oder nicht.

β) Hat der Erblasser die Erben auf sein Vermögen zu bestimmten Anteilen, also ohne Zuteilung einzelner Vermögensgegenstände, eingesetzt, so bekommen die Erben nur den Anteil auch am entwerteten Nachlaß, der ihnen vermacht. Ebenso verhält es sich bei der gesetzlichen Erbfolge.

γ) Hat aber eine Person ein Forderungsrecht auf Geld gegen den Nachlaß (z. B. Vermächtnis einer Geldsumme), so wird es darauf ankommen, ob nach der Auslegung des Testaments und dem Willen des Erblassers das entwertete Forderungsrecht in einem aufgewerteten Betrage zu bezahlen ist. Hier wird die zwischen der Testamentserrichtung und dem Tode des Erblassers verstrichene Zeit von wesentlicher Bedeutung sein. Denn, wenn diese Zeit einer sehr lange war, so wird daraus, daß der Erblasser es unterließ, trotz der inzwischen eingetretenen Geldentwertung die ursprüngliche Summe entsprechend zu erhöhen, der Schluß berechtigt sein, daß eine Aufwertung von ihm nicht gewollt war. Erscheint aber der Aufwertungsanspruch nach den Umständen des Einzelfalls begründet, so kann, wenn das Nachlaßvermögen entwertet ist, der mit Geld Bedachte eine Aufwertung seines Anspruchs nur insoweit verlangen, als der Nachlaß zur Befriedigung seines Anspruchs und und der übrigen Ansprüche an den Nachlaß im gleichen Verhältnis ausreicht. Z. B. der Wert des Nachlasses war früher 100000 Goldmark und zur Zeit des Erbfalls nur mehr 10000 Goldmark. Erbe ist der Sohn des Erblassers, der einem Neffen 10000 M. vermacht hatte. Es träfen deshalb entsprechend der Entwertung des Nachlasses im Verhältnis von 10:1 auf den Sohn 9000 M. und auf den Neffen 1000 M.

Zu Vorstehendem s. noch RGU. vom 21. Februar 1924 (Bd. 108 S. 83 ff.), das die Frage bejaht, ob Aufwertung verlangt werden kann, wenn in einem Testament einem der Miterben das Recht vermacht ist, Grundstücke zu einem bestimmten Preise zu übernehmen; ferner Dr. Goldmann in JW. 1924 S. 1124 über die Frage, ob zur Erhebung erbrechtlicher Aufwertungsansprüche die Anfechtung einer letztwilligen Verfügung erforderlich ist.

6. Auch die **Aufwertung der in § 12 Abs. 2 genannten Ansprüche** bestimmt sich nach den Normen des bürgerlichen Rechts.

α) Ansprüche aus **gegenseitigen Verträgen** (z. B. Kauf, Miete, Pacht).

Das Reichsgericht hat bei solchen Verträgen allgemein den Grundsatz anerkannt, daß eine Berücksichtigung der Geldentwertung verlangt werden kann, wenn der nominelle Betrag der Schuld infolge Sinkens der Kaufkraft der Mark nach Treu und Glauben nicht mehr als genügendes Äquivalent für die vorangegangene Leistung des Gläubigers angesehen werden kann. Leistung und Gegenleistung müssen also entgegen dem Parteiwillen in ein wesentliches Mißverhältnis geraten sein. Es kann deshalb auch dem Pflichtigen die Leistung nach Treu und Glauben nicht mehr zugemutet werden, wenn der Wert der Gegenleistung sich derart vermindert hat, daß sie als das von den Vertragsteilen in Aussicht genommene Entgelt für die Leistung vernünftigerweise nicht mehr in Betracht kommen kann (vgl. RGU. vom 10. Januar 1923, JW. 1923 S. 457).

In Verfolg dieser Auffassung kann nach der neueren Rechtsprechung des Reichsgerichts bei gegenseitigen Verträgen auf unveränderter Erfüllung seitens des Gläubigers nicht bestanden werden, wenn infolge grundstürzender Änderung der wirtschaftlichen Verhältnisse die in Geld bedungene Gegenleistung in keinem Verhältnis mehr zur Sachleistung steht und der Schuldner auf diese Weise nur einen geringen Bruchteil des Werts erhielte, auf dessen Erlangung er beim Vertragsabschlusse gerechnet hatte (RGU. vom 22. September 1923, JW. 1923 S. 984). Vgl. auch folgende Ausführungen Dr. Kaysers in JW. 1924 S. 159 zur Frae der Aufwertung bei gegenseitigen Verträgen:

Die durch Veränderung der wirtschaftlichen Verhältnisse eingetretene Divergenz zwischen Leistung und Gegenleistung hat ein Hindernis der Vertragserfüllung geschaffen, nämlich das Leistungsverweigerungsrecht des Lieferanten (Verpächters). Dieses Hindernis, das dem Lieferungsbegehren entgegensteht, beseitigt der Käufer (Pächter) durch seine Erklärung, das Entgelt aufwerten zu wollen. Gibt der Käufer (Pächter) diese Erklärung ab, so hat das Gericht unter Festsetzung des angemessenen Preises den Vertrag aufrecht zu erhalten. Entscheidend ist aber stets der Wille des Käufers (Pächters).

— Hinzuweisen ist hier noch auf das RGU. vom 10. Dezember 1923 — JW. 1924 S. 1261 —, das den Rücktritt vom Lieferungsvertrag erst zulässig erklärt, wenn die Aufforderung zur Erhöhung der Gegenleistung fruchtlos blieb —.

Das Maß der Aufwertung bestimmt sich bei gegenseitigen Verträgen aus der Verschiebung, die das ursprüngliche Wertverhältnis zwischen Leistung und Gegenleistung erfahren hat (Dr. Best, JW. 1923 S. 980) — s. ferner RGU. vom 9. Oktober 1923 u. vom 10. November 1923 (JW. 1924 S. 174, 175), vom 29. Oktober 1923 u. vom 17. November 1923 (Bd. 107, 124ff., 183). Letzteres Urteil behandelt die Berücksichtigung der veränderten wirtschaftlichen Verhältnisse beim Grundstückskauf und die Aufwertung des Kaufpreises, wenn der Kaufpreis teils durch Übernahme von Hypotheken teils in bar zu begleichen war. — Über den Ersatz des Geldentwertungsschadens beim Deckungskauf s. U. d. OLG. München vom 23. Juni 1924 in BayerRpflZ. 1924 S. 174.

Über die Beachtung der Geldentwertung nach der preußischen Pachtschutzordnung s. Dr. Weißler JW. 1923 S. 280. An Voraussetzungen für die

Aufwertung muß gegeben sein, daß die festgesetzten Leistungen unter den veränderten wirtschaftlichen Verhältnissen nicht mehr gerechtfertigt sind und daß gewisse Bedingungen vorliegen, die als Ausbeutung, schwere Unbilligkeit, Notlage und öffentlich-rechtliche Eigenschaft des Verpächters zu bezeichnen sind. — S. auch § 2 Abs. III, IV der bay. Pachtschutzordnung in der Fassung vom 3. August 1922 (GVBl. 22 S. 411 ff.) mit Ziff. 3 der Vollzugsvorschriften hierzu (GVBl. 22 S. 415), und allgemein Reichsges. zur Verlängerung der Pachtschutzordnung vom 29. Juni 1922 (RGBl. I S. 529) Art. I § 1 Abs. 1, 2 und § 9 (Verträge über Überlassung von Jagden oder Fischereien oder Gewinnung von Bodenbestandteilen gegen Entgelt); ferner die Kleingarten- und Kleinpachtordnung vom 31. Juli 1919 (RGBl. S. 1371 ff.). Endlich ist auf das RGU. vom 10. November 1923 (Bd. 107, 151) hinzuweisen, wonach der Verpächter die Lösung des Pachtverhältnisses wegen Veränderung der wirtschaftlichen Verhältnisse nicht verlangen kann, solange noch ein billiger Ausgleich der beiderseitigen Interessen im Wege der Erhöhung des Pachtzinses durch das Pachteinigungsamt oder Gericht möglich ist. Nach RGU. vom 21 September 1920 (Bd. 100 S. 129) kann der Verpächter aber andererseits, wenn der Pächter das Pachtverhältnis nicht fortsetzen will, eine Erhöhung des Pachtzinses nicht verlangen, er ist gegebenenfalls auf das Aufhebungsverlangen beschränkt. — S. auch Stange über „Erhöhung des Pachtzinses bei Kleingartenpachtverträgen infolge veränderter Verhältnisse (JW. 1924 S. 793); RGU. vom 8. Februar 1924 (JW. 1924 S. 804) über Aufwertung des Pachtzinses infolge der Geldentwertung —.

Streitigkeiten über die hinsichtlich der Rückgabe des Pachtinventars entstehenden Verpflichtungen unterliegen nicht der Rechtsprechung der Pachteinigungsämter, sondern der der ordentlichen Gerichte. Hier ist von Bedeutung das RGU. vom 27. Juni 1922 (Bd. 104, 394) über die Frage, wie sich unter der nach dem Krieg eingetretenen Veränderung der wirtschaftlichen Verhältnisse die Rückgewährungspflicht des Pächters gestaltet, wenn er vor dem Kriege das Inventar zum Schätzungswerte mit der Verpflichtung übernommen hat, es bei der Beendigung der Pacht zum Schätzungswerte zurückzugewähren. Als durchaus unrichtig wurde die Meinung abgelehnt, daß es sich bei der Verpflichtung des Pächters zur Rückgewähr nur oder doch im wesentlichen um eine Geldschuld handle und der Verpächter deshalb wie der Gläubiger einer Geldschuld die Entwertung des Geldes auf sich zu nehmen habe. Die vom Senat in der Folge für die Auseinandersetzung aufgestellten Grundsätze können hier nicht im einzelnen aufgeführt werden. Nur folgendes sei erwähnt: das Ergebnis der Schätzung des dem Verpächter zurückgewährten Inventars — das überflüssige und zu wertvolle kann vorher ausgeschieden werden — ist mit dem der Anfangsschätzung in der Weise zu vergleichen, daß der Sachwert des geschätzten Inventars zugrunde gelegt, und der in Goldmark festgestellte Schätzungswert in die heutige Papiermark umgerechnet wird. Das Ergebnis dieses Vergleichs wird zeigen, ob Pächter oder Verpächter dem anderen Teil etwas zu bezahlen hat.

Vorauszahlung des Kaufpreises.

Nach RGU. vom 10. Januar 1923 — JW. 1923 S. 457 — findet dann keine Berücksichtigung der Geldentwertung statt, wenn der Kaufpreis vorausbezahlt ist. Entscheidend ist hier, da für die Gleichwertigkeit der Leistungen der Zeitpunkt der Zahlung und nicht der der Lieferung maßgebend ist, daß die Leistung des Käufers zu der Zeit, als er sie bewirkte, der erwarteten

Gegenleistung des anderen Teils gleichwertig gegenüberstand (s. RGU. vom 28. Juni 1923 — JW. 1924 S. 175 —; vom 14. Dezember 1923 — JW. 1924 S. 675 —; vom 5. Februar 1924 — BayerRpflZ. 1924 S. 174 —). Dieser Rechtssatz wird auch auf andere gegenseitige Verträge (z. B. Vorauszahlung des Pachtpreises) anzuwenden sein. S. auch RGU. vom 29. April 1924 (Bd. 108, 156), das die Frage verneint, ob der Dienstverpflichtete, dem die vereinbarte Vergütung im voraus bezahlt ist, mit Rücksicht auf die bis zur Leistung seiner Dienste eingetretene Geldentwertung Aufwertung verlangen kann.

Über den Einfluß der Geldentwertung bei Einkauf in ein Altersheim s. RGU. vom 21. Dezember 1923 (Bd. 107, 218).

Aufwertung von Kautionen.

Die Frage der Aufwertung von Kautionen, die z. B. von Angestellten oder von Pächtern, wie Gastwirten gegenüber Brauereien bestellt wurden, ist von Bedeutung, wenn der Kautionsbesteller seine Kaution zurückverlangen kann oder wenn die Person oder das Unternehmen, denen gegenüber die Kaution gestellt wurde, einen Anspruch gegen den Kautionsbesteller geltend machen, zu dessen Deckung die Kaution herangezogen werden soll. Festzuhalten ist, daß die Bestellung einer Kaution nicht als Vermögensanlage i. S. der V. zu erachten ist (vgl. unsere Bestimmung des Begriffs „Vermögensanlage" in den Vorbem. zu Art. I). Sie dient vielmehr dazu, Sicherheit für die Befriedigung von Ansprüchen des Vertragsgegners aus dem Vertrage zu bieten, und fällt im allgemeinen ihren Gebern erst nach Beendigung des Vertragsverhältnisses zurück. Eine solche Kaution ist als Bestandteil eines zweiseitigen Rechtsgeschäftes zu betrachten und fällt somit unter § 12 Abs. 2 V. Die Berechnung ihres nunmehrigen Wertes hat deshalb nach den allgemeinen Regeln des bürgerlichen Rechts zu erfolgen. Es sind die Verhältnisse des einzelnen Falles zu erheben, um feststellen zu können, ob eine Aufwertung bei Inanspruchnahme durch denjenigen, dem gegenüber sie bestellt wurde, oder bei Rückgabe an den Besteller zu erfolgen hat. Eine Aufwertung wird z. B. dann zu entfallen haben, wenn die Kaution in Wertpapieren bestellt wurde. Hier entspricht ihr Wert stets dem der Wertpapiere. Ist sie in bar geleistet worden, so wird zu unterscheiden sein, im welcher Weise sie dem Vertragswillen entsprechend anzulegen war. Durfte z. B. der Arbeitgeber sie in seinem Betriebe verwenden, so daß sie ein Teil des in dem Betrieb arbeitenden Kapitals, also Betriebskapital wurde, so wird das Verlangen ihrer Aufwertung entsprechend dem Werte des übrigen Betriebskapitals und unter Berücksichtigung ihres Goldmarkwerts zur Zeit der Bestellung berechtigt sein. Würde dagegen die in bar gestellte Kaution vom Arbeitgeber getrennt von seinem Vermögen aufbewahrt oder zum Zwecke der Aufbewahrung z. B. bei einer Sparkasse oder einer Bank hinterlegt, so wird zu unterscheiden sein, ob diese Aufbewahrung dem ausgesprochenen oder zu vermutenden Willen der Parteien entsprach oder ob hierbei ein Verschulden des Arbeitgebers vorlag. In ersterem Falle wird sich der Besteller mit der Abwertung abzufinden haben, in letzterem Falle kann eine Aufwertung in Frage kommen, deren Höhe sich nach den Umständen des einzelnen Falls, insbesondere nach der Größe des Verschuldens des Arbeitgebers zu richten haben wird. Schließlich kann auch ein konkurrierendes Verschulden des Bestellers vorliegen, wenn ihm zugemutet werden konnte, eine andere, die Entwertung vermeidende oder vermindernde Anlage der Kaution zu veranlassen (s. hierzu auch Dr. Hein „Zur Frage der Aufwertung der Kautionen" in JW. 1924 S. 1034).

Abschließend sei bemerkt, daß die Frage, ob sich das Wertverhältnis zwischen den gegenseitigen Leistungen, wie es zur Zeit des Vertragsabschlusses bestand, inzwischen in unerträglicher Weise zuungunsten der einen Leistung verschoben hat, von Amts wegen zu prüfen ist, wenn die Sache so liegt, daß z. B. der Käufer — für jeden erkennbar — die Folgen der nach dem Vertragsabschluß eingetretenen Geldentwertung allein auf den Verkäufer abwälzen will und die Sachleistung für einen Preis verlangt, der zu dieser infolge der Wirtschaftsumwälzung in einem auffallenden Mißverhältnis steht. Einen solchen Verstoß gegen § 242 BGB. darf der Tatrichter auch ohne ausdrückliche Rüge nicht zulassen. Hat er es trotzdem getan, so kann der Aufwertungseinwand noch in der Revisionsinstanz erhoben werden, außer er wird auf neue Tatsachen gestützt, deren Vorbringen im 2. Rechtszuge versäumt worden ist und im 3. Rechtszuge nicht nachgeholt werden darf (§ 561 ZPO.). Wird der Aufwertungseinwand aber trotz Zulässigkeit nicht erhoben, so ist der bezeichnete Verstoß gegen § 242 BGB. auch in der Revisionsinstanz von Amts wegen zu berücksichtigen (RGU. vom 10. November 1923 — Bd. 107, 149 — u. vom 15. Februar 1924 — Bd. 108, 75 —).

β) **Ansprüche aus Gesellschaftsverträgen und anderen Beteiligungsverhältnissen.**

Wie Dr. Marcuse (Neue Steuerrundschau 1924 S. 61/62) sehr richtig bemerkt, handelt es sich hier um Ansprüche, die nicht eine von vornherein festbestimmte Geldsumme zum Gegenstand haben, sondern vielmehr ein Auseinandersetzungsguthaben. Der Goldmarkwert solcher Guthaben läßt sich deshalb erst bei der Auseinandersetzung zwischen den mehreren Beteiligten errechnen, sei es beim Ausscheiden eines Beteiligten oder bei Auflösung der Gesellschaft oder Beendigung des Beteiligtenverhältnisses.

Unter „Beteiligung" ist nicht ein Darlehen zu verstehen, das z. B. einem gesellschaftlichen Unternehmen gegeben wird, es sei denn, daß das Darlehen nur die gewählte Rechtsform ist, während es sich nach dem inneren Zweck der in Darlehensform erfolgten Geldhingabe um ein Beteiligungsverhältnis handeln könnte; ein Verfahren, das vor dem Inkrafttreten des Kapitalverkehrsteuergesetzes vielfach geübt wurde. Das Kap. VStG. behandelt in § 6 c Ansprüche aus Darlehen oder Forderungen, die nur gleichzeitig mit den Gesellschaftsrechten abgetreten werden können oder deren Rückzahlung und Erfüllung während der Beteiligung an der Gesellschaft nicht verlangt werden kann, oder bei denen die Gewährung oder die Hinausschiebung der Zahlungsfrist oder die Stundung eine wesentliche Voraussetzung des Beginns oder der Fortführung der Gesellschaft ist und sachlich sich als Beteiligung an der Gesellschaft darstellt, nicht der formellen Rechtslage entsprechend als Darlehen, sondern nach den Gedankengängen des § 4 Reichsabgabenordnung, der für die Auslegung der Steuergesetze ihre wirtschaftliche Bedeutung in den Vordergrund stellt, als Gesellschaftskapital. Die Frage ist die, ob die 3. Steuernotverordnung und in Sonderheit deren § 12 ein derartiges Abweichen von der formalen Rechtslage und demgemäß die Beurteilung von in Darlehensform gekleideten Beteiligungsverhältnissen als Beteiligungsverhältnis ermöglicht. Der Anspruch auf Aufwertung ist bürgerlichrechtlicher Art. Für die Auslegung von Willenserklärungen und Verträgen sind deshalb grundsätzliche Bestimmungen des BGB., wie die §§ 133 u. 157, heranzuziehen; es ist demnach nicht die formale Gestalt, sondern der wirkliche Wille der Parteien unter Rücksichtnahme auf Treu und Glauben und die Verkehrssitte zu erforschen. Diese Auslegungsbehelfe werden dazu führen, in solchen Fällen nicht ein Darlehen, sondern eine gesellschaftliche Beteiligung als vorliegend anzunehmen und deshalb die Aufwertungsfrage hinsichtlich solcher Darlehen aus dem Gesichtspunkte der Individualaufwertung nach allgemeinen Rechtsnormen und nach der Rechtsprechung des Reichsgerichts zu beurteilen (s. auch RFHU. vom 12. Mai 1923 — Bd. 12 S. 125 —).

Auseinandersetzung.

Für die bei der Auseinandersetzung von Gesellschafts- usw. Verhältnissen sich ergebenden gegenseitigen Vermögensansprüche sind in erster Linie die Vertragsbestimmungen maßgebend. Fehlen solche, so greifen die hierüber getroffenen gesetzlichen Vorschriften Platz. Über sie sei kurz folgendes ausgeführt.

Hinsichtlich der Gesellschaft des bürgerlichen Gesetzbuches ist auf §§ 730 BGB. hinzuweisen; bei Ausscheiden eines Gesellschafters s. § 738 Abs. 2.

Nach Staud. Anm. II 2 b zu § 738 BGB. ist bei der Auseinandersetzung jener Erlös maßgebend, der sich ergeben würde bei einer der Sachlage entsprechenden, möglichst vorteilhaften Verwertung des Gesellschaftsvermögens im ganzen (Wert der sog. lebenden Gesellschaft). Staub spricht sich im Anhang zu § 141 HGB. hinsichtlich § 738 BGB. folgerdermaßen aus: „Zugrunde zu legen sind die wahren Werte, also nicht die Buchwerte, wie sie für die alljährliche Bilanz zum Zwecke der Gewinnverteilung festgestellt werden (Wert der lebenden Gesellschaft). Nicht gemeint ist der Wert, der sich bei einer allgemeinen Versilberung der einzelnen Vermögensgegenstände ergibt, sondern der Erlös, der sich bei einer der Sachlage entsprechenden, möglichst vorteilhaften Verwertung des Gesellschaftsvermögens ergeben würde, also bei einer Verwertung des Gesellschaftsvermögens durch Verwertung im ganzen. Geschäftswert oder Wert der Kundschaft ist allenfalls anzusetzen."

Offene Handelsgesellschaft.

Beim Ausscheiden eines Gesellschafters wird das Auseinandersetzungsguthaben nach § 738 BGB. berechnet (Staub, Anhang zu § 141 HGB.).

Hinsichtlich der Liquidation nach Auflösung der offenen HG. s. §§ 145ff. HGB., besonders § 155 (die Schlußverteilung erfolgt nach Maßgabe der Kapitalanteile, wie sie sich auf Grund der Schlußbilanz ergeben).

Kommanditgesellschaft.

Hier sind zu unterscheiden: Kommanditisten (Gesellschafter, deren Haftung gegenüber den Gesellschaftsgläubigern auf den Betrag einer bestimmten Vermögenseinlage beschränkt ist) und persönlich haftende Gesellschafter (bei denen eine Beschränkung der Haftung nicht gegeben ist: Komplementare).

Für die Kommanditgesellschaft gelten die für das innere Verhältnis der offenen HG. bestimmten gesetzlichen Vorschriften. Beim Ausscheiden eines Gesellschafters finden die für die offene HG. gegebenen Vorschriften Anwendung. Für die Berechnung des Abfindungsguthabens eines Kommanditisten ist kein Posten für den Geschäftswert anzusetzen (Staub, Anhang zu § 177 HGB., Anm. 13).

Hinsichtlich der Liquidation s. wieder §§ 145ff. HGB.

Aktiengesellschaft.

Bei ihr bestimmt sich die Größe des Beteiligungsverhältnisses nach den Einlagen, mit denen die Gesellschafter auf das in Aktien zerlegte Grundkapital der Gesellschaft beteiligt sind (§ 178 HGB.). Maßgebend ist also der Besitz von Aktien oder Interimsscheinen, in denen ein wirkliches vorläufiges Anteilsrecht und ein Recht auf Aushändigung von Aktien gegen Vollzahlung beurkundet ist (Staub Anm. 4 b zu § 179 HGB.). Daneben kommen Genußscheine in Betracht, die einen Anteil am Gewinn und meist auch am Liquidationserlöse gewähren (Staub Anm. 22 zu § 179 HGB.).

Der Wert dieser Anteilurkunden bestimmt sich während des Bestehens der AG. nach dem Kurswerte. Es können nach § 213 HGB. die Aktionäre ihre Einlagen nicht zurückverlangen. Auch freiwillige Rückzahlungen der Einlagen sind unstatthaft — Staub Anm. 2 zu § 213 HGB. — (vgl. auch § 226 HGB., wonach eine AG. eigene Aktien im regelmäßigen Geschäftsbetrieb, soweit nicht eine Kommission zum Einkauf ausgeführt wird, nicht erwerben soll).

Es kann also während des Bestehens der AG. kein Aktionär von der AG. verlangen, daß seine Aktie, allenfalls zum Nennwert, in Gold zurückgekauft wird.

Auflösung einer AG.: § 292 ff. HGB.

Nach § 300 wird das nach der Berichtigung der Schulden verbleibende Vermögen der AG. — Liquidationsüberschuß — unter die Aktionäre nach dem Verhältnis der in ihrem Besitze befindlichen Aktienbeträge verteilt, sofern nicht mehrere Gattungen von Aktien mit verschiedener Berechtigung vorhanden sind.

Sind die Einzahlungen nicht auf alle Aktien in demselben Verhältnis geleistet, so werden die auf das Grundkapital geleisteten Einzahlungen erstattet und dann erst ein Überschuß nach dem Verhältnis der Aktienbeträge verteilt — § 300 Abs. 3 HGB. —. Daß nicht eine Rückzahlung der einbezahlten Teilbeträge in Papiermark erfolgen darf, wird ohne weiteres klar sein. Es wird vielmehr eine Rückzahlung der Teilbeträge in Goldmark stattzufinden haben, allenfalls in dem Goldmarkwerte, den sie zur Zeit der Einzahlung besaßen. Diese Frage wird übrigens wohl nach Umstellung des Aktienkapitals auf Goldmark, bei der der Goldmarkwert solcher Teilzahlungen bestimmt werden wird, ohne Bedeutung mehr sein (vgl. Art. IV d. 2. DV. zur Goldbilanzverordnung vom 28. März 1924 — RGBl. I S. 389 —).

Von Interesse ist hier auch die Frage der Höhe der Nachzahlung auf nicht voll einbezahlte Aktien. Hierfür wird eine Entscheidung des ständigen Schiedsgericht für Goldbilanzstreitfragen bei der Industrie- und Handelskammer in Berlin (MNN. 1924 Nr. 196) von wegweisender Bedeutung sein. Es handelte sich um die Höhe der Nachzahlungspflicht für nicht voll einbezahlte Versicherungsaktien. Es wurde dahin entschieden, es sei der Tatsache, daß das Geschäftskapital infolge der allgemeinen Geldentwertung eine Senkung erfahren habe, die zu einer Verminderung des Nennbetrages des Grundkapitals und der Aktie führte, ein entscheidender Einfluß auf die Garantie- (Nachschuß-)Pflicht des Aktionärs zuzusprechen. Wer auf eine Goldaktie von 250 M. einen Goldnachschuß von 750 M. zugesagt habe, sei darum noch nicht willens gewesen, auf die neue Goldmarkaktie von 25 M. die 750 M. nachzuschießen. Nicht nur der Billigkeit, sondern auch dem aus dem Willen des Aktionärs zu begründenden Rechte entspreche es, daß der Aktionär nur den alten Bruchteil für die neue Goldaktie schulde. Der

Aktionär habe sich im gesetzten Fall auf das Dreifache der vollwertig angenommenen Einzahlung (250 M.: 750 M.) verpflichtet, und er wolle auf das Dreifache des verbliebenen Vollwerts (25 M.: 75 M.) verpflichtet bleiben.

Kommanditgesellschaften auf Aktien.

Für die Kommanditisten, die nur mit Einlagen auf das in Aktien zerlegte Grundkapital der Gesellschaft beteiligt sind, gilt das bei der AG. gesagte — § 213 HGB. —.

Der persönlich haftende Gesellschafter braucht mit einer Einlage nicht beteiligt zu sein, weder auf das Kommanditkapital noch sonst — Staub Anm. 12 zu § 320 HGB. —. Sie können auch Aktien besitzen. Der persönlich haftende Gesellschafter hat nur schuldrechtliche Ansprüche an die Gesellschaft auf den Bezug von Gewinn und auf ein Auseinandersetzungsguthaben, wie der Aktionär — Staub Anm. 4 zu § 320 HGB. —.

Das Ausscheiden erfolgt nach aktienrechtlichen Regeln. Nur die Auseinandersetzung mit dem ausscheidenden persönlich haftenden Gesellschafter erfolgt nach den Bestimmungen für die Kommanditgesellschaft — Staub Anm. 35 zu § 330 HGB. Anhang zu § 177 HGB. Anm. 13 —.

Auflösung:

Die Liquidation richtet sich nach aktienrechtlichen Regeln — Staub Anm. 17 zu § 330 HGB.; also gilt besonders § 300 HGB. über das Verhältnis der Verteilung unter die Aktionäre.

Stille Gesellschaft.

Der stille Gesellschafter ist an dem Handelsgewerbe, das ein anderer betreibt, mit einer Vermögenseinlage beteiligt. Diese Einlage geht in das Vermögen des Inhabers des Handelsgewerbes über.

Die Auseinandersetzung erfolgt in entsprechender Weise wie die Auseinandersetzung in dem Fall, in dem aus einer Handelsgesellschaft ein Gesellschafter ausscheidet, also unter entsprechender Anwendung der §§ 738—740 BGB. — Staub Anm. 3, 4 zu § 340 HGB. und Anhang zu § 141 HGB.) Es ist demnach die Vermögensanlage zur Zeit der Auflösung der stillen Gesellschaft die Grundlage der Berechnung, die bei der Abfindung des stillen Gesellschafters stattzufinden hat. Die Zeit der Auflösung ist der Zeitpunkt des Eintritts der die Auflösung bewirkenden Tatsache. — Staub Anm. 6 zu § 340 HGB. —.

Gelegenheitsgesellschaften.

Auf sie als Gesellschaften des bürgerlichen Rechts finden die Vorschriften des BGB. über die Gesellschaften Anwendung.

Erwerbs- und Wirtschaftsgenossenschaften (Gesetz in der Fassung vom 20. Mai 98 — RGBl. S. 810 ff. —).

Nach § 73 bestimmt sich die Auseinandersetzung eines ausgeschiedenen Genossen mit der Genossenschaft nach deren Vermögenslage und dem Bestande der Mitglieder zur Zeit des Ausscheidens. Die Auseinandersetzung erfolgt auf Grund der Bilanz. Die Bilanz ist hier diejenige, die die Genossenschaft nach § 39 HGB. am Schlusse des Geschäftsjahres zu errichten hat. In ihr sind nach § 40 HGB. sämliche Vermögensstücke und Forderungen nach dem ihnen zur Zeit der Bilanzaufnahme zukommenden Wert anzusetzen, und andererseits ist der Schluß des Geschäftsjahres der Zeitpunkt, zu dem das Ausscheiden des Genossen erfolgt. — Parisius-Crüger, Merzbacher zu § 73.

Auflösung — § 78ff. —. Nach § 91 erfolgt die Verteilung des Vermögens unter die einzelnen Genossen bis zum Gesamtbetrag ihres auf Grund der ersten Liquidationsbilanz (§ 89) ermittelten Geschäftsguthaben nach dem Verhältnis der letzteren.

Gesellschaften mit beschränkter Haftung — Gesetz vom 20. Mai 1898 (RGBl. S. 846ff.) —.

Nach § 14 bestimmt sich der Geschäftsanteil jeden Gesellschafters nach dem Betrage der von ihm übernommenen Stammeinlage. Die Geschäftsanteile sind veräußerlich und vererblich (§ 15). Die Festsetzung des Preises, den der Erwerber zu zahlen hat, unterliegt der freien Vereinbarung von Veräußerer und Erwerber. Die Gesellschaft wird davon nicht berührt — Parisius-Crüger zu §§ 14, 15 —.

Bei Auflösung der G. m. b. H. (§ 60ff.) wird gem. § 72 das nach vollständiger Durchführung der Liquidation und demgemäß auch nach Erfüllung aller Verbindlichkeiten verbleibende Vermögen der Gesellschaft unter die Gesellschafter nach Verhältnis ihrer Anteile (§ 14) verteilt (s. Parisius-Crüger zu § 72). — Über die Bewertung der Resteinzahlungen auf die Stammeinlagen der Gesellschafter einer G. m. b. H. s. Dr. Silbergleit in der Zeitschr. f. Gesellschaftswesen 1924 S. 264 —.

Allgemein sei hinsichtlich des Nennbetrages der Aktien, Geschäftsanteile und Genußscheine von AG., Kommanditgesellschaften auf Aktien, G. m. b. H., Genossenschaften auf die Umstellungsvorschrift der V. über Goldbilanzen vom 28. Dezember 1923 (RGBl. I S. 1253ff.) und die 2. DB. hierzu vom 28. März 1924 (RGBl. I S. 385ff.) hingewiesen.

S. Dr. Alfons Roth „Die Kapitalkonten der Teilhaber einer offenen Handelsgesellschaft oder Kommanditgesellschaft in der Goldmarkbilanz" in der Neuen Steuer-Rundschau 1924 S. 296ff.

γ) Ansprüche auf wiederkehrende Leistungen, die bei Abfindungen, Auseinandersetzungen oder ähnlichen Rechtsvorgängen begründet sind.

Hierher gehören vor allem die in § 7 Abs. 1 Nr. 1 u. 2 d. 1. DB. genannten Forderungen.

Unterhaltsrenten.

Nach RGU. vom 22. Mai 1922 (JW. 1923 S. 45) sind Inhalt und Zweck von Unterhaltsverträgen auf Gewährung von Lebensnotwendigkeiten gerichtet. In den Fällen, in denen eine Rente zu gewähren ist, wird der Bedarf in Geld geschätzt und darnach die Rente bemessen. Ist der Geldwert in so erheblichem Maße gefallen, daß bei Gleichbleiben der übrigen Verhältnisse der Unterhalt von der festgesetzten Rente nicht mehr bestritten werden kann, so liegt bei Anwendung von Treu und Glauben eine Erhöhung im Sinne des im Vertrage zum Ausdruck gekommenen Vertragswillen der Parteien. Es ist aber die Einschränkung zu machen, daß die Erhöhung nur insoweit begehrt werden kann, als der Verpflichtete nach seinen Vermögens- und Erwerbsverhältnissen zu ihrer Bestreitung in der Lage ist. — Vgl. auch Zacharias „Die Aufwertung von Geldschulden nach geltendem Rechte, JW. 1924 S. 87. — Nach RGU. vom 26. Januar 1923 (Bd. 106, 233) gilt der dargelegte Grundsatz auch, wenn die Unterhaltsrente aus dem Gesichtspunkte des Schadensersatzes auf Grund des Haftpflichtgesetzes gefordert wurde.

Während es sich bei Unterhaltsrenten um eine Dauerverpflichtung zu fortgesetzten Geldleistungen handelt, die in ihrem Werte durch die ungünstige wirtschaftliche Lage sehr wesentlich beeinflußt werden können, wird bei Zahlung einer angemessenen Abfindungssumme das Verpflichtungsverhältnis zur Auflösung gebracht. Auf solche Abfindungsverträge, die das Reichsgericht zu den spekulativen Geschäften zählt, findet § 242 BGB. keine Anwendung. Denn der Vertrag ist bereits erfüllt und damit der Schuldner von seinen Schulden gegenüber dem Gläubiger endgültig befreit (RGU. vom 23. März 1923 — Bd. 106, 396ff.).

S. auch Gesetz über die Altenteilsverträge, Anm. 1 zu § 14 V., ferner zur Frage der Zulässigkeit der Aufwertung einer Unterhaltsrente gegenüber dem Erwerber eines Grundstücks: RGU. vom 19. Dezember 1923 (Bd. 107, 215); zur Frage der Anwendbarkeit des § 323 Abs. 3 ZPO. bei der Bewertung von Unterhaltsansprüchen JW. 1924 S. 1242.

7. Aufwertung von Güter- und Vermögensversicherungen.

Über die Aufwertung solcher Versicherungen enthält die V. u. E. keine Bestimmungen. Denn, wie bereits in Anm. IX b zu § 1 ausgeführt, möchten wir sie nicht als Vermögensanlagen betrachten. Ihre Aufwertung bemißt sich wieder nach den allgemeinen Normen des bürgerlichen Rechts. Auf folgende in JW. 1924 S. 160/161 abgedruckte Mitteilung des Aufsichtsamts für Privatversicherung hinsichtlich Haftpflichtversicherung sei hingewiesen.

„Die einvernommenen Gutachten haben überwiegend die Ansicht vertreten, daß eine Haftung über die Versicherungssumme hinaus rechtlich nur zu begründen sei, wenn dem Versicherer bei der Behandlung des Schadensfalles ein Verschulden zur Last fällt, z. B. wenn die Erledigung fahrlässig verzögert oder dem Versicherungsnehmer nicht ausreichend Gelegenheit zur Wahrung seiner Interessen gegeben worden sei. Die Frage muß im einzelnen Streitfalle der Entscheidung der Gerichte überlassen werden."

Vgl. auch RGU. vom 14. November 1922 (Bd. 105, 356) nach dem bei verspäteter Zahlung, also bei Verzug, die Versicherungsgesellschaft auch den dadurch entstehenden Geldentwertungsschaden zu ersetzen hat. Ferner Steinbrenner über Aufwertungspflicht des Haftpflichtversicherers in JW. 1924 S. 533.

U. E. könnte die Streitfrage hinsichtlich der Aufwertung socher Versicherungen dadurch auf gütlichem Wege beseitigt werden, daß die Gesellschaften bei der jetzt vielfach versuchten Umwandlung alter Papiermarkversicherungen in Goldmarkversicherungen dem Vorliegen solcher alter Versicherungen dadurch Rechnung tragen, daß sie an dem Prämiensatz gewisse Minderungen eintreten lassen.

8. Novation und Schuldumwandlung.

Über die Wirkung der Novation bei Ansprüchen, die Vermögensanlagen nach § 1 Abs. II Ziff. 1—4 V. sind, gibt § 4 1. DV. Aufschluß. Novation ist die Übernahme einer neuen Verbindlichkeit durch den Schuldner, derart, daß damit die alte Verbindlichkeit zum Erlöschen gebracht wird. Daß die Übernahme einer neuen Verbindlichkeit die Wirkung der Novation, also das Erlöschen des alten Schuldverhältnisses haben sollten, ist im Zweifel von demjenigen, der die Novation für sich in Anspruch nimmt, zu beweisen, § 364 Abs. II BGB. Von der Novation zu unterscheiden ist die Schuldumwandlung, bei welcher eine Verbindlichkeit nur in eine andere, neue Rechtsform gebracht wird, z. B. die Umwandlung einer Kaufpreisrestforderung in ein Darlehen.

Die 3. Steuernotverordnung erkennt die Wirkung der Novation für ihr Geltungsgebiet nicht an. In dem oben zitierten § 4 Abs. II 1. DV. wird der Fall, daß zu einem Darlehen ein Zusatzdarlehen unter Aufhebung des bisherigen und Begründung eines neuen einheitlichen Rechts gewährt wird, für die Aufwertung dahin beurteilt, daß für das 1. Darlehen der ursprüngliche, für das 2. der spätere Erwerbstag maßgebend ist. Dieser Standpunkt ist wohl mit dem Zweck der III. Steuernotverordnung und dem Suchen nach einer gerechten Aufwertung zu erklären und nicht zu beanstanden. Dieselben Erwägungen würden dazu führen, der Novation für die Aufwertungsfrage überhaupt die Wirkung zu versagen, also auch für die Fälle, die ausschließlich nach den Normen des bürgerlichen Rechtes und der Rechtsprechung des Reichsgerichts zu beurteilen sind. Allein dagegen spricht das große Bedenken, daß das geltende Recht entgegensteht. Die 3. Steuernotverordnung hat den Charakter eines Ausnahmegesetzes, dessen Grundsätze nicht ohne weiteres übertragen werden dürfen. Bei Rechtsansprüchen, die nicht unter die 3. Steuernotverordnung fallen, bedeutet die Novation auch für die Aufwertung einen neuen Abschnitt. Die Rechtsprechung ist übrigens hier derart auf die Berücksichtigung der individuellen wirtschaftlichen und sozialen Lage abgestellt, daß sich der Ausgleich der durch die Novation sich ergebenden Härten dadurch ermöglichen läßt.

III. Abs. 3.

Er bestimmt, daß Ansprüche aus einer laufenden Rechnung oder einem Kontokorrent, die den Saldo als solchen betreffen, nicht aufgewertet werden, also weder nach den Vorschriften der V. noch nach den allgemeinen Regeln des bürgerlichen Rechts.

Diese Bestimmung findet ihren Grund in der Entstehung des Saldos. Saldo ist der Überschuß, der sich für einen am Kontokorrentverhältnis Beteiligten gegenüber dem anderen Beteiligten ergibt. Das juristische Wesen des Kontokorrentverhältnisses besteht darin, daß die aus der Geschäftsverbindung entspringenden beiderseitigen Ansprüche und Leistungen nebst Zinsen in Rechnung gestellt und in regelmäßigen Zeitabschnitten durch Verrechnung und Feststellung des für den einen oder anderen Teil sich ergebenden Überschusses ausgeglichen werden. Dieser Überschuß wird also auf keinen Fall aufgewertet. Denn um ermessen zu können, ob dieser Papiermarküberschuß wirklich aufzuwerten wäre, müßte auf die Entstehung und den zur Zeit der Entstehung gegebenen Goldmarkwert der einzelnen gegenseitigen Schuldposten zurückgegangen werden. Ein solches Verfahren würde aber dem Wesen des Kontokorrentverhältnisses widersprechen. Bei diesem werden eben alle im Lauf einer Rechnungsperiode entstandenen, nicht besonders ausgenommenen Forderungen des einen gegen den anderen als eine einzige Forderung, alle der gleichen Zeit angehörigen Schulden des einen gegenüber dem anderen im Verhältnis zu diesem als eine einzige Schuld behandelt, so daß folglich das Soll, wie das Haben eines jeden als unteilbares Ganzes erscheint (s. Gareis, das deutsche Handelsrecht § 66 I; vgl. auch RGU. vom 18. Oktober 1922 (Bd. 105, 233 ff.), wonach bei einem kontokorrentähnlichen Geschäftsverkehr die selbständige Einklagung einzelner Posten eines anerkannten Saldos unzulässig ist). Die Aufwertung des Saldos könnte also bewirken, daß derjenige, zu dessen Gunsten ein Papiermarksaldo ausgewiesen ist, einen bestimmten Goldmarkbetrag erhält, während er bei Berechnung des Goldmarkwerts der gegenseitigen Forderungen und Schulden im einzelnen dem anderen Teil einen Goldmarkbetrag schulden würde.

IV. Geldentwertungsschaden bei Forderungen öffentlich-rechtlichen Ursprungs.

Hierzu spricht eine Entscheidung des Bayerischen Verwaltungsgerichtshofs vom 17. März 1924 Nr. 113/III/23 — bay. Staatszeitung 1924 Nr. 137 — folgendes aus:

Auch bei Forderungen, die dem öffentlichen Recht angehören, wie z. B. Ersatzansprüche nach § 30 des Unterstützungswohnsitzgesetzes, kann der Berechtigte für den gesamten durch grundlose Zahlungsverweigerung ihm entstandenen Vermögensschaden volle Entschädigung im Verwaltungsstreitverfahren beanspruchen. Für die Bemessung der Höhe dieses Schadens sind die Bestimmungen des Zivilrechts maßgebend, sofern nicht öffentlich-rechtliche Bestimmungen etwas anderes anordnen.

§ 13.

(1) Vereinbarungen über die Aufwertung der im § 1 Abs. 2, § 12 bezeichneten Vermögensanlagen bleiben unberührt und können auch in Zukunft getroffen werden.

(2) Soweit der vereinbarte Aufwertungsbetrag den Satz von 15 vom Hundert des Goldmarkbetrages nicht überschreitet, findet die Vorschrift des § 2 Abs. 3 Anwendung. Soweit der vereinbarte Aufwertungsbetrag diesen Satz überschreitet, gilt die Vereinbarung als Begründung eines neuen Schuldverhältnisses und nimmt der Aufwertungsbetrag an dem dinglichen Range des aufgewerteten Rechtes nicht teil.

Anmerkungen.

1. Abs. 1.

Solche Vereinbarungen können hinsichtlich der im § 1 Abs. 2 und § 12 bezeichneten Vermögensanlagen gerichtlich oder außergerichtlich getroffen worden sein oder für die Folge — auch vor der Aufwertungsstelle — getroffen werden, ohne daß ihre Gültigkeit durch die Aufwertungsregelung der V. berührt wird. Die vereinbarte Aufwertung kann sich unter dem normalen Höchstsatz halten oder ihn auch übersteigen (s. § 13 Abs. 2 V.).

Im Einzelnen ist noch folgendes zu bemerken:

Wird eine solche von der V. abweichende Aufwertungsregelung bei den in § 7 Abs. 1 Ziff. 1—3 der 1. DV. genannten Forderungen vereinbart, so ist sie nur gültig und zulässig, wenn sie vor dem 1. Januar 1924 bei der Aufwertungsstelle beantragt ist (§ 7 Abs. 3 d. 1. DV.).

Werden hinsichtlich der zur Teilungsmasse des § 6 V. — s. § 2 der 3. DV. — gehörenden Werte Aufwertungsvereinbarungen getroffen, so bedürfen sie der Zustimmung der Aufsichtsbehörde — § 3 HGB. mit § 27 d. 3. DV. —. Ist die Zustimmung erteilt, so steht den Gläubigern wegen solcher Vereinbarungen gegen die Bank ein Schadensersatzanspruch nicht zu — § 8 d. 3. DV. —.

Vereinbarungen bei Versicherungsansprüchen bedürfen der Genehmigung der Aufsichtsbehörde — § 8 d. 4. DV. —.

Bezüglich der Vermögensansprüche, die keine Vermögensanlagen im Sinne der V. sind, bestand und besteht ebenfalls keine Beschränkung für Vereinbarungen der Beteiligten über die Höhe der Aufwertung.

Über die Bedeutung einer Vereinbarung in der Hypothekbestellungsurkunde, daß alle Zahlungen ausschließlich bar und in deutscher Reichswährung und in Gold geschehen müssen s. OLG. München Beschl. vom 4. Juni 1924 in BayerRpflZ. 1924 S. 202. In einer derartigen Bestimmung ist eine Vereinbarung i. S. des § 13 Abs. 1 nicht gegeben.

Über die Bedeutung von Schiedsverträgen für die Aufwertung vgl. Karger in BayerRpflZ. 1924 S. 65.

2. Abs. 2 enthält hinsichtlich der Eintragung des vereinbarten Aufwertungsbetrags in das Grundbuch, Schiffsregister oder Bahngrundbuch eine Ergänzung zu § 2 Abs. 3 V. Übersteigt der vereinbarte Aufwertungsbetrag die normale 15%ige Aufwertung nicht, so findet § 2 Abs. 3 Anwendung. Geht er aber über 15% hinaus, so greift § 2 Abs. 3 nur hinsichtlich 15% Platz. Der überschießende Betrag dagegen ist, da seine Vereinbarung nach § 13 Abs. 2 als Begründung eines neuen Schuldverhältnisses gilt, an der nächstbereiten Stelle im Grundbuch oder Register einzutragen. Ist also z. B. der Goldmarkbetrag einer erststelligen Hypothek 10000 M., und wird eine 20%ige Aufwertung vereinbart, so ist der 15%-Betrag hieraus mit 1500 Goldmark an 1. Stelle einzutragen, die restigen 5% zu 500 Goldmark dagegen an der nächstbereiten freien Stelle, also wenn z. B. das Grundstück zur Zeit der Vereinbarung mit 4 Hypotheken belastet war, an 5. Stelle.

3. Bürgschaft und Pfandrecht.

Wie wir in Anm. C II c zu § 2 V. ausgeführt haben, beschränkt sich u. E. die Haftung des Bürgen und die Möglichkeit, aus einem bestehenden Pfandrecht sich zu befriedigen, hinsichtlich der nach der V. aufzuwertenden Vermögensanlagen auf den normalen Höchstsatz der Aufwertung. Inwieweit werden nun Bürgschaften und Pfandrechte durch freiwillige Vereinbarungen einer über den normalen Höchstsatz hinausgehenden Aufwertung berührt? Solche Vereinbarungen werden für den Bürgen oder für die Befriedigung aus einem Pfandrechte ohne Bedeutung sein, wenn nicht der Bürge oder Eigentümer des Pfandes sich damit einverstanden erklärt, daß die Bürgschaft oder das Pfandrecht auch für den über 15% hinausgehenden Aufwertungsbetrag weiter bestehen soll (gleich. Ansicht Lehmann; Kipp JW. 1924 S. 483, Ziff. VII, 1. Abs. 4).

Erklären sie sich aber mit diesem Weiterbestand der Bürgschaft oder des Pfandrechts einverstanden, so ergibt sich die Frage, ob die erhöhte Aufwertung noch im ganzen Umfang das ursprüngliche Recht — so Mügel — oder hinsichtlich des über 15% hinausgehenden Aufwertungsbetrags ein neues Schuldverhältnis darstellt. Wir sprechen uns für letztere Annahme aus, dehnen also den hinsichtlich der dinglichen Rechte ausgesprochenen Grundsatz des § 13 Abs. 2 auf Bürgschaften und Pfandrechte aus. Daß dieser Grundsatz in § 13 Abs. 2 nicht auch für Bürgschaften und Pfandrechte ausgesprochen ist, kann u. E. gegen unsere Ansicht nicht verwertet werden. Es bestand eben nur ein unmittelbares Bedürfnis zu dieser Regelung hinsichtlich der dinglichen Rechte, um jede Verwirrung und verschiedenartige Behandlung in den Grundbüchern und Registern hintanzuhalten. Materiell aber sollte sie einwandfrei feststellen, daß durch höhere Aufwertungen nicht die Rechte der dem aufgewerteten dinglichen Rechte nachfolgenden dinglichen Gläubiger geschmälert werden können. Eine solche Schmälerung hätte aber darin gelegen, wenn das über

15% aufgewertete Recht in seinem ganzen Aufwertungsbetrage den Rang des aufgewerteten dinglichen Rechts bekommen hätte. Die hier ausgeschlossene Beeinträchtigung der späteren Gläubiger würde sich aber z. B. für den Nachpfändungsgläubiger ergeben, wenn entgegen unserer Ansicht die über den normalen Höchstsatz hinaus vereinbarte Aufwertung nicht als neues Schuldverhältnis gelten würde.

4. Es sind auch Zweifel darüber entstanden, ob höhere Aufwertungsvereinbarungen in dem Betrage, mit dem sie den normalen Höchstsatz übersteigen, als Schenkungen oder freigebige Zuwendungen im Sinne des § 3 ErbStG. 1923 anzusehen und demgemäß zur Schenkungssteuer heranzuziehen sind.

Bei der Aufwertungsregelung der V. wird eine ähnliche Rechtslage gegeben sein, wie sie beim Zwangsvergleich im Konkurse vorliegt. Dort besteht der durch den Zwangsvergleich nicht gedeckte Teil der Konkursforderung als „unvollkommene" Schuld weiter (vgl. Jaeger zu § 193 KO.; RGU. vom 11. Juli 1898 — Bd. 42, 118 —). Auch bei der Aufwertungsregelung der V. besteht u. E. der ausfallende Teil der Forderung in dem ursprünglichen Wert als „unvollkommene" Verbindlichkeit fort. Er kann nur nicht vom Gläubiger zur Zahlung in einem aufgewerteten — eigentlich abgewerteten — Betrage klageweise zur Zahlung erzwingen werden. Nach der E. des preuß. Verwaltungsgerichts vom 3. Februar 1919 (Deutsches Steuerblatt 1. Jahrg. S. 462) stellt aber die Zahlung von Schuldbeträgen, die auf Grund einer „unvollkommenen" Schuld geleistet wird, weder eine Schenkung noch eine sonstige Zuwendung ohne entsprechende Gegenleistung dar. Gleicher Auffassung ist Finger in Anm. 2 am Schluße zu § 3 ErbStG. 22.

Wir sprechen uns deshalb dahin aus, daß solche höhere Aufwertungen nicht der Besteuerung nach § 3 ErbStG. 23 unterliegen.

(S. auch Reichsfinanzminister Dr. Luther „Aus dem Werdegang der 3. Steuernotverordnung — JW. 1924 Nr. 8 S. 474 l. Spalte unten —.)

§ 14.

Ist die Aufwertung durch ein Sondergesetz oder durch ein beim Inkrafttreten dieser Verordnung rechtskräftiges Urteil geregelt, so finden die Vorschriften dieses Artikels keine Anwendung.

Anmerkungen.

a) Sondergesetze.

1. Hier ist einschlägig das Gesetz über die anderweitige Festsetzung von Geldbezügen aus Altenteilsverträgen vom 18. August 1923 — RGBl. I S. 815 —. Darnach können die obersten Landesbehörden bestimmen, daß wiederkehrende Leistungen aus einem mit der Überlassung eines Grundstücks in Verbindung stehenden Altenteilsvertrag (Leibgedings-, Leibzuchts- oder Auszugsvertrag) entsprechend den veränderten Verhältnissen anderweit festgesetzt werden, soweit dies der Billigkeit entspricht. Das Gleiche gilt entsprechend von Versorgungsansprüchen, welche einzelnen Familienmitgliedern gegenüber den Inhabern von bisherigen Stammgütern und Familienfideikommissen entweder nach dem noch geltenden früheren Rechte aus Gesetz, Fideikommißstiftung oder Vertrag zustehen oder im Zusammenhang mit der Auflösung der gebundenen Familiengüter begründet worden sind.

Ist für die Geldleistungen der bezeichneten Art ein dingliches Recht bestellt, so kann auch dieses Recht in der gleichen Weise, wie sie von den obersten Landesbehörden für die Geldleistungen bestimmt wird, aufgewertet werden. In dieser Hinsicht ist eine Einschränkung für den Fall getroffen, daß der Eigentümer des belasteten Grundstücks nicht zugleich der aus dem Vertrage persönlich Verpflichtete ist. Dann erfolgt die Erweiterung des dinglichen Rechts höchstens in dem Verhältnis, in dem sich seit dem Erwerbe des Grundstücks durch den derzeitigen Eigentümer die Geldsumme, die den Wert des Grundstücks ausdrückt, infolge der allgemeinen Geldentwertung sich erhöht hat.

Die Entscheidung über diese Aufwertung nach dem Gesetz vom 18. August 1923 erfolgt durch das Amtsgericht in einem Einigungsverfahren.

Die Erweiterung der dinglichen Schuld ist hier an der nächstbereiten Stelle im Grundbuch einzutragen.

— Vgl. auch z. B. die diesbezügliche bay. V. vom 14. Dezember 1923 (GVBl. S. 390 ff.) und preuß. V. vom 8. September 1923 (GS. 433) s. zu letzterer Mügel zu § 14. —

Hinsichtlich Aufwertung von Altenteilsrückständen s. Fabisch in JW. 1924 S. 776; ferner „Altenteilsverträge und Geldentwertung. Unterschied von Rentenkauf" RGU. vom 22. September 1924 — JW. 1924 S. 813 —.

2. Nach Mügel Anm. 2 zu § 14 gehört hierher auch die gesetzliche Regelung über Abänderung von Pachtverträgen durch die Pachtschutzämter — vgl. bei uns Anm. II, b 6 α zu § 12 —.

3. Lehmann will als derartiges Sondergesetz auch das Reichsausgleichgesetz betrachtet wissen. Wir glauben aber, daß dieses Gesetz keine Aufwertung, sondern lediglich Bestimmungen über die für die dort bezeichneten Forderungen zu gewährende Entschädigung enthält. Das Gleiche wird für das Gesetz über Enteignungen und Entschädigungen aus Anlaß des Friedensvertrages zu gelten haben — vgl. hinsichtlich beider Gesetze Vorbem. VI zu Art. I —.

b) Rechtskräftiges Urteil.

S. besonders §§ 325 ff. ZPO.

Das Urteil muß am 14. Februar 1924 rechtskräftig gewesen sein. War die Rechtskraft an diesem Tage noch nicht eingetreten, so können die Beteiligten das Verfahren vor der Aufwertungsstelle aufnehmen.

Durch eine rechtskräftige Entscheidung über die Aufwertung der persönlichen Forderung allein wird die Aufwertung des dinglichen Rechts nicht berührt. Hinsichtlich letzterer greifen wieder die Vorschriften der V. Platz (s. auch Mügel Anm. 1 zu § 14).

Trotz Vorliegens einer rechtskräftigen Urteils wird aber eine Wiederaufrollung der Aufwertungsfrage nach der V. dann in Frage kommen, wenn die Voraussetzungen für eine Restitutionsklage nach § 580 ZPO. gegeben sind.

§ 15.

Rechte, Ansprüche und Befugnisse, die auf vor dem Inkrafttreten dieser Verordnung abgeschlossenen internationalen Vereinbarungen oder den zu ihrer Durchführung erlassenen Gesetzen beruhen oder die zur Erfüllung von Verpflichtungen aus solchen Vereinbarungen begründet sind, bleiben unberührt.

Anmerkungen.

Hier ist einschlägig das Gesetz vom 9. Dezember 1920 über das Abkommen zwischen dem Deutschen Reich und der schweizerischen Eidgenossenschaft betr. schweizerische Goldhypotheken in Deutschland — RGBl. 1920 S. 2023ff. —, das Gesetz über das Zusatzabkommen zu diesem Abkommen vom 23. Juni 1923 — RGBl. II S. 284ff. —, ferner AusfB. vom 25. Juni 1923 — RGBl. II S. 291 —, und vom 9. Februar 1924 — RGBl. II S. 40 —.

Goldhypotheken im Sinne des Abkommens vom 9. Dezember 1920 sind die vor dem 31. Juli 1914 entstandenen, auf Mark lautenden und durch Hypothek an einem deutschen Grundstück gesicherten Geldforderungen, die nach dem Beleihungsvertrage durch Rückzahlung der Leihsumme oder dieser und der Zinsen „in Gold", „in deutschem Golde", „in deutscher Reichsgoldmünze", „in deutschen Goldmünzen", „in deutscher Goldwährung", „in klingender Münze", „in klingendem Gelde" zu erfüllen sind oder für die eine ähnliche zum Schutze des ausländischen Gläubigers gegen die Entwertung der deutschen Mark dienende, die Erfüllung der Verpflichtungen in Gold vorsehende Klausel (Goldklausel) vereinbart ist.

In Art. II des Abkommens sind Stundungen bis zu 10 und 15 Jahren für die Heimzahlung und Erleichterungen hinsichtlich der Leistung von Zinsen vorgesehen. In Art. III ist bestimmt, daß die Heimzahlung entweder in Gold zum Satze der deutschen Goldwährung nach Maßgabe des deutschen Münzgesetzes vom 1. Juni 1909 — RGBl. S. 507ff. — oder dergestalt in Papiergeld zu erfolgen hat, daß der Gläubiger für 100 geschuldete Mark 123,45 Schweizer Franken erhält.

Die in dem Abkommen enthaltene Erweiterung der Rechte der schweizerischen Goldhypothekgläubiger erstreckt sich aber nach dem RGU. vom 20. Mai 1922 (Bd. 104, 352) nur auf ihre persönlichen Forderungen, nicht auch auf ihre dinglichen Ansprüche. Die Aufwertung ihrer dinglichen Ansprüche richtet sich daher ebenfalls nach § 2 V. — s. auch RGU. vom 5. April 1924 (Bd. 108 S. 151).

Artikel II.

Öffentliche Anleihen.

§ 16.

(1) Die Verzinsung und Einlösung von Anleihen des Reichs und der Länder, die vor dem Inkrafttreten dieser Verordnung aufgenommen worden sind und auf Reichsmark lauten, kann bis zur Erledigung sämtlicher Reparationsverpflichtungen nicht gefordert werden. Dies gilt nur für Schuldverschreibungen und Schuldbuchforderungen sowie für solche andere Anleihen, bei denen nicht eine Verpflichtung zur Rückzahlung der ganzen Anleihe innerhalb zweier Jahre nach der Aufnahme der Anleihe besteht.

(2) In den Fällen des Abs. 1 ist der Gläubiger bis auf weiteres nicht verpflichtet, den Reichsmarkbetrag von Zins und Kapital zum Nennbetrag als Schulderfüllung anzunehmen.

(3) Die Vorschriften der Abs. 1, 2 gelten auch für Gemeinden und Gemeindeverbände, soweit nicht durch Reichsgesetz etwas anderes bestimmt wird. In Einzelfällen kann die oberste Landesbehörde beim Vorliegen besonderer Verhältnisse für die Anleihe einer Gemeinde oder eines Gemeindeverbandes eine von den Vorschriften des Abs. 1 abweichende Regelung treffen.

(4) Die Verzinsung von Anleihen, die nach dem 1. Januar 1923 aufgelegt worden sind, wird durch die Bestimmungen der Abs. 1 bis 3 nicht berührt, soweit die Zinsen in Reichsmark zum Nennwert gezahlt werden.

(5) Bei der Aufnahme neuer Anleihen kann bestimmt werden, daß sie mit Vorrang vor den im Abs. 1 bezeichneten Anleihen zu verzinsen und zu tilgen sind. Bei Anleihen der Gemeinden und Gemeindeverbände bedarf diese Bestimmung der Zustimmung der obersten Landesbehörde.

(6) Die Reichsregierung kann mit Zustimmung des Reichsrats die für Gemeinden geltenden Vorschriften der Abs. 1 bis 5 auf die Anleihen anderer öffentlich-rechtlicher Körperschaften und Anstalten sowie auf die im § 41 des Hypothekenbankgesetzes bezeichneten Schuldverschreibungen für anwendbar erklären.

Anmerkungen.

1. Hat schon die Aufwertungsregelung des Art. I lebhaften Widerspruch gefunden, so wurde diejenige des Art. II hinsichtlich der öffentlichen Anleihen als gänzlich ungenügend erklärt. Sie war jedoch, soweit öffentliche Anleihen des Reichs und der Länder in Frage kommen, durch die infolge der Lasten des Friedensvertrages von Versailles bedingte überaus mißliche finanzielle Lage des Reichs und der Länder veranlaßt, die nach Auffassung der Regierung eine gegenwärtige Aufwertungsregelung dieser öffentlichen Anleihen ausschließt.

Vgl. auch Einleitung hinsichtlich der Rechtsgültigkeit der Regelung des § 16.

2. Nach Gareis „Das deutsche Handelsrecht" ist die öffentliche Anleihe dadurch gekennzeichnet, daß der Kreditsuchende (Darlehensuchende) an alle diejenigen, welche ihm möglicherweise Kredit in bestimmter Form gewähren, zugleich sich wendet und darnach das geldwerte Vertrauen, das er in der Öffentlichkeit genießt, durch ebensoviele Darlehensabschlüsse flüssig macht, als sich Kreditgewährende aus dem Publikum einfinden, bis die Höhe, bis zu der er Darlehen aufnehmen will, erreicht ist.

Öffentliche Anleihen sind der vom Reich, den Ländern und den Gemeinden (Gemeindeverbänden) am meisten beschrittene Weg, Kredit flüssig zu machen. Es sind zu unterscheiden die Fälle, in denen das Darlehen bald zurückgezahlt werden soll (schwebende Schuld — Schatzanweisungen —) und solche, bei denen der Kreditsuchende sich mit der Rückzahlung Zeit lassen will, wenn er die Tilgung nicht überhaupt ausschließt, so daß die Lösung der Frage, ob und wann er zurückzahlt, ganz in sein Belieben gestellt ist (fundierte Schuld — die eigentlichen Staatsanleihen, wie z. B. Kriegsanleihen, Zwangsanleihen —) vgl. Reichsschuldenordnung vom 19. März 1900, RGBl. S. 129.

Nicht unter Art. II fallen demgemäß von vornherein Schulden aus Verbindlichkeiten, die das Reich, die Länder oder Gemeinden (Gemeindeverbände) auf anderem Weg eingegangen haben, z. B. infolge gegenseitiger Verträge. Ihre Aufwertung bestimmt sich nach den Vorschriften des Art. I oder nach allgemeinen Normen des bürgerlichen Rechts.

3. Die Bestimmungen des § 16 beziehen sich zunächst auf die öffentlichen Anleihen des Reichs oder der Länder, die eine fundierte Schuld darstellen — hinsichtlich der Schuldbuchforderungen s. Reichsschuldbuchgesetz in der Fassung vom 31. Mai 1910 (RGBl. S. 840ff.) — und dann auf solche andere Anleihen, bei denen nicht eine Verpflichtung zur Rückzahlung der ganzen Anleihe innerhalb zweier Jahre nach der Aufnahme der Anleihe besteht, also auf Schatzanweisungen, die auf mehr als zwei Jahre ausgestellt sind, wie sie das Reich seit Anfang dieses Jahrhunderts des öfteren begeben hat (Saling I).

Voraussetzung ist aber, daß diese Schuldverschreibungen usw. vor dem 14. Februar 1924 aufgenommen worden sind und auf Reichsmark lauten. Soweit die Schuldverschreibungen und Schatzanweisungen auf ausländische Währung lauten (s. z. B. § 3 Gesetz vom 31. März 1920 betr. die Feststellung eines 3. Nachtrags zum Reichshaushaltsplan für das Rechnungsjahr 1919 — RGBl. 1920 I S. 421 —, Gesetz über die Ausgabe von Dollarschatzanweisungen vom 2. März 1923 — RGBl. I S. 155 —, Goldanleihen) kommen sie für die Regelung nach § 16 nicht in Betracht. — S. auch § 1 Abs. 2 Ziff. 8 V.! —

4. Ist in Abs. 1 eine Verpflichtung des Reichs oder der Länder zur Aufwertung der bestimmten Anleihen bis zu einem bestimmten Zeitpunkt ausgeschlossen, so braucht nach Abs. 2 der Gläubiger eine ihm etwa angebotene Zahlung des Reichsmarkbetrages von Kapital und Zins zum Nennbetrag nicht anzunehmen. Diese Berechtigung ist ihm allerdings nur „bis auf weiteres" zugesprochen; sie kann also durch Gesetz auch wieder entzogen werden.

Bei Schuldverschreibungen, auf welche § 16 Abs. 1 keine Anwendung findet, braucht der Gläubiger natürlich die Rückzahlung der Forderung in Reichsmark zum Nennwert ebenfalls nicht als Erfüllung anzunehmen (s. auch Lehmann).

5. Die für die Anleihen des Reichs und der Länder getroffene Regelung des Abs. 1 gilt nach Abs. 3 auch für gleichartige Anleihen von Gemeinden und Gemeindeverbänden — im politischen Sinn — soweit nicht durch Reichsgesetz etwas anderes bestimmt wird oder in Einzelfällen beim Vorliegen besonderer Verhältnisse — z. B. besonders günstige finanzielle Lage einer Gemeinde (s. auch Mügel Anm. 2 zu § 16) — durch die oberste Landesbehörde eine von den Vorschriften des Abs. 1 abweichende Regelung getroffen wird — s. auch hier § 1 Abs. 2 Ziff. 8 V.! —.

Auch bei Anleihen der Gemeinden und Gemeindeverbände besteht bis auf weiteres für den Gläubiger keine Verpflichtung, den Reichsmarkbetrag von Zins und Kapital zum Nennbetrag anzunehmen.

6. Die Zinsen von Anleihen, die nach dem 1. Januar 1923 aufgelegt worden sind, sind unverändert weiter zu bezahlen. Man wird hier mit Mügel einen Aufwertungsanspruch hinsichtlich dieser Zinsen auszuschließen haben. Lehmann verneint einen Annahmezwang für die Gläubiger.

7. Abs. 5 enthält eine schwere Bedrohung der ohnehin geringen Rechte der Gläubiger von im Abs. 1 u. 3 bezeichneter Forderungen. Es ist zuzugeben, daß eine solche Rangänderung im Belange einer neuen, vielleicht sonst unmöglichen Kreditaufnahme liegen kann. U. E. müssen aber die wirtschaftlichen Gründe für eine solche Rangänderung sehr schwerwiegende sein, wenn sie eine solche weitere Beeinträchtigung der ohnehin sehr problematischen Gläubigerrechte aus früheren Anleihen rechtfertigen können.

8. Abs. 6.

Die hier vorgesehene Möglichkeit, die Aufwertung von Anleihen anderer öffentlich-rechtlicher Körperschaften und Anstalten, als des Reichs, der Länder und Gemeinden (Gemeindeverbänden) sowie von Schuldverschreibungen, wie sie im § 41 HGB. bezeichnet sind — s. Anm. B V zu § 1 V. — bis auf weiteres auszusetzen, wie überhaupt auf sie die Bestimmungen der Abs. 1—5 anzuwenden, kann nur wieder solche Anleihen ergreifen, die vor dem 14. Februar 1924 aufgenommen sind und auf Reichsmark lauten. Doch ist auch hier auf § 1 Abs. 2 Ziff. 8 V. zu achten.

Artikel IV.

Bewertung von Reichsmarkforderungen und -schulden für Steuern.

§ 38.

(1) Forderungen und Schulden, die auf Reichsmark lauten, und die bis zum 31. Dezember 1923 weder durch Vereinbarung noch durch rechtskräftige Entscheidung aufgewertet worden sind, sind bei der Vermögenssteuerveranlagung zum 31. Dezember 1923 auch dann mit dem Papiermarknennbetrag unter Umrechnung in Goldmark gemäß Artikel II § 3 Abs. 1 Nr. 8 der Zweiten Steuernotverordnung vom 19. Dezember 1923 (RGBl. I S. 1205) zu bewerten, wenn die Möglichkeit einer Aufwertung besteht. Entsprechendes gilt für die in Schuldverschreibungen oder Pfandbriefen verbrieften Forderungen und Schulden, sofern nach den am 31. Dezember 1923 maßgebenden Bedingungen die Zinszahlung und die Rückzahlung des Kapitals ausschließlich auf Reichsmark abgestellt ist.

(2) Die Bestimmung des Abs. 1 findet auf die Erbschaftssteuerveranlagung bei Erwerben, für welche die Steuerschuld nach dem 30. Juni 1923 entstanden ist oder entsteht, mit der Maßgabe Anwendung, daß an Stelle des 31. Dezember 1923 der nach § 31 des Erbschaftssteuergesetzes maßgebende Zeitpunkt tritt.

Anmerkungen.

Für die Bewertung der in § 38 genannten Forderungen und Schulden hinsichtlich der Vermögens-, Erbschafts- und Schenkungssteuerveranlagung sind besondere Bestimmungen getroffen, welche die Aufwertungsregelung des Art. I V. völlig wirkungslos machen. Der Grund hierfür wird wohl der gewesen sein, daß die Veranlagung der genannten Steuern nicht durch die unter Umständen sich weit hinausschiebende Feststellung der wirklichen Aufwertung (Streit über Vorliegen eines Vorbehalts: Antrag auf Herabsetzung des normalen Höchstsatzes von 15%!) behindert werden durfte. Solange also nicht feststand, ob und in welchem Umfang eine Aufwertung tatsächlich erfolgte, konnte eine Regelung schließlich nur dahin getroffen werden, daß sowohl die Forderungen auf der einen Seite als auch die Schulden auf der anderen Seite nur mit dem Nennbetrag angesetzt wurden. Einer anderen Regelung hätten wohl Bedenken entgegengestanden, weil als feststehend angenommen werden darf, daß eine schematisch gleichmäßige Aufwertung der verschiedenen Arten von Forderungen und Schulden nicht in Frage kommen wird, die allein nachträgliche Berichtigungen der Veranlagung hätte vermeiden können.

Soweit diese Forderungen als Aktiva in Frage kommen, werden die Steuerpflichtigen mit der Regelung des § 38 sehr einverstanden sein. Sind sie aber als Passiva abzuziehen, so bedeutet diese Bestimmung für die Steuerpflichtigen allenfalls eine nicht unwesentliche Härte.

1. Vermögenssteuer.

In den §§ 38, 40, 44 VStDB. ist die Bestimmung des § 38 V. nochmals wiederholt. Da am 31. Dezember 1923 der Goldmarkumrechnungssatz 1 Billion war, treten für die Vermögenssteuer wohl die wenigsten der betreffenden Forderungen und Schulden praktisch in Erscheinung.

2. Erbschafts- und Schenkungssteuer.

Daß die für die Vermögenssteuer getroffene Regelung auch für diese beiden Steuern, die ja nach gleichen Grundsätzen veranlagt werden, gilt, ist in den §§ 8, 10 DB. über die Bewertung des Vermögens bei der Erbschaftssteuer 1923 — RStBl. 1924 S. 135ff. — nochmals festgelegt.

Es tritt aber für die Umrechnung in Goldmark an Stelle des 31. Dezember 1923 der nach § 31 ErbStG. 1923 maßgebende Zeitpunkt, also der Zeitpunkt des Entstehens der Steuerschuld, d. i. bei Erbfällen: der Todestag des Erblassers, bei Schenkungen unter Lebenden: der Zeitpunkt der Ausführung der Schenkung, bei Zweckzuwendungen: der Eintritt der Verpflichtung des Beschwerten — § 18 Abs. 1 ErbStG. 1923 —.

Die hier getroffene Regelung kommt für sämtliche Erbfälle, Schenkungen und Zweckzuwendungen in Betracht, bei denen die Steuerschuld nach dem eben ausgeführten nach dem 30. Juni 1923 entstanden ist. Bei den Anfällen, die bald nach diesem Tag eingetreten sind, kann immerhin bei Forderungen und Schulden aus neuerer Zeit die Umrechnung in Goldmark Beträge ergeben, die für die Steuer von Bedeutung sind. Im allgemeinen aber werden diese Forderungen und Schulden auch für die Erbschafts- und Schenkungssteuer ohne praktische Bedeutung sein. Außerdem ist in Ziff. III a der Anleitung zur Erbschaftssteuererklärung gestattet, die einschlägigen Schuldverschreibungen nur dann in der Steuererklärung einzusetzen, wenn der in Goldmark 'mgerechnete Nennbetrag aller Schuldverschreibungen 20 Goldmark übersteigt. Die gleiche Regelung ist in Ziff. III b für die nach § 38 V. in Frage kommenden Forderungen getroffen.

Nach Ziff. V der gleichen Anleitung ist bei der Umrechnung in Goldmark, sofern der Todestag in die Zeit vom 1. Juli bis zum 31. August 1923 fällt, der laufende Kurs (Mittelkurs) des Dollars an der Berliner Börse, sofern der Todestag in die Zeit vom 1. September bis zum 19. November 1923 fällt, der Goldumrechnungssatz für Reichssteuern zugrunde zu legen, und sofern der Todestag in die Zeit nach dem 19. November 1923 fällt, eine Billion Papiermark dem Werte einer Goldmark gleichzusetzen.

Artikel III.

A. Geldentwertungsausgleich zugunsten des Reichs.

Vorbemerkung.

Die 3. Steuernotverordnung macht den Versuch, die Geldentwertungsgewinne steuerlich zu erfassen. In diese Steuerquelle teilt sich das Reich mit den Ländern. Das Reich hat sich in Art. III A den Geldentwertungsausgleich bei Schuldverschreibungen, die Obligationensteuer, den Geldentwertungsausgleich bei Inanspruchnahme von Krediten und bei Ausgabe von Notgeld vorbehalten, den Ländern dagegen den Geldentwertungsausgleich für bebaute und unbebaute Grundstücke, ferner bei Holzverkäufen aus Forsten öffentlicher Körperschaften überlassen. In den Rahmen unserer Darstellung fällt der Geldentwertungsausgleich zugunsten des Reichs. In ihm nimmt den wichtigsten Teil die Obligationensteuer ein, der Geldentwertungsausgleich bei Inanspruchnahme von Krediten und bei Ausgabe von Notgeld harrt noch seines gesetzgeberischen Ausbaues.

Der Aufbau der Obligationensteuer ist folgender:

§ 17 regelt den Kreis der Personen, die der Steuer unterworfen sind, § 18 bestimmt den Begriff der Schuldverschreibungen, § 19 enthält Steuerbefreiungen, § 20 bestimmt den Steuerschuldner, § 21 regelt Bemessungsgrundlage und Tarif, § 22 betrifft Einzelheiten der Steuerberechnung, § 23 Fälligkeit und Zahlungsweise.

Art. III A, 1. V. wird ergänzt durch die Durchführungsbestimmungen des Reichsministers der Finanzen III. DV. 707 vom 29. Februar 1924, Reichsanzeiger Nr. 81 vom 29. Februar 1924. Über eine allerdings geringfügige Änderung der Durchführungsbestimmungen s. Anm. zu § 23.

Über die wirtschaftliche Berechtigung der Obligationensteuer sind die Meinungen geteilt wie auch der Zuversicht auf ihren steuerlichen Erfolg erhebliche Bedenken entgegengestellt werden. Es ist mit Recht darauf hingewiesen worden, daß der durch die Geldentwertung bereicherte Schuldverschreibungsschuldner, der in der Hauptsache in Unternehmungen der deutschen Wirtschaft zu suchen sein wird, seinerseits in vielfacher Beziehung der Geldentwertung ausgesetzt war und daß es ihm wohl in den wenigsten Fällen gelungen sein wird, diesen Geldentwertungsgewinn seinem Unternehmen tatsächlich zu erhalten. Erst jetzt beim Umstellungsprozeß unserer Wirtschaftsunternehmungen in Goldmark treten die Substanzverluste augenfällig in Erscheinung. Diese Bedenken übersieht auch die Begründung zum Entwurf einer 3. StNV. nicht, ist jedoch trotzdem der Meinung, daß die finanzielle Notlage des Reiches sowie die Gerechtigkeit die Steuer notwendig machen.

Steuerwissenschaftlich ist die Obligationensteuer, welche den durch Geldentwertung eingetretenen Vermögenszuwachs erfassen will, eine Vermögenszuwachssteuer, vgl. hierzu Pape, Einleitung S. 229. Pape tadelt die Steuer insofern, als sie eine einseitige Interessenpolitik erkennen lasse. Es sei bedauerlich, daß die Benachteiligung der Gläubiger, deren Aufwertungsanspruch auf 15% herabgedrückt sei, in keinem Verhältnis zu der Besteuerung der Schuldner stehe.

1. Geldentwertungsausgleich bei Schuldverschreibungen.

§ 17.

Von solchen natürlichen Personen, Personenvereinigungen und juristischen Personen des Privatrechts, die zur Tilgung von Schuldverschreibungen berechtigt oder verpflichtet gewesen sind oder noch sind, wird eine Steuer nach den Bestimmungen der §§ 18 bis 23 erheben.

Anmerkungen.

A. § 17 bestimmt den Kreis derjenigen Schuldner, die mit ihren Geldentwertungsgewinnen aus Schuldverschreibungen zur Besteuerung herangezogen werden (Subjektive Steuerpflicht). Steuerpflichtig sind grundsätzlich alle natürlichen Personen, von den Personenvereinigungen und juristischen Personen nur diejenigen des Privatrechts. Ausgenommen von der Besteuerung sind demnach die juristischen Personen des öffentlichen Rechts und zwar nicht nur Reich, Länder, Gemeinden und Gemeindeverbände, sondern grundsätzlich alle juristischen Personen des öffentlichen Rechts, die Religionsgesellschaften mit ihren Vermögensträgern, soweit sie dem öffentlichen Recht angehören, die öffentlichen Anstalten und Stiftungen. Steuerpflichtig sind dagegen von den natürlichen Personen abgesehen die sämlichen Formen von Personenvereinigungen, vor allem die Gesellschaften des Handelsrechts, die offenen Handels- und Kommanditgesellschaften, ferner die Gesellschaft des bürgerlichen Rechts in ihren speziell in der Nachkriegszeit mannigfachen Anwendungsformen als Konsortialgesellschaften und Interessengemeinschaften. Steuerpflichtig sind endlich alle juristischen Personen privatrechtlicher Art wie die Kapitalgesellschaften des Handelsrechts, die Aktiengesellschaft, Kommanditgesellschaft auf Aktien und G. m. b. H. Voraussetzung für die Steuerpflicht dieses Personenkreises ist, daß es sich um „inländische Schuldner" handelt. S. hierüber § 18 Anm. A.

B. Materiellrechtliche Voraussetzung der Steuerpflicht für diese Personen und Personengruppen ist, daß sie zur Tilgung von Schuldverschreibungen berechtigt oder verpflichtet gewesen sind oder noch sind. Über den Begriff der Schuldverschreibung s. Anm. zu § 18, über die Entstehung der Pflicht zur Tilgung von Schuldverschreibungen s. Anm. zu § 20 über Ausnahmen von der Steuerpflicht s. Anm. zu § 19.

§ 18.

(1) Schuldverschreibungen im Sinne dieser Bestimmungen sind:

a) die im § 25 Abs. 1 zu a des Kapitalverkehrssteuergesetzes vom 8. April 1922 (RGBl. I S. 354) bezeichneten Schuld- oder Rentenverschreibungen inländischer Schuldner,

b) schuldverschreibungsähnliche Aktien inländischer Aktiengesellschaften und Kommanditgesellschaften auf Aktien, soweit sie bis zum Inkrafttreten dieser Verordnung getilgt sind. Als schuldverschreibungsähnliche Aktien gelten Aktien, bei denen der Gewinnanteil und der Anteil am Liquidationserlöse sowie im Falle der Einziehung nach § 227 des Handelsgesetzbuchs der Rückzahlungsbetrag auf einen Hundertsatz des Nennbetrages beschränkt ist, es sei denn, daß es sich um Aktien handelt, die ein über die Vorschriften des § 252 Abs. 1 Satz 2, § 320 Abs. 3 des Handelsgesetzbuchs hinausgehendes Stimmrecht gewähren.

(2) Zwischenscheine über Einzahlungen stehen den Verschreibungen oder Aktien gleich.

Anmerkungen.

Unter Schuldverschreibungen im Sinne der Obligationensteuer sind die in § 25 Abs. 1 a des Kapitalverkehrsteuergesetzes vom 8. April 1922 (RGBl. I S. 354) bezeichneten Schuld- oder Rentenverschreibungen inländischer Schuldner mit den sog. Aktienobligationen zusammengefaßt.

A. Zu den Schuld- oder Rentenverschreibungen im Sinne des § 25 Abs. 1 a des Kapitalverkehrsteuergesetzes gehören verzinsliche Schuldverschreibungen und Rentenverschreibungen, falls sie

1. auf den Inhaber lauten oder
2. durch Indossament übertragbar sind oder
3. in Teilabschnitten ausgefertigt sind und zwar auch dann, wenn sie nicht ausdrücklich als Teilschuldverschreibungen oder Teilrentenverschreibungen bezeichnet sind oder
4. mit Zins- oder Rentenscheinen oder solchen Scheinen versehen sind, die den Schuldner berechtigen, an den Inhaber der Scheine Zinsen oder Renten zu zahlen.

Demnach fallen Rekta- oder Namenspapiere nicht unter die Steuerpflicht. Wegen der Steuerbefreiung der Pfandbriefe s. § 19 Ziff. 1 V. Von der Obligationensteuer werden nur die Schuldverschreibungen von inländischen Schuldnern erfaßt. Damit sind die Schuldverschreibungen, die im Zeitpunkt des Inkrafttretens der V. am 14. Februar 1924 ausländische Schuldner als Erfüllungsverpflichtete hatten oder von ausländischen Schuldnern vor diesem Zeitpunkt getilgt wurden, der Obligationensteuer nicht unterworfen. Dies kann dann in Frage kommen, wenn eine inländische Gesellschaft, welche Schuldverschreibungen ausgegeben hatte, vor dem Inkrafttreten der V. von einer ausländischen übernommen wurde.

Es entsteht die Frage, nach welchen Gesichtspunkten sich ein Schuldner von Schuld- oder Rentenverschreibungen als inländischer Schuldner qualifiziert.

Der Betriff des inländischen Steuerschuldners ist im engen Rahmen der V. nicht festgelegt. Er kann nur der verwandten Steuer- und sonstigen Gesetzgebung entnommen werden. Einen Anhaltspunkt für sein Verständnis bietet für den praktisch wichtigsten Fall § 25 KVStG., der die ausländische

Gesellschaft juristisch bestimmt. Darnach sind als ausländische Gesellschaften solche Gesellschaften anzusehen, die ihren Sitz im Ausland haben und bei denen sich der Ort der Leitung im Ausland befindet. Sitz und Leitung müssen deshalb im Ausland sein. Dies, um zu verhüten, daß aus Gründen der Steuerumgehung der Sitz von Gesellschaften, deren tatsächliche Leitung im Reichsgebiet ist, formellrechtlich durch Vereinbarung im Gesellschaftsvertrag ins Ausland verlegt wird. Der „Sitz" der Gesellschaft ist ein juristischer Begriff, der von dem Ort der tatsächlichen Leitung verschieden sein kann.

Über die Steuerpflicht der Teilschuldverschreibungen vgl. noch Pape, Anm. zu § 18 zu 3, 4, der in Anlehnung an Weinbach S. 149 ausführt, daß für Teilschuldverschreibungen eine einheitliche Schuldenbestätigung, ein einheitliches Schuldanerkenntnis über den Gesamtbetrag der Anleihe nicht erforderlich ist.

B. Die zweite steuerpflichtige Gruppe bilden die schuldverschreibungsähnlichen Aktien. Hierunter sind nach Abs. I b Aktien zu verstehen, welche an der Dividendenausschüttung, am Liquidationserlös und im Falle der Amortisation am Rückzahlungsbetrag nur bis zu einem schon bei Ausgabe der Aktien festgesetzten Hundertsatz des Nennbetrages teilnehmen, es sei denn, daß mit diesen Aktien gleichzeitig ein mehrfaches Stimmrecht verbunden ist (Stimmrechtsaktien, wobei es unerheblich ist, in welcher Richtung sich das Mehrstimmrecht bewegt, vgl. Pape, Anm. B zu § 18 S. 239 Abs. II). Die Ursache der Gleichstellung dieser Aktien ist aus der V. nicht zu entnehmen. Sie dürfte jedoch darin zu suchen sein, daß Aktien mit beschränkten Vermögensrechten wirtschaftlich ähnliche Funktionen erfüllen wie Schuldverschreibungen. Im Gegensatz zu den Schuldverschreibungen des § 18 Abs. I a fallen die Aktienobligationen nur dann unter die Obligationensteuer, wenn sie bis zum Inkrafttreten der V. am 14. Februar 1924 getilgt sind. Über den Begriff der Tilgung s. Anm. zu § 22 B III. Diese Einschränkung erklärt sich damit, daß sie erforderlich war, um der Umwandlung derartiger Aktien in Goldmarkaktien nicht vorzugreifen. Die Art der Umwandlung dieser Aktien in Goldmarkaktien ist inzwischen durch § 28 der 2. V. zur Durchführung der Verordnung über Goldbilanzen vom 28. März 1924 erfolgt.

Infolge der Bestimmung des § 19, Abs. II a sind jedoch Aktienobligationen soweit sie schon vor dem 1. Januar 1918 getilgt sind, steuerfrei. Es handelt sich nicht, wie Warneyer-Koppe, Anm. 2 zu § 18 annimmt, um eine übertragene Anwendung des § 19 Abs. II, die Steuerfreiheit ergibt sich vielmehr unmittelbar aus dieser Bestimmung, weil nach § 18 Abs. I Eingang die Aktienobligationen Schuldverschreibungen im Sinne dieser Bestimmungen sind. Dies scheint auch Pape, Anm. B zu § 18 S. 238 zu übersehen. Auch für die Aktienobligationen ist Voraussetzung der Steuerpflicht, daß sie von inländischen Gesellschaften ausgegeben sind.

In Anm. B zu § 18 S. 238 Abs. V erörtert Pape die für die Praxis doch kaum wesentliche Frage, ob in der Umwandlung von Aktienobligationen in Stammaktien eine Tilgung im Sinne des § 18 Abs. II b zu erblicken ist und kommt hierbei zu dem Ergebnis, daß dies Tatfrage sei und davon abhänge, ob die an Stelle der Aktienobligation erworbene Stammaktie an Erfüllungsstatt übernommen wurde.

Ebenso und nach denselben Grundsätzen wie die Obligationen oder Aktienobligationen sind auch die Zwischenscheine über Einzahlungen der Steuer unterworfen. Derartige Zwischenscheine oder wie sich das Aktienrecht (§ 179 Abs. III HGB.) ausdrückt „Interimsscheine" vertreten die Aktien bzw. Schuldverschreibungen bis zu deren Ausstellung im Rechtsverkehr. Quittungen über Einzahlungen sind rechtlich keine Zwischenscheine, dagegen fallen unter diesen Begriff die sog. Obligationspromessen, die den Anspruch auf die endgültige Schuldverschreibung gewährleisten, vgl. Koppe-Warneyer, Anm. 3 zu § 18.

§ 19.

(1) Von der Steuer sind Grundkreditanstalten und Schiffsbeleihungsbanken befreit.

(2) Der Steuer unterliegen ferner nicht:

a) Schuldverschreibungen, die vor dem 1. Januar 1918 getilgt worden sind,

b) wertbeständige oder auf ausländische Währung lautende Schuldverschreibungen,

c) Schuldverschreibungen, soweit für sie bebaute Grundstücke haften, die durch eine auf Grund der §§ 26 bis 32 erlassene Steuer besonders erfaßt werden.

Anmerkungen.

§ 19 Abs. I behandelt die Befreiung von der subjektiven Steuerpflicht, § 19 Abs. II zählt diejenigen Schuldverschreibungen auf, die ohne Rücksicht auf die Person des Schuldners von der Steuer ausgenommen sind.

A. Grundkreditanstalten und Schiffsbeleihungsbanken sind von der Steuer befreit. Über den Begriff der Grundkreditanstalt und Schiffsbeleihungsbank s. Anm. B V b zu § 1, ferner § 5 Abs. II DB. Die Ursache für die Steuerbefreiung dieser Institute liegt in ihrer Bedeutung für den Immobilien- und Schiffskredit.

B. Zu § 19 Abs. II:

I. Zunächst unterliegen der Steuer nicht Schuldverschreibungen, die vor dem 1. Januar 1918 getilgt worden sind. Unter Schuldverschreibungen sind auch die Aktienobligationen zu verstehen, Anm. B zu § 18. Über den Begriff der Tilgung s. Anm. B III zu § 22. Die Befreiung kann nur insoweit in Anspruch genommen werden, als die Tilgung bis zum 31. Dezember 1918 erfolgt ist. Sind vor dem 1. Januar 1918 ausgegebene Schuldverschreibungen zum Teil bis zum 31. Dezember 1917 getilgt, so fällt der vor dem 1. Januar 1918 noch nicht getilgte Betrag unter die Steuer.

Der Gesetzgeber unterstellt damit ähnlich wie z. B. in § 2 Abs. II und § 22 Abs. I, daß vor dem 1. Januar 1918 eine Geldentwertung nicht eingetreten ist.

Diese Annahme ist nicht vollkommen zutreffend, vereinfacht jedoch die praktische Handhabung. Insoweit liegt deshalb ein Geldentwertungsgewinn und damit ein Steuerobjekt nach Auffassung des Gesetzgebers nicht vor.

II. Von der Steuer sind ferner ausgenommen wertbeständige oder auf ausländische Währung lautende Schuldverschreibungen. Über den Begriff der Wertbeständigkeit s. die außerordentlich klaren Ausführungen in § 7 der Durchführungsbestimmungen. Wertbeständigkeit ist dann gegeben, wenn die Wirkung des Währungsverfalls durch Anknüpfung an einen bestimmten Sachwert paralysiert wird. Wertbeständig in diesem Sinn sind deshalb z. B. Schuldverschreibungen, deren Wert durch Zugrundelegung des jeweiligen Preises einer bestimmten Einheit wirtschaftlicher Erzeugnisse (Kohlen, Kali, Roggen usw. Anleihen) bestimmt wird. Die auf ausländische Währung lautenden Schuldverschreibungen sind vom deutschen Währungsverfall unabhängig und sind deshalb weder Gegenstand der Aufwertung noch der Geldentwertungsbesteuerung.

B. III. Schließlich unterliegen der Steuer nicht Schuldverschreibungen, soweit für sie bebaute Grundstücke haften, die durch eine auf Grund der §§ 26—32 erlassene Steuer besonders erfaßt werden. Die DB. bestimmen in § 8 Abs. 2, daß diese Befreiung nur insoweit gilt, als die bebauten Grundstücke ausschließlich für Wohnzwecke genützt sind und nicht einem Gewerbebetrieb dienen. Dieser Zusatz der DB. enthält eine Abänderung der V., die dem Zweck des § 19 Abs. 2 c der V. widerspricht. Nach der Begründung ist die Steuerfreiheit für diese Art von Schuldverschreibungen eingeführt um Doppellasten zu vermeiden. Während nämlich § 35 V. Eigentümer von unbebauten Grundstücken, soweit die dingliche Last für Schuldverschreibungen begründet worden ist, die der Besteuerung gemäß §§ 17—23 V. unterliegen, von der Abgabe nach § 33ff. befreit sind, besteht diese Steuerfreiheit bei Belastungen gleicher Art, bei bebauten Grundstücken nicht. Es wurde deshalb die Ausnahme von der Steuer zugunsten derartiger Obligationen in § 19 Abs. 2 c mit Recht getroffen. Da nun auch bebaute Grundstücke, die einem Gewerbebetrieb gewidmet sind, den Vorschriften der §§ 26—32 V. unterworfen werden können, so ist nicht ersichtlich, warum in den DB. diese dem Gedanken der V. widersprechende Regelung erfolgte. Aus dem formellen Gesichtspunkte heraus, daß die DB. nach außen hin lediglich als Anordnung des Reichsfinanzministers erscheinen, während § 64 Abs. 1 V. nur der Reichsregierung ein Abweichungsrecht gibt, kann unserer Ansicht nach eine Ungültigkeit vorstehender Regelung nicht abgeleitet werden (Anm. A II zu § 22). Dagegen ist die Ermächtigung des § 64 Abs. 1 V. überschritten und deshalb die Regelung für ungültig zu erachten (s. Warneyer-Koppe S. 133; Pape in Zeitschrift für Gesellschaftswesen 1924 S. 151, Stamm in deutsche Steuerzeitung 1924 S. 264, Pape, Anm. Ziff. 4 zu 19 S. 244ff., Lion im Berliner Tageblatt vom 12. März 1924, Reichsverband der deutschen Industrie im Eildienst der deutschen Steuerzeitung 1924/93ff.

Inwieweit die Steuerbefreiung eintritt, darüber entscheidet die landesrechtliche Regelung der Hauszinssteuer.

§ 20.

Steuerschuldner ist, wer zur Tilgung (Rückkauf, Einlösung, Einziehung) der Schuldverschreibungen nach den für sie gegebenen Bestimmungen verpflichtet oder berechtigt gewesen ist oder wem die Verpflichtung oder Berechtigung zur Tilgung obliegt.

Anmerkungen.

§ 79 Reichsabgabenordnung bestimmt, daß Steuerpflichtiger im Sinne der Reichsabgabenordnung derjenige ist, der nach den Steuergesetzen eine Steuer als Steuerschuldner zu entrichten hat. Daraus ergibt sich, daß die Bestimmung der Person des Steuerschuldners dem einzelnen Steuergesetz vorbehalten ist. Diese Person bestimmt für die Obligationensteuer der § 20 der V. Die als Steuerschuldner bezeichnete Person hat die einem Steuerpflichtigen im Sinne des § 79 der Reichsabgabenordnung auferlegten, in den §§ 162 bis 176 der Reichsabgabenordnung geregelten Pflichten. Von diesen Pflichten dürfte für die Obligationensteuer vor allem die Pflicht zur Abgabe der Steuererklärung in Frage kommen. §§ 168ff. Reichsabgabenordnung.

Nach § 20 der Verordnung ist Steuerschuldner, wer zur Tilgung (Rückkauf, Einlösung, Einziehung) der Schuldverschreibungen nach den für sie gegebenen Bestimmungen verpflichtet oder berechtigt ist, oder wem die Verpflichtung oder Berechtigung zur Tilgung obliegt. Wer zur Tilgung berechtigt oder verpflichtet ist, bestimmt sich regelmäßig nach den §§ 793ff. BGB. evtl. nach den von diesen Bestimmungen abweisenden Ausgabebedingungen. Nach dem Grundsatz des § 793 BGB. ist der Aussteller der Schuldverschreibungen zur Tilgung verpflichtet. Nach der Kreationstheorie, die als die in der Praxis maßgebende bezeichnet werden darf, entsteht die Verbindlichkeit aus der Schuldverschreibung durch einseitige Erklärung, also mit der Unterzeichnung der Schuldverschreibung durch den Aussteller (für die Steuerberechnung ist dagegen der Zeitpunkt der Begebung maßgebend, vgl. § 20 d. V. Abs. 1 u. 2). Mit dem Vertrieb der Obligationen befaßte Konsortien sind deshalb nicht steuerpflichtig, vgl. Pape, Anm. 1 zu § 30 S. 246, der andererseits darauf hinweist, daß dritte Personen, die selbstschuldnerische Bürgschaft für die Tilgung der Anleihe übernommen haben, aus ihrer Tilgungspflicht auch für die Anleihe haften.

Hat sich eine Änderung in der Person des ursprünglichen Steuerschuldners ergeben (z. B. durch Verschmelzung der ausgebenden Gesellschaft mit einer anderen oder durch den Tod eines privaten Ausstellers), so ist der Rechtsnachfolger gegebenenfalls neben dem Aussteller der Steuerschuldner (also im Falle der Verschmelzung der Gesellschaften, die aufnehmende Gesellschaft, im Falle des Todes eines Ausstellers, dessen Erben). Pape verweist in Anm. 2 zu § 20 S. 247 auf den Widerspruch dieser Regelung mit der zivilrechtlichen Rechtslage).

Nach § 81 der Reichsabgabenordnung entsteht die Steuerschuld, sobald der Tatbestand verwirklicht ist, an den das Gesetz die Steuer knüpft. Daß es zur Feststellung der Steuerschuld noch der Festsetzung des Betrages bedarf, schiebt die Entstehung nicht hinaus. Der Tatbestand, an den der Geldentwertungsausgleich bei Schuldverschreibungen geknüpft ist, ist nach den §§ 17 und 20 der V. der Eintritt des Rechts oder der Pflicht zur Tilgung der Schuldverschreibungen. Diese entsteht wie oben dargelegt mit der Ausstellung der Schuldverschreibung, also schon vor dem Zeitpunkt, in dem die Rückzahlung der Schuld erfolgt oder erfolgt ist. Daraus ergibt sich, daß derjenige, der vor dem Inkrafttreten der V. am 14. Februar 1924 Schuldverschreibungen, die erst nach diesem Zeitpunkt getilgt werden sollen oder zu tilgen sind, ausgestellt hat, aus dieser Ausstellung Steuerschuldner ist. Kraft der Ausnahmebestimmung des § 19 Absatz 2 Buchstabe a ist ausgenommen der Aussteller von Schuldverschreibungen, die vor dem 1. Januar 1918 getilgt wurden. In der Person des Ausstellers, der in der Zeit vom 1. Januar 1918 bis 14. Februar 1924 die Schuldverschreibungen getilgt hat, ist die Steuerschuld in dem erhöhten Maße des § 21 Abs. 2 entstanden.

§ 21.

(1) Die Steuer beträgt 2 vom Hundert des um den Aufwertungsbetrag (§ 2 Abs. 1 Satz 1) verminderten Goldmarkbetrages der Schuldverschreibungen.

(2) Soweit die Schuldverschreibungen bereits am Tage des Inkrafttretens dieser Verordnung getilgt sind, erhöht sich die Steuer um den Betrag, um den der Goldwert des für die Tilgung aufgewendeten Betrages hinter dem Aufwertungsbetrage (§ 2 Abs. 1 Satz 1) zurückbleibt.

Anmerkungen.

§ 21 enthält Bemessungsgrundlage und Tarif für die Obligationensteuer.

Steuerobjekt ist der durch den Währungsverfall entstandene Gewinn, der naturgemäß bei den getilgten und den nicht getilgten Schuldverschreibungen verschieden hoch ist. Es sind z. B. am 1. Januar 1912 von einer Gesellschaft Schuldverschreibungen in Höhe von 100000 M. begeben worden. Diese sind am 14. Februar 1924 noch nicht zurückbezahlt. Nach Art. I § 1 Abs. II Ziff. 7, §§ 2 und 4 sind diese vom Schuldner auf 15000 Goldmark aufzuwerten. Der Goldmarkgewinn aus diesem Schuldverhältnis beträgt sonach 85000 Goldmark.

Sind diese Schuldverschreibungen am 1. Juli 1919 (Goldmarkumrechnungskurs nach § 11 DB. 4,50 Papiermark = 1 Goldmark) mit 100000 Papiermark = 10989 Goldmark getilgt, so beträgt der Gewinn, da nach § 11 V. eine Aufwertung getilgter Schuldverschreibungen nicht erfolgt, 100000 Goldmark weniger 10989 Goldmark = 89011 Goldmark.

Die Bemessungsgrundlage der Steuer ist gem. § 21 Abs. I V. der Unterschied zwischen Goldmarkbetrag (Ermittlung s. Anm. A zu § 22) und dem Aufwertungsbetrag (Ermittlung s. Anm. B zu § 2) im angeführten Beispiel also 85000 M. Hieraus wird ein Steuersatz in Höhe von 2 vom Hundert erhoben, § 21 Abs. I. Bei getilgten Schuldverschreibungen würde sonach unter Umständen, wie unser Beispiel zeigt, nicht der ganze Inflationsgewinn von der Steuer erfaßt. Der Schuldverschreibungsschuldner bliebe um den Unterschied zwischen Aufwertungsbetrag und dem zur Tilgung verwendeten Goldmarkbetrag bereichert, was eine offenbare Unbilligkeit enthalten würde. Den Ausgleich schafft § 21 Abs. II V, welcher bestimmt, daß sich die Regelsteuer um eine Zusatzsteuer (dieser Bezeichnung bedient sich Warneyer-Koppe Anm. 2 zu § 21 S. 136, gegen die Einführung dieses Begriffes, Pape, Anm. B Abs. I zu §§ 21, 22 S. 251) erhöht, welche den ganzen Differenzbetrag erfaßt. Über die Ermittlung des Tilgungsbetrages, den Begriff der Tilgung s. Anm. B zu § 22. Für auslosbare Schuldverschreibungen vgl. Wandrey in den Mitteilungen der Steuerquelle des Reichsverbandes der deutschen Industrie 1924 S. 248.

Die Bemessungsgrundlage der Steuer verschiebt sich auch dann nicht, wenn der Schuldner eine Herabsetzung der Aufwertung verlangt, Pape, Anm. A zu §§ 21, 22 S. 249.

§ 22.

(1) Als Goldmarkbetrag gilt bei Schuldverschreibungen, die vor dem 1. Januar 1918 begeben sind, der Nennbetrag.

(2) Der Goldmarkbetrag von Schuldverschreibungen, die seit diesem Zeitpunkt begeben sind, wird dadurch festgestellt, daß der Nennbetrag nach dem Mittelkurse der amtlichen Notiz der Berliner

Börse für den nordamerikanischen Dollar (Auszahlung New York) am Tage der Begebung in Goldmark umgerechnet wird. Für die Zeit, in der der nordamerikanische Dollar an der Berliner Börse amtlich nicht notiert wurde, bestimmt die Reichsregierung den maßgebenden Börsenkurs. Sind die Schuldverschreibungen zu einem über den Nennbetrag hinausgehenden Preise begeben, so ist zunächst das Aufgeld dem Nennbetrage hinzuzurechnen.

(3) Der Reichsminister der Finanzen kann über die Feststellung des Goldmarkbetrages schuldverschreibungsähnlicher Aktien (§ 18 Abs. 1 zu b) besondere Bestimmungen erlassen.

(4) Der Goldwert des für die Tilgung von Schuldverschreibungen aufgewendeten Betrages (§ 21 Abs. 2) ist unter entsprechender Anwendung des Abs. 2 in Goldmark umzurechnen; der Reichsminister der Finanzen kann nähere Bestimmungen über die Feststellung des aufgewendeten Betrages erlassen.

Anmerkungen.

Der § 22 enthält die Grundsätze über die Ermittlung des Goldmarkbetrags der Schuldverschreibungen und des Goldwertes des für die Tilgung von Schuldverschreibungen aufgewendeten Betrags.

A. Ermittlung des Goldmarkbetrags.

Für diesen Zweck gliedert der Gesetzgeber die Schuldverschreibungen in 2 Gruppen, nämlich zunächst in solche, die vor dem 1. Januar 1918 und solche, die nach diesem Zeitpunkt begeben sind.

Der Tag der Begebung ist in § 12 DV. geregelt. Es ist dies der Tag, an dem die ersten Zahlungen auf die Schuldverschreibungen geleistet worden sind. Für den Fall, daß über die Schuldverschreibungen schon vor dem ersten Zahlungstag anderweitig rechtsgeschäftlich verfügt wurde, gilt der Tag, in den diese rechtsgeschäftliche Verfügung fällt, statt des Tages, an dem die ersten Zahlungen erfolgten, als Begebungstag. Den Begebungszeitpunkt für einen Sonderfall regelt § 12 Abs. II DV. Hier ist bestimmt, daß dann, wenn bei einer einheitlichen Darlehensaufnahme Schuldverschreibungen in Teilabschnitten begeben wurden, der erste Tag, an dem Schuldverschreibungen begeben wurden, als Begebungstag gilt. Diese Regelung ist offensichtlich so zu verstehen, daß für die sämtlichen Schuldverschreibungen, deren Begebung durch die Darlehensaufnahme verursacht ist, der Tag der Begebung der ersten Schuldverschreibungen maßgebend ist. Die Bestimmung war erforderlich, um eine praktische annehmbare Lösung für die Feststellung des Begebungstages in jenen Fällen zu finden, in denen sich die Emission auf längere Zeit erstreckt.

Bei der Übernahme einer Anleihe durch ein Konsortium ist bei einem festen Erwerb der Schuldverschreibungen durch das Konsortium der Tag dieses Erwerbes maßgebend, während dann, wenn das Konsortium nur die Plazierung besorgt, der Zeitpunkt der Unterbringung als „Begebung" gilt.

I. Für Schuldverschreibungen, die vor dem 1. Januar 1918 begeben sind, ist der Goldmarkbetrag gleich dem Nennbetrag. Diesem Grundsatz liegt die Anschauung zugrunde, daß vor dem 1. Januar 1918 die Mark ihren vollen Goldwert hatte. Ein Agio oder Disagio wird bei der Ermittlung dieses Betrages im Gegensatz zu den später begebenen Schuldverschreibungen nicht berücksichtigt. Die gegenteilige Auffassung, bei Warneyer-Koppe, die aus § 13 DB. abgeleitet wird, erscheint uns nach dem klaren Wortlaut der V. (Gegenüberstellung von Abs. I u. II) nicht richtig.

II. Die Ermittlung des Goldmarkbetrages nach dem 1. Januar 1918 begebener Schuldverschreibungen erfolgt durch Umrechnung des Nennbetrages nach dem Mittelkurse der amtlichen Notiz der Berliner Börse für den nordamerikanischen Dollar (Auszahlung New York) am Tage der Begebung. Dabei ist eine Goldmark $^{10}/_{42}$ Dollar. Die sich ergebenden Goldmarkbeträge sind auf volle Goldmark nach unten abzurunden. Für die Zeit, in der der nordamerikanische Dollar an der Berliner Börse amtlich nicht notiert war (1. Januar 1918 bis 31. Januar 1920) sind durch § 11 DB. die Kurse festgesetzt (s. Goldmarktabelle S. 184 ff.).

Bei der Ermittlung des Goldmarkbetrages für Schuldverschreibungen dieser Art ist das Agio und nach ausdrücklicher Vorschrift der Durchführungsbestimmungen auch das Disagio zu berücksichtigen, d. h. dem Nennbetrage hinzu bzw. abzurechnen. Hieran hat sich die Streitfrage geknüpft (vgl. auch Lehmann a. a. O. S. 292, 293) ob die Abrechnung des Disagiobetrages zulässig ist. Es ist dies nach Lehmann zweifelhaft, weil in der Verordnung selbst lediglich von der Hinzurechnung des Agios, nicht aber von der Abrechnung des Disagios die Rede ist, eine diesbezügliche Bestimmung vielmehr lediglich in § 13 Abs. II DB. vorliegt. Die DB. des Reichsfinanzministers stützen sich ausdrücklich auf § 64 Abs. I V, woraus zu schließen ist, daß für ihn eine interne Ermächtigung der Reichsregierung vorlag. Abgesehen davon sprechen gegen diese rein formellen Bedenken Gründe der Billigkeit, insbesondere auch die ratio legis, die darin zu erblicken ist, nur den unverdienten Inflationsgewinn zu besteuern. Zu demselben Ergebnis gelangt Pape, Anm. A zu §§ 21, 22 S. 249.

Die Kosten der Herstellung und Begebung der Schuldverschreibungen sind nicht abziehbar, vgl. Weinbach S. 153.

III. Die Ziffer 3 des § 22 V. enthält eine Ermächtigung an den Finanzminister für die Feststellung des Goldmarkbetrages schuldverschreibungsähnlicher Aktien (§ 18 Abs. 1 b) besondere Bestimmungen zu treffen. Von dieser Ermächtigung wurde jedoch kein Gebrauch gemacht, vielmehr bestimmt der § 14 der DB., daß für die Aktienschuldverschreibungen der Goldmarkbetrag, wie vorstehend ausgeführt, zu berechnen ist.

B. Ermittlung des Tilgungsbetrags.

Die Ermittlung des Tilgungsbetrags ist nur erforderlich, soweit eine Tilgung von Schuldverschreibungen vor dem Inkrafttreten der V. (12. Februar 1924) erfolgt ist. Denn lediglich für diesen Fall erhöht sich der Regelsatz der Steuer um den Betrag, um den der Goldwert des für die Tilgung aufgewendeten Betrags (Tilgungsaufwand) hinter dem Aufwertungsbetrage zurückbleibt (vgl. § 21 Abs. 2).

I. Die V. selbst bestimmt nur, daß der Goldwert des Tilgungsbetrages unter entsprechender Anwendung des Abs. 2 des § 22 zu errechnen ist und überträgt dem Reichsfinanzminister den Erlaß näherer Bestimmungen. Dieser hat die erforderlichen Anordnungen in den §§ 16—19 der DB. getroffen.

II. Hiernach ist der Goldwert der für die Tilgung aufgewendeten Beträge durch Umrechnung über den Mittelkurs der amtlichen Berliner Notiz des nordamerikanischen Dollars (Auszahlung New York) am Tage der Tilgung festzustellen. Für die Zeit vor dem 1. Januar 1918 bis zum 1. März 1920 während der der Dollar an der Berliner Börse amtlich nicht notiert worden ist, sind durch § 11 der DB. festgesetzten Kurse maßgebend (vgl. auch Goldmarktabelle S. 184 ff.). Bei Umrechnung ist 1 Goldmark = $^{10}/_{42}$ Dollar.

III. Unter Tilgung von Schuldverschreibungen ist derjenige Rechtsvorgang zu verstehen, durch den der Hauptanspruch aus der Schuldverschreibung (auf Leistung des Kapital- oder Ablösungsbetrags) zum Erlöschen gebracht wird. Dies geschieht insbesondere durch Zahlung des Kapital- oder Abfindungsbetrags an die Gläubiger. Die Forderung erlischt ferner, wenn der Gläubiger an Stelle des geschuldeten Kapital- oder Ablösungsbetrags eine andere Leistung an Erfüllungsstatt annimmt, wenn er z. B. auf ein Angebot einer Gesellschaft seine auf Mark lautenden Schuldverschreibungen der Gesellschaft zurückgibt und dafür wertbeständige Schuldverschreibungen oder Aktien der Gesellschaft oder eine sonstige Leistung erhält. Die DB. erwähnen ferner als Tilgungsart die Hinterlegung durch den Schuldner unter Ausschluß der Rücknahme der hinterlegten Sache. Diese Art der Hinterlegung befreit nach § 378 BGB. den Schuldner in gleicher Weise, wie die Leistung des Geschuldeten selbst. Es ist jedoch zu beachten, daß natürlich die Hinterlegung, um die Befreiungswirkung zu erzielen, eine berechtigte sein muß. Dies trifft jedoch abgesehen vom Fall der Ungewißheit über die Person des Gläubigers nur dann zu, wenn der Gläubiger im Verzug der Annahme ist. Gläubigerverzug setzt ein gehöriges Angebot voraus. Von einem gehörigen Angebot kann nach der Entwicklung der Rechtsprechung z. B. nicht gesprochen werden, wenn eine Gesellschaft Ende 1923 ihre Vorkriegsschuldverschreibungen in Höhe von 1000 Friedensmark kündigt und zur Einlösung gegen je 1000 Papiermark auffordert. Hätte ein Gläubiger hier die Annahme der 1000 Papiermark verweigert und die Gesellschaft diesen Betrag in der bezeichneten Weise hinterlegt, so wäre diese Hinterlegung, da ein gehöriges Angebot nicht vorlag und der Gläubiger deshalb nicht in Annahmeverzug kam, keine berechtigte und hätte deshalb die Tilgungswirkung nicht. Nun könnte im gebrachten Beispiel eine Gesellschaft auf dem Standpunkt stehen, sie sei, da der Gläubiger zum bestimmten Zeitpunkt sich nicht gemeldet habe, im Zweifel über dessen Person und deshalb nach § 372 BGB. zur Hinterlegung berechtigt gewesen. Die Hinterlegung habe sonach die Wirkung der Leistung. Hier ist zu beachten, daß der hinterlegte Betrag nicht die volle Leistung darstellt, sondern eine Teilleistung. Zu Teilleistungen ist aber der Schuldner nach § 266 BGB. nicht berechtigt. Die Hinterlegung hat somit auch hier nicht Tilgungswirkung.

Nach § 17 DB. liegt eine Tilgung nicht vor, wenn beschädigte oder verunstaltete Schuldverschreibungen zurückgegeben oder abhanden gekommene oder vernichtete Schuldverschreibungen für kraftlos erklärt werden und dafür neue Schuldverschreibungen ausgegeben werden.

IV. Unter Tilgungsaufwand wird der Wert der an den Gläubiger bewirkten Leistung am Tilgungstag (s. unter V) verstanden. Hierbei rechnen nicht zum Tilgungsaufwand die anläßlich der Tilgung aufgewendeten Kosten (z. B. Provisionen, Zinsen, Porti und sonstige Spesen).

Wurde die Tilgung durch Leistung von Geld bewirkt, so ist der Goldwert nach B II zu ermitteln.

Sind Wertpapiere oder Waren mit einem Börsenkurs geleistet worden, so ist zunächst ihr Kurs am Tilgungstage festzustellen. Ist das betreffende Papier nur an einer Börse notiert, so ist der niedrigste Kurs an dieser Börse entscheidend. Finden Notierungen an verschiedenen Börsen statt, so ist die

Berliner Notierung zugrunde zu legen und wenn hier verschiedene Kurse bestehen, der niedrigste.

Wenn ausländische Zahlungsmittel an Erfüllungsstatt gegeben wurden, so ist der Mittelkurs der amtlichen Notiz an der Berliner Börse am Tilgungstage maßgebend. Hat an diesem Tage keine Notiz stattgefunden, so ist die nächste Notiz heranzuziehen und wenn diese offenbar unbillig ist, kann der Wert am Tilgungstage zugrunde gelegt werden. Wenn also am Tilgungstage eine Notierung stattgefunden hat, so ist dieser Kurs unter allen Umständen maßgebend, mag er auch künstlich niedergehalten sein und so eine Unbilligkeit für den Leistenden dadurch entstehen, daß der Wert seiner Leistung tatsächlich ein höherer war, als der ermittelte.

Im übrigen (z. B. wenn die Wertpapiere oder Waren keinen Kurswert besitzen) finden für die Wertermittlung die §§ 137—141, 143ff. der Reichsabgabenordnung entsprechende Anwendung. Hier ist besonders zu beachten, daß bei Bewertungen, soweit nicht Sondervorschriften bestehen, der gemeine Wert zugrunde zu legen ist. Dieser wird durch den Preis bestimmt, der im gewöhnlichen Geschäftsverkehr nach der Beschaffenheit des Gegenstandes unter Berücksichtigung aller den Preis beeinflussenden Umstände bei einer Veräußerung zu erzielen wäre. Für Aktien ohne Kurswert, Kuxen oder Anteile an einer Bergwerksgesellschaft oder einer G. m. b. H. wird der Verkaufswert durch das Finanzamt, in dessen Bezirk der Ort der Leitung der Gesellschaft liegt, ermittelt und dem Steuerpflichtigen auf Anfrage mitgeteilt.

Hat man den Papiermarkwert der Leistung nach vorstehenden Ausführungen ermittelt, so erfolgt dessen Umrechnung auf den Goldwert nach B II.

V. Als Tag der Tilgung gilt der Tag, an dem der Anspruch auf die Hauptforderung aus der Schuldverschreibung erlischt. Dieser Grundsatz würde zur individuellen Ermittlung des Tilgungstages führen, die in der Praxis auf Schwierigkeiten stoßen würde, vgl. hierzu die Ausführungen von Warneyer-Koppe, Anm. 4 zu § 22, ferner Lehmann a. a. O. Zur Überwindung dieser Schwierigkeiten bestimmt § 19 S. 2 DB. für den praktisch am häufigsten vorkommenden Fall, daß dann, wenn Schuldverschreibungen auf einen bestimmten Tag oder von einem bestimmten Tag ab zur Rückzahlung gekündigt worden sind, als Tag der Tilgung frühestens der Tag gilt, auf dem gekündigt ist, oder von dem ab die Schuldverschreibungen zum Zwecke der Einlösung vorzulegen oder einzureichen sind.

§ 23.

(1) Die Steuer des § 21 Abs. 1 ist am 1. März 1924, die Erhöhung des § 21 Abs. 2 zu je 2 vom Hundert des Goldmarkbetrages der Schuldverschreibungen am 1. Oktober 1924 und weiter in Abständen von je einem halben Jahre fällig; bleibt die Erhöhung oder ein Restbetrag der Erhöhung hinter 2 vom Hundert des Goldmarkbetrages der Schuldverschreibungen zurück, so ist der geringere Betrag zu dem maßgebenden Fälligkeitstage zu entrichten.

(2) Der Reichsminister der Finanzen kann für das besetzte Gebiet die Fälligkeit abweichend festsetzen.

Anmerkungen.

§ 23 behandelt die Fälligkeit der Steuer. Die einfache Steuer war am 1. März 1924 zu bezahlen. Sie ist eine einmalige Steuer im Gegensatz zur Zusatzsteuer, welche in halbjährigen Raten beginnend am 1. Oktober 1924 zu entrichten ist. Die Schonfrist beträgt eine Woche § 21 Abs. I DB. Über die Folgen des Zahlungsverzugs s. ebenda. Ihre jeweilige Höhe beträgt 2 vom Hundert des Goldmarkbetrages der Schuldverschreibungen, — nach Art. II d. 2. V. über Verzugszuschläge v. 3. 11. 24 (RGBl. I S. 733): eineinhalb vom Hundert, und zwar ab 16. 11. 24 — es sei denn, daß der gesamte Zusatzsteuerbetrag oder bei späteren Raten ein Restbetrag geringer ist. In diesem Fall ist nur der geringere Betrag zu entrichten. Die Abwicklung der Steuer dauert längstens bis 1. April 1928 vgl. § 20 DB., soweit nicht der Reichsminister der Finanzen von seinem in § 64 Abs. II V vorgesehenen Recht einer anderweitigen Fristbestimmung Gebrauch macht. Für das besetzte Gebiet kann der Reichsfinanzminister die Fälligkeit gleichfalls abändernd festsetzen. Hiervon ist durch die Verordnung vom 19. Juli 1924 über die Fälligkeit der Obligationensteuer für das besetzte Gebiet Gebrauch gemacht, RGBl. 1924 S. 668, abgedruckt S. 183.

Bezüglich des Veranlagungsverfahrens s. §§ 22ff. DB., wobei zu beachten ist, daß nach der Bekanntmachung des Reichsfinanzministers III DB. 1638 vom 28. April die Frist für die Abgabe der Steuererklärung für die Zusatzsteuer bis zum 1. August 1924 verlängert ist. Die Steuer ist nach § 20 Abs. II DB. jeweils ohne besondere Aufforderung zu bezahlen. Die Folgen der nicht rechtzeitigen Zahlung sind in § 21 DB. geregelt.

2. Geldentwertungsausgleich bei Inanspruchnahme von Krediten.

§ 24.

(1) Zur Durchführung der Vorbereitungsarbeiten für die Besteuerung des Geldwertunterschiedes bei der Inanspruchnahme von Krediten während der Zeit der Geldentwertung (Wechselkrediten, Kontokurrentkrediten, Lombardkrediten usw.) können die Finanzbehörden Auskünfte und Gutachten jeder Art einfordern. Sämtliche Rechte, die den Finanzämtern im Steuerermittlungsverfahren zustehen, können von den Finanzbehörden für die Zwecke der Vorbereitungsarbeiten sinngemäß ausgeübt werden. Die Vorschriften des § 209 Abs. 1 der Reichsabgabenordnung finden keine Anwendung.

(2) Kaufleute (einschließlich der Handelsgesellschaften und der eingetragenen Genossenschaften), die bankmäßig Kredite gewähren, haben den Finanzbehörden jede zur Durchführung der Vorbereitungsarbeiten für die Besteuerung des Geldwertunterschiedes dienliche Hilfe zu leisten, insbesondere Einsicht in ihre Bücher, Verhandlungen, Listen und Urkunden zu gewähren. Das gleiche gilt für die Reichsbank, für die Reichsdarlehnskassen und für die öffentlichen Sparkassen.

(3) Im übrigen finden auf die Durchführung der Vorbereitungsarbeiten für die Besteuerung des Geldwertunterschieds die Vorschriften der Reichsabgabenordnung, insbesondere der §§ 202, 377 entsprechende Anwendung.

Anmerkungen.

Aus § 24 V. ergibt sich, daß eine Steuer zur Erfassung von Inflationsgewinnen aus der Inanspruchnahme von Krediten in Vorbereitung ist. Über die Schwierigkeiten, die dieser Steuer entgegenstehen und ihren mutmaßlichen Ertrag, vgl. Reichsfinanzminister Dr. Luther „Feste Mark — Solide Wirtschaft" S. 15, 16. Es war notwendig, um die technische Möglichkeit und Durchführbarkeit dieser Steuer zu prüfen, die allgemeinen Rechte der Finanzbehörden, die nach dem jetzigen Maß nicht ausreichen, in dem notwendigen weiteren Umfang ihnen schon für die Vorbereitung der Besteuerung zur Verfügung zu stellen und inbesondere diejenigen Stellen zur Hilfeleistung bei der Vorprüfung heranzuziehen, bei denen allein die maßgebenden Unterlagen ruhen. Zu diesem Zweck trifft der § 24 V. folgende Maßnahmen.

1. Die Finanzbehörden können Auskünfte und Gutachten jeder Art einfordern. Der Kreis der zur Auskunftserteilung und Gutachtensabgabe verpflichteten Personen ist unbeschränkt.

2. Den Finanzbehörden sind für die Zwecke der Vorbereitungsarbeiten sämtliche den Finanzämtern im Steuerermittlungsverfahren zustehenden Rechte (§§ 204—209 RAO.) eingeräumt. Dabei ist ausdrücklicher Bestimmung zufolge die unmittelbare Heranziehung dritter Personen gestattet § 24 Abs. I S. 3 V.

3. Kaufleute einschließlich der Handelsgesellschaften und eingetragenen Gesellschaften, die bankmäßige Kredite gewähren, sind verpflichtet, den Finanzbehörden jede für die Besteuerung als Geldwertunterschied dienliche Hilfe zu leisten, insbesondere Einsicht in ihre Bücher, Verhandlungen, Listen und Urkunden zu gewähren. Die gleiche Verpflichtung haben Reichsbank-, Reichsdarlehenskassen und die öffentlichen Sparkassen. Diese Bestimmung bedeutet eine Erweiterung gegenüber dem § 209 RAO., nach welchem die Finanzämter nur bei der Steuerermittlung bestimmten Personen gegenüber Auskunft, Büchervorlage und Schließfachöffnung verlangen kann. Im Rahmen der Vorbereitungsarbeiten des § 24 sind die Finanzbehörden zu diesen Maßnahmen auch dann berechtigt, wenn sich ihre Ermittlungen nicht auf bestimmte Personen beziehen. Darnach ist z. B. denkbar, daß die Finanzämter von den Banken Nachweisungen über sämtliche während der Inflation gewährten Kredite verlangen.

Zur Erzwingung dieser Befugnisse steht den Finanzbehörden nach § 24 Abs. 3 das Steuererzwingungs- und Ordnungsstrafrecht zur Seite.

3. Geldentwertungsausgleich bei Ausgabe von Notgeld.

§ 25.

(1) Der Reichsminister der Finanzen wird ermächtigt, von solchen natürlichen Personen, Personenvereinigungen und juristischen

Personen, die während der Zeit der Geldentwertung Notgeld ausgegeben haben, eine Steuer zu erheben.

(2) Die Steuer darf 80 vom Hundert des Betrages nicht übersteigen, der sich dadurch ergibt, daß der Goldmarkbetrag des Notgeldes im Zeitpunkt der Ausgabe um den Goldmarkbetrag des Notgeldes im Zeitpunkt der Einlösung vermindert wird. Die Goldmarkbeträge werden unter entsprechender Anwendung des § 22 Abs. 2 ermittelt.

Anmerkungen.

Der § 25 enthält die Ermächtigung des Reichsfinanzministers zur Erhebung einer Steuer von dem bei der Ausgabe von Notgeld vom Ausgeber erzielten Geldentwertungsgewinn. Während § 24 den Finanzbehörden lediglich Befugnisse einräumt, um die gesetzgeberischen Grundlagen für eine Steuer auf den Geldentwertungsgewinn aus der Inanspruchnahme von Krediten zu sammeln, den Erlaß eines derartigen Steuergesetzes selbst aber den verfassungsmäßigen gesetzgeberischen Organen vorbehält, ermächtigt § 25 den Reichsfinanzminister, die Materie in dem gesteckten Rahmen selbständig zu regeln. Der Reichsfinanzminister hat demnach das Recht, nicht aber die Pflicht, eine Notgeldsteuer zu erheben. Über die Gültigkeit dieser Ermächtigung vgl. **Pape** Anm. zu § 25.

Die Steuer darf 80 vom Hundert des Betrags nicht übersteigen, der sich aus dem Unterschied im Goldmarkbetrag im Zeitpunkt der Ausgabe und der Einlösung ergibt. Die Ermittlung erfolgt nach denselben Grundsätzen, wie bei der Obligationensteuer (vgl. Anm. A II zu § 22 V.).

Zur Steuer **können** herangezogen werden, natürliche Personen, Personenvereinigungen und juristische Personen. Es ist kein Unterschied zwischen solchen des privaten und öffentlichen Rechts gemacht. Demnach hat der Reichsfinanzminister auch die Befugnis, Länder, Gemeinden und Gemeindeverbände zur Steuer heranzuziehen.

Für die Steuer ist kein Unterschied gemacht, ob die Ausgabe des Notgeldes und Einhebung mit den gesetzlichen Bestimmungen erfolgt ist oder nicht. Die Ausgabe von Notgeld ist seit 14. August 1922 geregelt im Gesetz über die Ausgabe und Einlösung von Notgeld vom 17. Juli 1922 (RGBl. Teil I S. 693) und dessen Änderungen vom 26. Oktober 1923 (RGBl. I S. 1065) vom 12. Dezember 1923 (RGBl. I S. 1194).

Darnach sind Notgeld Marken, Münzen, Scheine oder sonstige Urkunden, die auf einen Geldbetrag lauten und im Zahlungsverkehr als Ersatz für das vom Reiche, von der Reichsbank oder einer Privatnotenbank ausgegebene Geld verwendet werden. Die Ausgabe dieses Notgeldes war nur mehr mit Zustimmung des Reichsfinanzministers möglich, die nur ausnahmsweise und unter Bedingungen erteilt werden sollte. Unter dem Druck der Verhältnisse, vor allem dem Mangel an Zahlungsmitteln wurde jedoch in zahlreichen Fällen entgegen diesen Bestimmungen Notgeld ausgegeben, häufig ohne die erforderliche Deckung. Aus diesen Notgeldausgaben sind zweifellos bedeutende Geldentwertungsgewinne dem Ausgeber zugeflossen. Auf diese hätte die zu erwartende Steuerverordnung abzuzielen.

Erste Verordnung zur Durchführung des Artikel I der Dritten Steuernotverordnung. Vom 1. Mai 1924.

Auf Grund des § 2 Abs. 2, des § 4 Abs. 2 und des § 64 der Dritten Steuernotverordnung vom 14. Februar 1924 (RGBl. I S. 74) verordnet die Reichsregierung:

§ 1.

(1) Als letzter Mittelkurs im Sinne des § 2 Abs. 2 Satz 2 und des § 4 Abs. 2 Satz 3 der Dritten Steuernotverordnung gilt der Mittelkurs des letzten vor dem für die Berechnung des Goldmarkbetrags maßgebenden Ereignis liegenden Börsentags.

(2) Soweit gemäß § 2 Abs. 2, § 4 Abs. 2 der Dritten Steuernotverordnung der Goldmarkbetrag für eine Zeit zu berechnen ist, in der der nordamerikanische Dollar an der Berliner Börse amtlich nicht notiert wurde, sind der Berechnung die nachstehenden Börsenkurse für 1 Dollar zugrunde zu legen:

für die Monate

Januar bis Juni	1918	=	5,25	Mark
Juli	1918	=	5,88	"
August	1918	=	6,09	"
September/Oktober. . .	1918	=	6,51	"
November.	1918	=	7,35	"
Dezember	1918	=	8,40	"
Januar	1919	=	8,19	"
Februar.	1919	=	9,03	"
März	1919	=	10,50	"
April	1919	=	12,60	"
Mai	1918	=	12,81	"
Juni	1919	=	14,07	"
Juli	1919	=	15,12	"
August	1919	=	18,90	"
September	1919	=	23,94	"
Oktober	1919	=	26,88	"
November.	1919	=	38,22	"
Dezember	1919	=	46,83	"
Januar	1920	=	64,89	"

§ 2.

Die Höhe der Geldsumme, die auf Grund eines nach den Vorschriften der Dritten Steuernotverordnung aufgewerteten Rechtes zu zahlen ist, wird in der Weise bestimmt, daß eine Goldmark des Aufwertungsbetrags dem jeweiligen Preise von $^1/_{2790}$ Kilogramm Feingold gleichgesetzt wird; maßgebend ist der für den Tag der Fälligkeit amtlich festgestellte Preis; § 2 der Verordnung zur Durchführung des Gesetzes über wertbeständige Hypotheken vom 29. Juni 1923 (RGBl. 1 S. 482) findet Anwendung.

§ 3.

(1) Bei der Eintragung der Aufwertung im Grundbuch, Schiffsregister oder Bahngrundbuch ist der gemäß § 2 Abs. 2 der Dritten Steuernotverordnung errechnete Goldmarkbetrag einzutragen; eine Goldmark ist die Bezeichnung für den amtlich festgestellten Preis von $^1/_{2790}$ Kilogramm Feingold.

(2) Der Nachweis des Erwerbstags und des Erwerbspreises bedarf nicht der im § 29 der Grundbuchordnung und der im § 107 Abs. 2 des Reichsgesetzes über die Angelegenheiten der freiwilligen Gerichtsbarkeit vorgeschriebenen Form.

§ 4.

(1) Änderungen des Inhalts eines Rechtes der im § 1 Abs. 2 Ziff. 1 bis 4 der Dritten Steuernotverordnung bezeichneten Art, insbesondere die Hinausschiebung der Fälligkeit (Prolongation), bleiben für die Feststellung des Erwerbstags außer Betracht.

(2) Ist im Falle der Gewährung eines Zusatzdarlehns unter Aufhebung des bisherigen Rechtes ein neues einheitliches Recht begründet worden, so gilt für den bisherigen Betrag der Abs. 1 entsprechend.

§ 5.

Die Kosten der Eintragung der Aufwertung trägt der Eigentümer.

§ 6.

Soweit eine Aufwertung bereits abweichend von den Vorschriften der §§ 2 bis 4 eingetragen ist, ist die Eintragung von Amts wegen zu berichtigen; die Berichtigung erfolgt gebührenfrei.

§ 7.

(1) Durch Hypothek, Schiffspfandrecht oder Bahnpfandrecht gesicherte Forderungen werden nach Maßgabe der Vorschriften des § 2 Abs. 1 Satz 1, Abs. 2 der Dritten Steuernotverordnung auf 15 vom Hundert des Goldmarkbetrages aufgewertet (normaler Höchstsatz). Nach allgemeinen Vorschriften (§ 3 der Dritten Steuernotverordnung) ist eine Abweichung von diesem normalen Höchstsatz,

unbeschadet der Herabsetzung nach § 2 Abs. 1 Satz 2, 3 der Dritten Steuernotverordnung, nur zulässig,

1. wenn die Forderung auf den Beziehungen zwischen unterhaltsberechtigten und unterhaltsverpflichteten Personen beruht;
2. wenn die Forderung auf den Beziehungen aus der Auseinandersetzung unter Miterben, zwischen Erben und Pflichtteilsberechtigten, unter geschiedenen Ehegatten oder unter Eltern und Kindern beruht, sofern der Gläubiger zum Kreise der Auseinandersetzungsbeteiligten oder ihrer Erben gehört;
3. wenn es sich um eine Restkaufgeldforderung (Restkaufgeld für den Erwerb des mit der Hypothek belasteten Grundstücks) handelt, die nach dem 31. Dezember 1918 begründet worden ist; dies gilt auch dann, wenn die Restkaufgeldforderung bei ihrer Begründung in eine Darlehnsforderung umgewandelt worden ist.

(2) Bei Darlehnsforderungen anderer als der im Abs. 1 Nr. 3 Halbsatz 2 bezeichneten Art sowie bei sonstigen Forderungen, die nicht unter die Vorschriften des Abs. 1 Nr. 1 bis 3 fallen, ist unbeschadet der Vorschrift des § 2 Abs. 1 Satz 2, 3 der Dritten Steuernotverordnung eine Abweichung von dem normalen Höchstsatz ausgeschlossen.

(3) Eine von den Vorschriften des § 2 Abs. 1 der Dritten Steuernotverordnung abweichende Aufwertung ist nur zulässig, wenn die Abweichung vor dem 1. Januar 1925 bei der Aufwertungsstelle beantragt ist.

(4) Forderungen der im Abs. 1 Satz 1 bezeichneten Art sind, unbeschadet der Vorschriften des § 38 der Dritten Steuernotverordnung, mit Beträgen, die unter Zugrundelegung des Aufwertungssatzes von 15 vom Hundert des Goldmarkbetrags errechnet werden, in die Bilanzen als Aktiven und Passiven einzustellen, solange nicht durch abweichende Vereinbarung oder durch rechtskräftige Entscheidung der Aufwertungsstelle eine höhere oder geringere Aufwertung bestimmt ist.

Berlin, den 1. Mai 1924.

Der Reichskanzler
Marx.
Der Reichsminister der Justiz
In Vertretung
Dr. Joel.

Zweite Verordnung zur Durchführung des Artikel I der Dritten Steuernotverordnung. Vom 24. Mai 1924.

Auf Grund der §§ 9, 64 der Dritten Steuernotverordnung vom 14. Februar 1924 (RGBl. I S. 74) verordnet die Reichsregierung nach Anhörung des Reichsrats:

§ 1.

(1) Aufwertungsstelle ist das Amtsgericht.

(2) Zuständig ist bei Ansprüchen der im § 1 Abs. 2 Ziff. 1 bis 4 der Dritten Steuernotverordnung bezeichneten Art das Amtsgericht, in dessen Bezirk das Grundbuch, Schiffsregister oder Bahngrundbuch geführt wird; im Falle einer Gesamtbelastung bleibt dasjenige Gericht, welches zuerst angegangen ist, auch für die Entscheidung über die Aufwertung hinsichtlich der mitbelasteten Grundstücke, Schiffe oder Bahneinheiten zuständig.

(3) Bei Ansprüchen der im § 1 Abs. 2 Ziff. 5 bis 10 der Dritten Steuernotverordnung bezeichneten Art ist das Amtsgericht zuständig, bei welchem der Schuldner seinen allgemeinen Gerichtsstand hat.

(4) Die obersten Landesbehörden können bestimmen, daß an Stelle der Amtsgerichte andere Landesbehörden zuständig sind oder daß die Amtsgerichte einzelne Verrichtungen den Notaren übertragen können oder daß für mehrere Amtsgerichtsbezirke eine gemeinsame Aufwertungsstelle errichtet wird; sie können ferner bestimmen, daß an Stelle der Amtsgerichte oder neben ihnen die Sparkassen für die Entgegennahme der im § 7 Abs. 1 der Dritten Steuernotverordnung vorgesehenen Anmeldung zuständig sind.

§ 2.

Die Aufwertungsstelle kann von den Beteiligten die Glaubhaftmachung einer tatsächlichen Behauptung verlangen.

§ 3.

Die Entscheidung der Aufwertungsstelle ist mit Gründen zu versehen.

§ 4.

Die sofortige Beschwerde kann bei der Aufwertungsstelle oder bei dem Oberlandesgericht eingelegt werden. Erfolgt die Einlegung der Beschwerde nicht durch Erklärung zum Protokoll des Gerichtsschreibers, sondern durch Einreichung einer Beschwerdeschrift, so muß diese von einem Rechtsanwalt unterzeichnet sein. Der Zuziehung eines Rechtsanwaltes bedarf es nicht, wenn die Beschwerde von einer Behörde oder von einem Notar eingelegt wird, der in der Angelegenheit für den Beschwerdeführer einen Antrag bei der Aufwertungsstelle gestellt hat.

§ 5.

(1) Die Gebühr im Aufwertungsverfahren ist nach dem Werte des Streitgegenstandes zu erheben.

(2) Der Wert des Streitgegenstandes wird von der Aufwertungsstelle unter Berücksichtigung der gestellten Anträge nach freiem Ermessen festgesetzt.

(3) Die näheren Bestimmungen über die Bemessung und Erhebung der Gebühr treffen die obersten Landesbehörden.

§ 6.

(1) Die Aufwertungsstelle hat jedem, der ein berechtigtes Interesse darlegt, auf Antrag eine Bescheinigung darüber zu erteilen, ob bei ihr bis zum 31. Dezember 1924 ein Antrag auf Herabsetzung des Aufwertungsbetrags oder auf anderweitige Abweichung von dem normalen Höchstsatz der Aufwertung eingegangen oder ein Sparkassenguthaben angemeldet ist. Die Bescheinigung ist gebührenfrei.

(2) Die obersten Landesbehörden können bestimmen, daß die Bescheinigung auch ohne Darlegung eines berechtigten Interesses erteilt werden kann, und daß in diesem Falle eine Gebühr erhoben wird.

§ 7.

Findet ein gemäß § 10 der Dritten Steuernotverordnung ausgesetztes Verfahren infolge einer nach dem 14. Februar 1924 getroffenen Vereinbarung oder infolge einer Entscheidung der Aufwertungsstelle in der Hauptsache seine Erledigung, so trägt jede Partei die ihr entstehenden außergerichtlichen Kosten; die Gerichtskosten werden niedergeschlagen. Das Prozeßgericht hat über die außergerichtlichen Kosten anderweit zu entscheiden, wenn dies zur Vermeidung offenbar unbilliger Härten geboten ist.

§ 8.

Die Aufwertungsstelle kann die Verbindung mehrerer bei ihr gegen denselben Schuldner anhängiger Aufwertungsverfahren zum Zwecke der gleichzeitigen Verhandlung und Entscheidung anordnen; die Aufwertungsstelle kann eine solche Anordnung wieder aufheben.

§ 9.

Die Aufwertungsstelle ist auch dann ausschließlich zuständig, wenn auf Grund des § 3 der Dritten Steuernotverordnung eine Aufwertung nach allgemeinen Vorschriften begehrt wird.

Berlin, den 24. Mai 1924.

Der Reichskanzler
Marx.

Der Reichsminister der Justiz
In Vertretung
Dr. Joel.

Dritte Verordnung zur Durchführung des Artikel I der Dritten Steuernotverordnung. Vom 15. August 1924.

Auf Grund der §§ 6, 9, 64 der Dritten Steuernotverordnung vom 14. Februar 1924 (RGBl. I S. 74) verordnet die Reichsregierung nach Anhörung des Reichsrats:

Artikel I.

Von Hypothekenbanken ausgegebene Pfandbriefe und andere Schuldverschreibungen.

§ 1.

Für die Aufwertung von Ansprüchen aus Pfandbriefen und anderen Schuldverschreibungen der im § 1 Abs. 2 Ziff. 5 der Dritten Steuernotverordnung bezeichneten Art gelten, soweit diese von Hypothekenbanken im Sinne des Hypothekenbankgesetzes ausgegeben sind, die nachstehenden Vorschriften.

§ 2.

Die Teilungsmasse besteht aus

a) den Hypotheken, Grundschulden, Reallasten, Pfandrechten, Wertpapieren und Forderungen, die bei Ablauf des 13. Februar 1924 im Register (§ 22 des Hypothekenbankgesetzes) als Deckung für die aufzuwertenden Pfandbriefe und anderen Schuldverschreibungen eingetragen waren.
b) den ersatzweise der Deckung zugeführten Geldbeträgen.

§ 3.

In die Teilungsmasse fließen
a) die Erträge aus den im § 2 bezeichneten Werten,
b) sämtliche zur Tilgung der Anlagen (§ 2a) eingehenden Leistungen,
c) die durch die Anlegung der Teilungsmasse gewonnenen Erträge.

§ 4.

(1) Die Teilungsmasse ist von der Bank gesondert von ihrem sonstigen Vermögen zu verwalten. Geldbeträge sind bis zu ihrer Ausschüttung verzinslich anzulegen. Die Aufsichtsbehörde (§ 3 des Hypothekenbankgesetzes) kann eine anderweitige Anlegung der Teilungsmasse gestatten.

(2) Während der Dauer des Verteilungsverfahrens finden die Vorschriften der §§ 6, 22, 30, 31 und des § 37 Abs. 2 des Hypothekenbankgesetzes in Ansehung der aufzuwertenden Pfandbriefe und anderen Schuldverschreibungen sowie der Teilungsmasse keine Anwendung.

(3) Während der Dauer des Verteilungsverfahrens finden Arreste und Zwangsvollstreckungen in die Teilungsmasse nicht statt. Ist über das Vermögen der Bank der Konkurs eröffnet, so findet in Ansehung der Befriedigung aus der Teilungsmasse § 35 Abs. 1 des Hypothekenbankgesetzes entsprechende Anwendung.

§ 5.

Für Hypotheken, Grundschulden, Reallasten und durch Hypothek gesicherte Forderungen ist im Zweifel als Tag des Erwerbes im Sinne des § 2 Abs. 2 der Dritten Steuernotverordnung der Tag der Eintragung des Rechtes in das Grundbuch anzusehen. Ist das Recht im Wege der Abtretung erworben, so ist im Zweifel als Tag des Erwerbes bei Hypotheken, Grundschulden und durch Hypothek gesicherten Forderungen, sofern ein Brief erteilt ist, der Ausstellungstag der Abtretungsurkunde, im übrigen der Tag der Eintragung der Abtretung in das Grundbuch anzusehen.

§ 6.

Bei Tilgungshypotheken bleiben für die Berechnung des Goldmarkbetrags die nach dem 31. Dezember 1922 gezahlten planmäßigen Tilgungsbeträge außer Betracht. Diese Vorschrift findet auf Grundschulden und Reallasten entsprechende Anwendung.

§ 7.

(1) Soweit Tilgungshypotheken zur Teilungsmasse gehören, kann die Aufwertungsstelle auf Antrag der Bank, falls nicht die wirtschaftliche Leistungsfähigkeit des Schuldners oder des belasteten Grundstücks es untunlich erscheinen lassen, bestimmen:

a) daß ein höherer als der vereinbarte Tilgungsbetrag zu leisten ist,

b) daß die Tilgungshypothek unter Aufhebung des Tilgungsplans in eine durch bestimmte Zahlungen zu tilgende Hypothek umgewandelt wird,

c) daß die Tilgungshypothek durch eine am 1. Januar 1932 fällige Hypothek umgewandelt wird, wenn der zu tilgende Restbetrag gegenüber der ursprünglichen Schuld verhältnismäßig geringfügig ist.

(2) Die Änderungen des Inhalts eingetragener Rechte nach Maßgabe der Entscheidung der Aufwertungsstelle sind auf Antrag der Bank oder des Eigentümers auf Kosten der Bank in das Grundbuch einzutragen.

(3) In jedem Falle kann die Rückzahlung einer Tilgungshypothek unter Einhaltung einer Kündigungsfrist von sechs Monaten spätestens zum 1. Januar 1935 verlangt werden. Auf Antrag der Bank oder des Eigentümers ist die entsprechende Änderung des Inhalts eingetragener Rechte auf Kosten der Bank in das Grundbuch einzutragen.

(4) Sind Pfandbriefe auf Grund von Grundschulden oder Reallasten ausgegeben, so gelten die Vorschriften der Abs. 1 bis 3 entsprechend.

§ 8.

Vereinbarungen über die Aufwertung der im § 2 bezeichneten Werte bedürfen der Zustimmung der Aufsichtsbehörde. Ist die Zustimmung erteilt, so steht den Gläubigern wegen solcher Vereinbarungen gegen die Bank ein Schadensersatzanspruch nicht zu.

§ 9.

Soweit der Schuldner nach dem Vertrage berechtigt oder verpflichtet ist, das Kapital der Hypothek oder Grundschuld in Pfandbriefen zurückzuzahlen, kann jede Partei verlangen, daß der aufgewertete Betrag in bar zu leisten ist.

§ 10.

Die gemäß § 5 Abs. 2 Satz 3 der Dritten Steuernotverordnung geschuldeten Zinsen sind, solange der Zinssatz weniger als 4 vom Hundert beträgt, jährlich, und zwar am 1. Juli eines jeden Jahres zu entrichten.

§ 11.

Die Bank hat zu der Teilungsmasse aus ihrem sonstigen Vermögen einen Beitrag zu leisten, wenn es die wirtschaftlichen Verhältnisse der Bank angemessen erscheinen lassen. Der Beitrag wird von der Aufsichtsbehörde festgesetzt.

§ 12.

Die Bank ist berechtigt, von allen in die Teilungsmasse fließenden Eingängen vorweg 20 vom Hundert als Verwaltungskostenbeitrag in Anspruch zu nehmen.

§ 13.

Bei der Verteilung werden auch solche Pfandbriefe berücksichtigt, die gekündigt oder ausgelost sind. Dies gilt auch dann, wenn die Pfandbriefe infolge der Kündigung oder Auslosung in den Besitz der Bank zurückgelangt sind, ohne daß der Inhaber seinen Aufwertungsanspruch verloren hat.

§ 14.

Zinsscheine der Pfandbriefe werden nicht eingelöst. Neue Zinsscheine werden nicht ausgegeben.

§ 15.

(1) Für die Berechnung des Goldmarkbetrags gilt als Ausgabetag jeder Pfandbriefserie oder jeden Pfandbriefjahrganges der Tag, an dem der Treuhändler zuerst Pfandbriefe dieser Serie oder dieses Jahrganges mit der durch § 30 Abs. 3 des Hypothekenbankgesetzes vorgeschriebenen Bescheinigung versehen hat. Interimsscheine können auf Antrag der Bank mit Zustimmung der Aufsichtsbehörde hinsichtlich des Ausgabetags den Pfandbriefen gleichgestellt werden.

(2) Verteilt sich die Ausgabe einer Serie oder eines Jahrganges auf verschiedene Zeitpunkte, die ganz oder teilweise nach dem 31. Dezember 1917 liegen, so kann die Aufsichtsbehörde auf Antrag der Bank nach einer von dieser auf Grund der verschiedenen Ausgabetage aufzustellenden Berechnung den Durchschnittsmittelkurs für Auszahlung New York festsetzen, nach welchem die Umrechnung des

Nennbetrags dieser Pfandbriefe in den Goldmarkbetrag zu erfolgen hat.

§ 16.

(1) Hat der Gläubiger oder sein Erblasser die Pfandbriefe in Umtausch gegen andere Pfandbriefe erhalten, so kann er verlangen, daß bei der Aufwertung seiner Pfandbriefe der Goldmarkbetrag der von ihm in Umtausch gegebenen Pfandbriefe berücksichtigt wird. Das Verlangen ist bis zum 31. Dezember 1924 bei der Bank zu stellen, widrigenfalls eine Berücksichtigung des Goldmarkbetrags der in Umtausch gegebenen Pfandbriefe nicht stattfindet.

(2) Sind die gegeneinander umgetauschten Pfandbriefe von verschiedenen Hypothekenbanken ausgegeben, so kann die Aufsichtsbehörde einen Ausgleich zwischen den Teilungsmassen der Hypothekenbanken anordnen. Diese Vorschrift findet entsprechende Anwendung, wenn die Pfandbriefe bei verschiedenen Teilungsmassen (§ 26) zu berücksichtigen sind. Sind mehrere Aufsichtsbehörden zuständig, so entscheiden sie im gegenseitigen Einvernehmen.

§ 17.

Die von der Bank mit verfügbaren Mitteln angekauften Pfandbriefe nehmen an der Verteilung teil.

§ 18.

Mit Pfandbriefen, die im Wege des Umtausches gegen andere Pfandbriefe oder im Wege der Einlösung in den Besitz der Bank gelangt sind, nimmt die Bank an der Verteilung nicht teil. Dasselbe gilt für Pfandbriefe, die die Bank bei der Rückzahlung von Hypotheken erhalten hat; jedoch nimmt sie mit solchen Pfandbriefen an der Verteilung teil, die sie gemäß § 12 als Verwaltungskostenbeitrag für sich in Anspruch nehmen kann.

§ 19.

Mit der Verteilung der Teilungsmasse ist zu beginnen, sobald nach der Entscheidung der Aufsichtsbehörde hinreichende bare Masse vorhanden ist.

§ 20.

(1) Bietet die Bank mit Zustimmung der Aufsichtsbehörde den Gläubigern eine Abfindung an, so gilt das Angebot als von allen Gläubigern angenommen, wenn es dreimal im Deutschen

Reichsanzeiger eingerückt worden ist und seit der letzten Einrückung drei Monate verstrichen sind, ohne daß ein Teil der Gläubiger, dessen Goldmarkansprüche mindestens 25 vom Hundert der Goldmarkansprüche sämtlicher bei der Verteilung zu berücksichtigenden Gläubiger beträgt, schriftlich bei der Aufsichtsbehörde widersprochen hat.

(2) Der Widerspruch ist nur wirksam, wenn ihm eine Bescheinigung eines deutschen Notars oder einer amtlichen Hinterlegungsstelle über die erfolgte Hinterlegung der Pfandbriefe beigefügt ist; die Bescheinigung muß den Nennbetrag sowie die Nummern- und Serienbezeichnung der Pfandbriefe enthalten. Die Rückgabe der Pfandbriefe darf nicht vor Ablauf der Frist erfolgen.

(3) Die Vorschriften des Abs. 2 finden im Falle des § 13 Satz 2 keine Anwendung.

(4) In dem Angebot ist auf die Zulässigkeit und die Art der Ausübung des Widerspruchs sowie auf die Folgen der Nichtausübung hinzuweisen.

§ 21.

Eine Abfindung gemäß § 20 durch Gewährung von Pfandbriefen ist nur zulässig, wenn die Pfandbriefe

1. bis zum 1. Januar 1927 ausgegeben werden,
2. auf Goldmark lauten, wobei eine Goldmark dem Preise von $^1/_{2790}$ Kilogramm Feingold entspricht (§ 2 der Verordnung zur Durchführung des Gesetzes über wertbeständige Hypotheken vom 29. Juli 1923, RGBl. I S. 482),
3. mit mindestens 4 vom Hundert jährlich zu verzinsen und
4. zum Nennbetrag einzulösen sind,

und wenn die Bank sich verpflichtet, die auf die Deckung bei ihr eingehenden ordentlichen und außerordentlichen Rückzahlungen zur Einlösung der Pfandbriefe im Wege der Auslosung zum Nennbetrage zu verwenden. Der im § 20 vorgesehene Widerspruch ist nur wirksam, wenn die Goldmarkansprüche der Gläubiger, die den Widerspruch erklärt haben, mindestens ein Drittel der Goldmarkansprüche sämtlicher bei der Verteilung zu berücksichtigenden Gläubiger betragen.

§ 22.

(1) Werden die Gläubiger gemäß §§ 20, 21 mit Pfandbriefen abgefunden, so ist die Bank, sofern sie sich bereit erklärt, die aufgewerteten Hypotheken als ihrerseits dauernd unkündbare Tilgungshypotheken den Schuldnern zu belassen, befugt, mit Wirkung vom

1. Januar 1928 neben den nach § 5 Abs. 2 der Dritten Steuernotverordnung zu entrichtenden Zinsen 3 vom Hundert jährliche Tilgung zu verlangen. Weigert sich der Schuldner, die entsprechende Änderung des Inhalts der Hypothek zu bewilligen, so wird die Bewilligung auf Antrag der Bank durch die Entscheidung der Aufwertungsstelle ersetzt.

(2) Der Schuldner kann, wenn dies mit Rücksicht auf seine und des belasteten Grundstücks wirtschaftliche Leistungsfähigkeit unerläßlich erscheint, die Herabsetzung des Tilgungssatzes in halbprozentigen Stufen oder den gänzlichen Wegfalls der Tilgung verlangen. Im Falle des gänzlichen Wegfalls der Tilgung kann die Bank die Zahlung des aufgewerteten Kapitalbetrags verlangen, jedoch nicht vor dem 1. Januar 1932. Die Kündigungsfrist beträgt, sofern nichts abweichendes vereinbart ist, sechs Monate. Das Verlangen auf Herabsetzung oder auf Wegfall der Tilgung muß spätestens sechs Monate, nachdem die Bank von der Befugnis gemäß Abs. 1 Satz 1 dem Schuldner gegenüber Gebrauch gemacht hat, bei der Aufwertungsstelle gestellt werden.

(3) Die bisherigen vertraglichen Kündigungs- und Rückzahlungsrechte des Schuldners bleiben unberührt.

(4) Streitigkeiten über die Ausgestaltung der als Deckung der Goldpfandbriefe dienenden Hypotheken entscheidet die Aufwertungsstelle.

(5) Die Vorschriften der Abs. 1 bis 4 finden auf Grundschulden und Reallasten entsprechende Anwendung.

(6) Änderungen des Inhalts eingetragener Rechte nach Maßgabe der Bewilligung der Beteiligten oder der Entscheidung der Aufwertungsstelle sind auf Antrag der Bank oder des Eigentümers auf Kosten der Bank in das Grundbuch einzutragen.

§ 23.

(1) Erläßt die Bank in den Fällen der §§ 19 bis 22 zum Abschluß des Verfahrens eine dreimalige Aufforderung im Reichsanzeiger an die Gläubiger, ihre Ansprüche anzumelden und die Pfandbriefe zur Geltendmachung ihrer Rechte vorzulegen, so kann sie den Anteil, der auf die bis zum Ablauf von drei Monaten nach der letzten Veröffentlichung nicht eingereichten Pfandbriefe entfällt, hinterlegen, sofern nicht innerhalb der Frist der Antrag auf Einleitung eines Aufgebotsverfahrens oder auf Zahlungssperre nachgewiesen ist.

(2) Im Falle des § 13 Satz 2 ist die Bank zur Hinterlegung nur befugt, wenn der Gläubiger die Anmeldung seines Anspruchs innerhalb der Frist unterlassen hat.

(3) In der Aufforderung ist auf die Folgen der Nichteinhaltung der Frist hinzuweisen.

§ 24.

(1) Zuständig sowohl für die Pfandbriefe als auch für die im § 2 bezeichneten Werte ist die Aufwertungsstelle, in deren Bezirk die Bank ihren Sitz hat.

(2) Auf Antrag der Bank kann der Reichsminister der Justiz im Einvernehmen mit der obersten Landesbehörde bestimmen, daß an Stelle der für den Sitz der Bank zuständigen Aufwertungsstelle eine andere Aufwertungsstelle zuständig ist.

§ 25.

Das Gesetz, betreffend die gemeinsamen Rechte der Besitzer von Schuldverschreibungen vom 4. Dezember 1899 (RGBl. S. 691) findet auf die nach Maßgabe dieser Verordnung aufzuwertenden Pfandbriefe keine Anwendung.

§ 26.

Auf Antrag der Bank kann die Aufsichtsbehörde bestimmen, daß für verschiedene Ausgaben von Pfandbriefen verschiedene Teilungsmassen gebildet werden, wenn die Deckung auch bisher getrennt verwaltet wurde oder wenn die Pfandbriefe erkennbar auf Grund einer besonderen Deckung ausgegeben sind.

§ 27.

Die Aufsichtsbehörde kann die ihr nach dieser Verordnung zustehenden Befugnisse auf eine andere Stelle übertragen.

§ 28.

Soweit nach dieser Verordnung die Zuständigkeit der Aufwertungsstelle begründet ist, finden die Vorschriften des § 9 Abs. 2 bis 6 der Dritten Steuernotverordnung sowie der zweiten Verordnung zur Durchführung des Artikel I der Dritten Steuernotverordnung vom 24. Mai 1924 (RGBl. I S. 561) Anwendung.

§ 29.

(1) Für die Aufwertung der Ansprüche aus den in den §§ 41, 42 des Hypothekenbankgesetzes bezeichneten Schuldverschreibungen

gelten die §§ 6 bis 28 und, soweit die Teilungsmasse aus Vermögensanlagen der im § 1 Abs. 2 Ziff. 1 bis 4 der Dritten Steuernotverordnung bezeichneten Art besteht, auch die Vorschrift des § 5 entsprechend.

(2) Für die Schuldverschreibungen gemäß § 41 des Hypothekenbankgesetzes und die Schuldverschreibungen gemäß § 42 des Hypothekenbankgesetzes wird je eine besondere Teilungsmasse gebildet.

(3) Sind Pfandbriefe in Umtausch gegen die in den §§ 41, 42 des Hypothekenbankgesetzes bezeichneten Schuldverschreibungen oder solche Schuldverschreibungen in Umtausch gegen Pfandbriefe gegeben worden, so finden die Vorschriften des § 16 entsprechende Anwendung.

Artikel II.

Von anderen Grundkreditanstalten als Hypothekenbanken, von Schiffsbeleihungsbanken sowie von Ablösungsanstalten ausgegebene Pfandbriefe und andere Schuldverschreibungen.

§ 30.

(1) Ansprüche aus Pfandbriefen, Rentenbriefen und anderen verzinslichen oder an Stelle der Verzinsung mit einem Aufgeld rückzahlbaren Schuldverschreibungen, die von anderen Grundkreditanstalten als Hypothekenbanken im Sinne des Hypothekenbankgesetzes, von Schiffsbeleihungsbanken sowie von Ablösungsanstalten ausgegeben sind, werden auf der Grundlage des § 6 Abs. 1 der Dritten Steuernotverordnung sowie der §§ 1 bis 29 dieser Verordnung aufgewertet, sofern den Gläubigern an der den Schuldverschreibungen zugrundeliegenden Deckung ein Pfandrecht oder ein Recht auf vorzugsweise oder ausschließliche Befriedigung zusteht.

(2) Die näheren Anordnungen werden von den obersten Landesbehörden getroffen; sie entscheiden über das Vorliegen der Voraussetzungen des Abs. 1.

§ 31.

Steht den Gläubigern an der den Schuldverschreibungen (§ 30) zugrunde liegenden Deckung ein Pfandrecht oder ein Recht auf vorzugsweise oder ausschließliche Befriedigung nicht zu, so können die obersten Landesbehörden Grundsätze über die Herabsetzung des

Betrags der Aufwertung der Schuldverschreibungen aufstellen und die näheren Anordnungen für die Durchführung der Aufwertung treffen. Sie entscheiden über das Vorliegen der Voraussetzungen des Satzes 1.

Berlin, den 15. August 1924.

Der Reichskanzler
In Vertretung
Dr. Jarres.

Der Reichsminister der Justiz
In Vertretung
Dr. Joel.

Vierte Verordnung zur Durchführung des Artikels I der Dritten Steuernotverordnung. Vom 28. August 1924.

Auf Grund der §§ 8, 64 der Dritten Steuernotverordnung vom 14. Februar 1924 (RGBl. I S. 74) verordnet die Reichsregierung:

Artikel I.

Private Versicherungsunternehmungen.

§ 1.

Der Aufwertung unterliegen sämtliche Ansprüche der Versicherten aus Lebensversicherungsverträgen (Versicherung auf den Lebensfall, auf den Todesfall, Kapitalversicherung, Rentenversicherung, usw., ferner Invaliditäts-, Alters-, Witwen-, Waisen- Aussteuer- und Militärdienstversicherung, gleichviel ob auf Kapital oder Rente), soweit sie vor dem 14. Februar 1924 begründet sind und die Zahlung einer bestimmten in Reichswährung ausgedrückten Geldsumme zum Gegenstande haben. Unter den gleichen Voraussetzungen werden diesen Ansprüchen gleichgeachtet die Ansprüche der Versicherten aus Kranken-, Unfall- und Haftpflichtversicherungsverträgen, soweit für diese Ansprüche nach gesetzlichen Bestimmungen oder nach Vorschrift der Aufsichtsbehörde vor dem 14. Februar 1924 ein Prämienreservefonds im Sinne der §§ 56ff. des Versicherungsaufsichtsgesetzes zu bilden war. Ansprüche aus Haftpflichtversicherungsverträgen mit unbegrenzter Deckung bleiben von dieser Regelung unberührt.

§ 2.

(1) Die im § 1 bezeichneten Ansprüche werden nach Maßgabe der verfügbaren Mittel unter Zugrundelegung der auf sie geschäftsplanmäßig entfallenden Reserven (technischen Reserven) nach Abzug der Prämienrückstände und der den Versicherungsnehmern etwa gewährten Policedarlehen und Vorauszahlungen aufgewertet. Die technischen Reserven sowie die Prämienrückstände, die Policedarlehen und Vorauszahlungen werden hierbei nach ihrem Goldmarkbetrag in sinngemäßer Anwendung des § 2 Abs. 2 der Dritten Steuernotverordnung berechnet. Für die Durchführung dieser Bestimmungen kann die Aufsichtsbehörde nähere Vorschriften erlassen.

(2) Bei der lebenslänglichen Haftpflichtversicherung mit begrenzter Deckung wird die vertraglich festgesetzte Höchstversicherungssumme (Deckungssumme) auf der Grundlage der auf die Versicherung entfallenden technischen Reserven gemäß Abs. 1 in Goldmark umgerechnet. Nach Eintritt des Versicherungsfalls wird der durch rechtskräftiges Urteil, Vergleich oder Anerkenntnis festgestellte Schadensbetrag zu einem dem Verhältnis dieser neu berechneten Deckungssumme zur vertraglichen Deckungssumme entsprechenden Teile, höchstens jedoch die neu berechnete Deckungssumme vergütet.

§ 3.

(1) Das dem Treuhänder zu überweisende Vermögen der Versicherungsunternehmung bildet den Aufwertungsstock. In ihn fließen unbeschadet der Vorschrift des § 4 sämtliche im Sinne des Artikels I §§ 1 bis 13 der Dritten Steuernotverordnung aufgewerteten Vermögensanlagen der Unternehmung, die ihr bei Ablauf des 13. Februar 1924 gehörten, soweit sie nicht verpfändet oder gemäß § 57 Abs. 1 Satz 2 des Versicherungsaufsichtsgesetzes als besondere Sicherheit gestellt sind. Soweit Hypotheken zum Aufwertungsstock gehören, finden die Vorschriften der §§ 5 bis 7 der Dritten Verordnung zur Durchführung des Artikel I der Dritten Steuernotverordnung vom 15. August 1924 (RGBl. I S. 682) entsprechende Anwendung.

(2) Wenn es die wirtschaftlichen Verhältnisse der Unternehmung angemessen erscheinen lassen, sind auf Verlangen und nach näherer Bestimmung der Aufsichtsbehörde Beiträge aus dem sonstigen Vermögen der Unternehmung in den Aufwertungsstock zu leisten. Die Beiträge sind auf Antrag des Treuhänders nach

den landesrechtlichen Vorschriften über die Beitreibung öffentlicher Abgaben einzuziehen.

(3) Der Treuhänder ist mit Zustimmung der Aufsichtsbehörde berechtigt und auf ihre Weisung verpflichtet, Teile des Aufwertungsstocks für die Befriedigung anderweitiger Verpflichtungen der Unternehmung (Verwaltungskosten, Fremdwährungsverpflichtungen, Ansprüche aus Kranken-, Unfall- und Haftpflichtversicherungsverträgen, soweit sie nicht unter § 1 fallen, usw.) freizugeben, wenn die beabsichtigte Verwendung des freizugebenden Teiles zur wirtschaftlichen Erhaltung der Unternehmung oder zur Abwendung einer groben Unbilligkeit geboten oder nach der Gesamtlage der Unternehmung für die Versicherten vorteilhaft erscheint.

(4) Streitigkeiten, die zwischen dem Treuhänder und der Unternehmung über den Aufwertungsstock entstehen, werden durch die Aufsichtsbehörde unter Ausschluß des Rechtswegs in dem durch §§ 73, 74 und 84 des Versicherungsaufsichtsgesetzes geregelten Verfahren entschieden; im gleichen Verfahren ergehen auch die im Abs. 2 und 3 vorgesehenen Entscheidungen der Aufsichtsbehörde.

§ 4.

(1) Kommen bei einer Unternehmung mehrere Versicherungszweige in Betracht, so werden für die auf Reichswährung lautenden Versicherungen die im § 3 Abs. 1 bezeichneten Vermögensanlagen im Einvernehmen mit dem Treuhänder auf die verschiedenen Versicherungszweige im Verhältnis der Goldmarkbeträge der auf sie entfallenden technischen Reserven aufgeteilt; § 2 Abs. 1 Satz 2, 3 gelten entsprechend. Bei der Aufteilung darf auf die Aufwertungsstöcke der Lebensversicherung, der Kranken-, Unfall- und Haftpflichtversicherung nicht weniger entfallen, als die zugehörigen Prämienreservefonds an aufgewerteten Vermögensanlagen enthalten haben.

(2) Die Aufteilung bedarf der Genehmigung der Aufsichtsbehörde. § 3 Abs. 4 findet Anwendung. Ergeben sich bei der Aufteilung nach Abs. 1 offenbare Unbilligkeiten, so hat auf Verlangen der Aufsichtsbehörde eine andere Aufteilung zu erfolgen.

§ 5.

(1) Der Treuhänder hat den Aufwertungsstock zu verwalten. Er ist berechtigt über ihn zu verfügen, soweit diese Verfügung im Interesse der Versicherten, insbesondere zu einer schnellen Durchführung der Aufwertung zweckdienlich erscheint; er soll vor dieser

Verfügung die Unternehmung anhören und bei ihrem Widerspruch die Entscheidung der Aufsichtsbehörde einholen.

(2) Der Treuhänder hat für die Verwendung des Aufwertungsstocks einen Plan (Verteilungsplan) aufzustellen. Aus dem Verteilungsplan müssen sich die auf die Versicherungen entfallenden Aufwertungsanteile ergeben. Soweit die Versicherungsansprüche noch nicht fällig sind, wird für sie eine beitragsfreie oder beitragspflichtige Versicherung auf Goldmark im Verteilungsplane berechnet.

(3) Bei der Berechnung der neuen Versicherungsansprüche können die Versicherungsformen geändert, insbesondere kann der Ablauf der Versicherungen bis Ende 1932 hinausgeschoben und die Gewinnbeteiligung aufgehoben oder in anderer Weise geregelt werden. Beim Rückkauf ist dem Versicherungsnehmer die volle Prämienreserve zu gewähren.

(4) Mit Genehmigung der Aufsichtsbehörde können Zahlungen aus den aufgewerteten Versicherungsverhältnissen bis Ende 1932 abgelehnt werden.

(5) Die Fortsetzung des Versicherungsverhältnisses als beitragspflichtige Versicherung gilt nur dann als vereinbart, wenn die nach dem Verteilungsplane zu leistende erste Prämienzahlung innerhalb der gestellten Frist bewirkt ist.

§ 6.

Im Verteilungsplane kann vorgesehen werden, daß die Ansprüche für gewisse Gruppen von Versicherungsnehmern oder für die Versicherungsnehmer aller oder einzelner Jahrgänge der seit dem 1. Januar 1919 abgeschlossenen Versicherungen aus der allgemeinen Verteilung ausscheiden und abgesondert geregelt werden. In diesem Falle kann insbesondere dem Versicherungsnehmer an Stelle seiner bisherigen Versicherung eine neue beitragspflichtige Versicherung mit einem von der Aufsichtsbehörde festgesetzten Mindestbetrag unter Berücksichtigung seines Aufwertungsanteils angeboten werden. Lehnt der Versicherungsnehmer dieses Angebot ab, so wird ihm nach Wahl der Unternehmung sein Aufwertungsanteil auf seine Kosten bar ausgezahlt oder eine entsprechende beitragsfreie Versicherung eingeräumt. Die Bestimmung des § 5 Abs. 4 findet entsprechende Anwendnug.

§ 7.

Beträgt der Aufwertungsanteil weniger als 30 Goldmark, so kann in dem Verteilungsplan angeordnet werden, daß der Aufwertungsanteil dem Versicherungsnehmer unter Aufhebung des Versicherungsverhältnisses bar auszuzahlen ist. Beträgt der Aufwertungsanteil bei Versicherungen über eine Summe von mehr als 2000 Mark oder eine Jahresrente von mehr als 100 Mark weniger als 10 Goldmark, bei anderen Versicherungen weniger als 3 Goldmark, so wird er nicht ausgezahlt, sondern einer Rücklage zugeführt, die der Treuhänder zum Ausgleich besonderer Härten mit Zustimmung der Aufsichtsbehörde für die Versicherten zu verwenden hat.

§ 8.

Der Treuhänder hat mit Genehmigung der Aufsichtsbehörde den Aufwertungsstock ganz oder teilweise an die Unternehmung herauszugeben, wenn und soweit eine besondere Regelung bestimmter Ansprüche nach § 6 erfolgt oder erfolgt ist, oder wenn Vereinbarungen im Sinne des § 13 Abs. 1 der Dritten Steuernotverordnung mit Genehmigung der Aufsichtsbehörde getroffen werden.

§ 9.

Der Verteilungsplan wird mit der Genehmigung durch die Aufsichtsbehörde verbindlich. Die Genehmigung des Verteilungsplans erfolgt, sofern bei der Aufsichtsbehörde Bedenken bestehen, in dem durch die §§ 73, 74 und 84 des Versicherungsaufsichtsgesetzes geregelten Verfahren.

§ 10.

Nach Genehmigung des Verteilungsplans hat der Treuhänder den Aufwertungsstock der Unternehmung zur Verfügung zu stellen. Die Unternehmung hat für die neu berechneten Versicherungsansprüche gemäß § 56ff. des Versicherungsaufsichtsgesetzes die Prämienreserven zu berechnen und die erforderlichen Beträge dem Prämienreservefonds zuzuführen. Bis zu ihrer Zuführung finden die Vorschriften des § 61 des Versicherungsaufsichtsgesetzes zugunsten der neu berechneten Versicherungsansprüche auf den Aufwertungsstock Anwendung; Arreste und Zwangsvollstreckungen finden in den Aufwertungsstock nicht statt.

§ 11.

(1) Sind bei einer deutschen Unternehmung unzureichend gedeckte Fremdwährungsverpflichtungen vorhanden, so wird der Aufwertungsstock unbeschadet der Vorschriften des § 3 Abs. 2, 3

zwischen den Versicherungen in Fremdwährung und in Reichswährung im Einvernehmen mit dem Treuhänder im Verhältnis der in sinngemäßer Anwendung des § 2 Abs. 1 berechneten Goldmarkbeträge der auf sie entfallenden technischen Reserven nach Maßgabe der folgenden Vorschriften aufgeteilt.

(2) Versicherungen in Fremdwährung, die nicht am Prämienreservefonds (§ 57 des Versicherungsaufsichtsgesetzes) beteiligt sind, werden nur bei der Aufteilung des nicht zum Prämienreservefonds gehörigen Teiles des Aufwertungsstocks und nur mit dem Teile ihrer Ansprüche berücksichtigt, der nicht durch die für sie im Ausland gestellten Sicherheiten gedeckt ist.

(3) Die übrigen Versicherungen in Fremdwährung werden bei der Verteilung des zum Prämienreservefonds gehörigen Teiles des Aufwertungsstocks berücksichtigt. Außerdem gebührt ihnen der auch nach Durchführung des § 3 Abs. 2 nicht zum Aufwertungsstocke gehörige Teil des Prämienreservefonds und eine etwaige für sie besonders gestellte Sicherheit.

(4) Soweit die im Abs. 3 bezeichneten Versicherungen in Fremdwährung nicht gedeckt sind, nehmen sie auch bei der Verteilung des nicht zum Prämienreservefonds gehörigen Teiles des Aufwertungsstocks neben den Versicherungen in Reichswährung teil; beide Arten von Versicherungen werden nur in Höhe des Ausfalls bei dieser Verteilung berücksichtigt.

(5) Der auf die Versicherungen in Reichswährung entfallende Anteil wird auch im Konkurse der Unternehmung oder bei Maßnahmen nach § 69 des Versicherungsaufsichtsgesetzes ausschließlich zugunsten der Versicherungen in Reichswährung mit Genehmigung der Aufsichtsbehörde verwendet.

(6) Das Verteilungsverfahren ist auszusetzen, wenn mit Zustimmung der Aufsichtsbehörde Verhandlungen über eine Regelung der Fremdwährungsverpflichtungen im Vergleichswege schweben. Kommt ein Vergleich zustande, so entfällt für die davon betroffenen Versicherungen das Verfahren nach Abs. 1 bis 4.

§ 12.

(1) Der Treuhänder wird nach Anhörung der Unternehmung durch die Aufsichtsbehörde gestellt. Er darf nicht Mitglied des Vorstandes oder des Aufsichtsrats oder Angestellter der Unternehmung sein und auch nicht zu ihren Aktionären gehören. Der Treuhänder erhält eine Bestallung. Die nach den Vorschriften des Versicherungsaufsichtsgesetzes der Aufsichtsbehörde obliegende Überwachung des

Geschäftsbetriebs der Unternehmung erstreckt sich auch auf die Geschäftsführung des Treuhänders. Er kann bei Vorliegen eines wichtigen Grundes entlassen werden.

(2) Die Vergütung für den Treuhänder wird nach Anhörung der Unternehmung durch die Aufsichtsbehörde festgesetzt; die Vergütung und die übrigen Kosten des Aufwertungsverfahrens gehen zu Lasten des Aufwertungsstocks. Der Treuhänder kann bei Ausübung seiner Obliegenheiten die Mitwirkung der Unternehmung gegen angemessene Vergütung in Anspruch nehmen; im Streitfall entscheidet die Aufsichtsbehörde unter Ausschluß des Rechtsweges über die Höhe der Vergütung.

(3) Das Amt des Treuhänders endigt, sobald der Aufwertungsstock der Unternehmung gemäß § 10 zur Verfügung gestellt ist. Der Treuhänder hat nach Beendigung seines Amtes die Bestallung der Aufsichtsbehörde zurückzugeben.

§ 13.

Die Aufsichtsbehörde kann auf Antrag der Unternehmung oder des Treuhänders eine Ausschlußfrist für die Anmeldung der im Verteilungsplane zu berücksichtigenden Ansprüche festsetzen. Die Ausschlußfrist ist nach näherer Vorschrift der Aufsichtsbehörde bekanntzumachen.

§ 14.

Bei den kleineren Vereinen im Sinne des § 53 des Versicherungsaufsichtsgesetzes und bei den nach dem Angestelltenversicherungsgesetze zugelassenen Ersatzkassen kann von der Bestellung eines Treuhänders abgesehen werden. In diesem Falle wird die Verwendung der im § 3 Abs. 1 bezeichneten Vermögensanlagen durch den Geschäftsplan geregelt, der der Genehmigung der Aufsichtsbehörde bedarf. Die Aufstellung des Geschäftsplans erfolgt durch übereinstimmenden Beschluß von Vorstand und Aufsichtsrat oder, wenn ein Aufsichtsrat nicht vorhanden ist, durch den Vorstand.

§ 15.

Wenn aus Anlaß der Übertragung eines Versicherungsbestandes Vermögensanlagen übertragen worden sind, so ist für die Berechnung des Goldmarkbetrags dieser Vermögensanlagen der Tag maßgebend, an welchem der Anspruch für die übertragende Unternehmung begründet wurde. Das gleiche gilt bei der Übertragung von Vermögensanlagen, die anläßlich der durch Währungsschwierigkeiten bedingten Übertragung einzelner Versicherungen auf eine andere Versicherungsunternehmung erfolgt ist.

§ 16.

Bei einer Entscheidung nach den §§ 73, 74 und 84 des Versicherungsaufsichtsgesetzes auf Grund dieser Verordnung gelten die Unternehmung und der Treuhänder im Sinne der §§ 73 Abs. 7, 74 des Versicherungsaufsichtsgesetzes als Beteiligte.

§ 17.

Auf Ansprüche aus Lebensversicherungsverträgen, die mit ausländischen, im Inland nicht beaufsichtigten Unternehmungen abgeschlossen sind, finden die Vorschriften der §§ 1 bis 16 keine Anwendung; für diese Ansprüche bewendet es bei den für sie geltenden allgemeinen Bestimmungen.

Artikel II.

Öffentliche Versicherungsunternehmungen.

§ 18.

Die Vorschriften des Artikel I finden Anwendung, wenn der Anspruch aus dem Versicherungsvertrage gegen eine auf Grund landesgesetzlicher Vorschriften errichtete öffentliche Versicherungsanstalt gerichtet ist.

Berlin, den 28. August 1924.

Der Reichskanzler
Marx.

Der Reichsminister der Justiz
In Vertretung
Dr. Joel.

Fünfte Verordnung zur Durchführung des Artikels I der Dritten Steuernotverordnung. Vom 18. November 1924. (RGBl. I S. 745.)

Auf Grund des § 9 der Dritten Steuernotverordnung vom 14. Februar 1924 (RGBl. I S. 74) verordnet die Reichsregierung nach Anhörung des Reichsrats:

Im § 1 Abs. 2 der Zweiten Verordnung zur Durchführung des Artikels I der Dritten Steuernotverordnung vom 24. Mai 1924 (RGBl. I S. 561) wird als zweiter Satz folgende Vorschrift eingefügt:

Wird das Grundbuch, Schiffsregister oder Bahngrundbuch im Inland nicht geführt, so ist bei Ansprüchen der im § 1 Abs. 2 Ziff. 4 der Dritten Steuernotverordnung bezeichneten Art das Amtsgericht zuständig, bei welchem der Schuldner seinen allgemeinen Gerichtsstand hat.

Berlin, den 18. November 1924.

Der Reichsminister der Justiz
In Vertretung
Dr Joel.

Bay. Verordnung über die Aufwertungsstellen.
Staatsministerien der Justiz, des Innern und der Finanzen.

Auf Grund der §§ 1, 5, 6 der zweiten Verordnung zur Durchführung des Art. I der Dritten Steuernotverordnung vom 24. Mai 1924 (RGBl. I S. 561) wird bestimmt:

§ 1.

Aufwertungsstelle ist das Amtsgericht.

Die Aufwertungsstreitigkeiten sind zu einer oder, wo ihr Umfang es nicht gestattet, zu mehreren besonderen Geschäftsaufgaben zusammenzufassen.

§ 2.

Anträge und Erklärungen an die Aufwertungsstelle können bei dem Gerichtsschreiber des als Aufwertungsstelle zuständigen Amtsgerichts oder beim Gerichtsschreiber eines anderen Amtsgerichts zu Protokoll gegeben werden. Der Gerichtsschreiber eines anderen Amtsgerichts hat sie der zuständigen Aufwertungsstelle zu übersenden.

§ 3.

Für die Entgegennahme der im § 7 Abs. 1 der Dritten Steuernotverordnung vorgesehenen Anmeldung der Guthaben bei einer öffentlichen Sparkasse ist an Stelle des Amtsgerichts die Sparkasse zuständig. Öffentliche Sparkassen in diesem Sinne sind die zur Anlegung von Mündelgeld geeignet erklärten Sparkassen. Über die

Anmeldung hat die Sparkasse dem Anmeldenden kosten- und gebührenfrei eine Bescheinigung zu erteilen.

Ist bereits eine Anmeldung beim Amtsgericht erfolgt, so ist der Anmeldepflicht dadurch genügt. Das Amtsgericht hat die Anmeldung der Sparkasse zuzuleiten.

§ 4.

Die bei der Aufwertungsstelle gemäß § 9 der Dritten Steuernotverordnung eingehenden Anträge sind in ein Register für Aufwertungssachen — „AW" — nach dem beigefügten Muster einzutragen.

Schon angelegte Register dürfen fortgeführt werden; sie sind dem beigefügten Muster entsprechend zu ergänzen.

Die entstehenden Aktenstücke sind für jede Aufwertungssache in einem Umschlag zu sammeln, der mit der Nummer des Registers zu versehen ist. Für die Anträge auf Ausstellung einer Bescheinigung nach § 6 der zweiten Verordnung zur Durchführung des Art. I der Dritten Steuernotverordnung vom 24. Mai 1924 sind Sammelakten anzulegen.

§ 5.

Der Entscheidung des Amtsgerichts ist anzufügen, daß gegen sie binnen einer Frist von vierzehn Tagen nach dem Tage der Zustellung die sofortige Beschwerde an das Oberste Landesgericht zulässig ist (Art. I des Gesetzes vom 2. August 1924 zur Durchführung des § 9 der Dritten Steuernotverordnung, GVBl. S. 191) und daß diese Beschwerde zu Protokoll des Gerichtsschreibers des Amtsgerichts oder des Obersten Landesgerichts oder durch Einreichung einer von einem Rechtsanwalt unterzeichneten Beschwerdeschrift bei einem dieser Gerichte eingelegt werden muß, daß die Beschwerde aber nur darauf gestützt werden kann, daß die Entscheidung auf einer Verletzung des Gesetzes beruht.

Wird die Entscheidung zu Protokoll des Gerichts bekannt gemacht (§ 16 Abs. 3 FGG.), so ist die Beschwerdebelehrung zu Protokoll zu erteilen.

§ 6.

Im Verfahren vor der Aufwertungsstelle und dem Beschwerdegericht werden Gebühren und Auslagen erhoben.

Für die Erhebung der Gebühren und Auslagen gelten, soweit im Folgenden nicht Anderes bestimmt ist, die Vorschriften des Kostengesetzes vom 16. Februar 1921 und der dazu ergangenen Ergänzungsvorschriften, namentlich der Bekanntmachung vom

4. Januar 1924 (GVBl. S. 7) über die Angelegenheiten der freiwilligen Gerichtsbarkeit, die von den Gerichten wahrgenommen werden.

§ 7.

Der Mindestbetrag der Gebühren beträgt 1 Goldmark. Der Höchstbetrag darf das Doppelte der vollen Gebühr des § 8 des Reichsgerichtskostengesetzes nicht übersteigen. Innerhalb dieses Rahmens werden die Gebühren von der Aufwertungsstelle und vom Beschwerdegericht nach dem Wert des Streitgegenstandes, dem Maße der Inanspruchnahme der Behörde und der Leistungsfähigkeit des Pflichtigen festgesetzt.

§ 8.

Wird vom Beschwerdegericht eine Sache zur anderweitigen Verhandlung an die Aufwertungsstelle zurückverwiesen, so gilt die Fortsetzung des Verfahrens vor der Aufwertungsstelle für die Gebührenerhebung nicht als ein neues Verfahren.

§ 9.

Der Wert des Streitgegenstandes wird von der Aufwertungsstelle, für das Beschwerdeverfahren vom Beschwerdegericht unter Berücksichtigung der gestellten Anträge nach freiem Ermessen festgesetzt.

§ 10.

Gegen die Streitwertsfestsetzung der Aufwertungsstelle und gegen Entscheidungen der Aufwertungsstelle über Erinnerungen gegen den Ansatz von Gebühren und Auslagen ist die Beschwerde nach Maßgabe des Art. 42 des Kostengesetzes zulässig. Über die Beschwerde entscheidet das Oberste Landesgericht.

§ 11.

Die Gebühren werden bei der Beendigung des Verfahrens, die Auslagen bei der Entstehung fällig.

§ 12.

Das Verfahren ist stempelfrei. Urkunden, von denen im Verfahren Gebrauch gemacht wird, sind nur soweit stempelpflichtig, als sie es auch ohne diesen Gebrauch sein würden.

§ 13.

Die Aufwertungsstelle kann eine Bescheinigung darüber, ob bei ihr bis zum 31. Dezember 1924 ein Antrag auf Herabsetzung des Aufwertungsbetrages oder auf anderweitige Abweichung von dem normalen Höchstsatz der Aufwertung eingegangen ist, auch ohne Darlegung eines berechtigten Interesses erteilen. Für die Bescheinigung wird in diesem Falle eine Gebühr von 1—5 Goldmark erhoben.

§ 14.

Diese Verordnung tritt mit dem Tage der Verkündung in Kraft.

München, den 5. September 1924.

In Vertretung
Dr. H. Schmitt. Stützel.

In Vertretung
Dr. v. Deybeck.

Register für Aufwertungssachen „AW".

Fortlaufende Jahresnummer	Tag des Eingangs des Antrags	Name, Beruf und Wohnort		Tag des Einigungsversuchs	Tag der Erledigung				Bemerkungen
		des Antragstellers	des Antraggegners		durch Vergleich	durch Beschluß der Aufwertungsstelle	durch Beschluß des Beschwerdegerichts	auf andere Weise	
1	2	3a	3b	4	5a	5b	5c	5d	6

Durchführungsbestimmungen zum Geldentwertungsausgleiche bei Schuldverschreibungen (Obligationensteuer).

Auf Grund des Artikel III § 22 Abs. 2 bis 4 und des Artikel IX § 64 Abs. 1 der Dritten Steuernotverordnung vom 14. Februar 1924 (RGBl. I S. 74) sowie des Artikel XVIII § 1 Abs. 5 der Zweiten Steuernotverordnung vom 19. Dezember 1923 (RGBl. I S. 1205) wird folgendes bestimmt:

A. Zuständigkeit.

Sachliche Zuständigkeit.

§ 1.

Die Obligationensteuer auf Grund der Dritten Steuernotverordnung (VO.) wird von den Finanzämtern, denen die Verwaltung der Gesellschaftssteuer des Kapitalverkehrsteuergesetzes übertragen ist, verwaltet.

Örtliche Zuständigkeit.

§ 2.

(1) Örtlich zuständig ist das Finanzamt, in dessen Bezirk der Steuerpflichtige seinen Wohnsitz hat. Bei Personenvereinigungen und juristischen Personen ist das Finanzamt örtlich zuständig, in dessen Bezirk sich der Ort der Leitung befindet. Liegt der Ort der Leitung im Ausland, der Sitz aber im Inland, so ist der Sitz maßgebend.

(2) Die §§ 57 bis 61 der Reichsabgabenordnung finden Anwendung.

B. Gegenstand der Besteuerung. Steuerpflichtige Personen. Befreiungen.

Schuldverschreibungen (§ 18 VO.).

§ 3.

(1) Schuldverschreibungen im Sinne der Obligationensteuer sind

a) verzinsliche Schuldverschreibungen und Rentenverschreibungen inländischer Schuldner, falls sie
   1. auf den Inhaber lauten oder
   2. durch Indossament übertragbar sind oder
   3. in Teilabschnitten ausgefertigt sind, und zwar auch dann, wenn sie nicht ausdrücklich als Teilschuldverschreibungen oder Teilrentenverschreibungen bezeichnet sind, oder
   4. mit Zins- oder Rentenscheinen versehen sind

   (§ 25 Abs. 1 zu a KVStG.),

b) schuldverschreibungsähnliche Aktien inländischer Aktiengesellschaften und Kommanditgesellschaften auf Aktien, soweit sie bis zum 14. Februar 1924 getilgt sind. Als schuldverschreibungsähnliche Aktien gelten Aktien, bei denen der Gewinnanteil und der Anteil am Liquidationserlöse sowie im Falle der Einziehung nach § 227 des Handelsgesetzbuchs der Rückzahlungsbetrag auf einen Hundertsatz des Nennbetrags beschränkt ist, es sei denn, daß es sich um Aktien handelt, die ein über die Vorschriften des § 252 Abs. 1 Satz 2, § 320 Abs. 3 des Handelsgesetzbuchs hinausgehendes Stimmrecht gewähren,

c) Zwischenscheine über Einzahlungen auf die Verschreibungen zu a und b.

Steuerschuldner.

§ 4.

(1) Steuerschuldner ist, wer zur Tilgung der Schuldverschreibungen nach den für sie gegebenen Bestimmungen verpflichtet oder berechtigt gewesen ist oder wem die Verpflichtung oder Berechtigung zur Tilgung obliegt (§ 20 VO.).

(2) Im Falle der Rechtsnachfolge sind neben den Personen, die die Schuldverschreibungen begeben haben, auch die Rechtsnachfolger Steuerschuldner. Dies gilt inbesondere für

a) den Erwerber eines Handelsgeschäfts,
b) den Erben,
c) die aufnehmende Gesellschaft im Falle der Verschmelzung von Aktiengesellschaften oder Kommanditgesellschaften auf Aktien,

wegen der von dem früheren Inhaber, von dem Erblasser oder von der aufgenommenen Gesellschaft begebenen Schuldverschreibungen.

Befreiungen.

§ 5.

(1) Von der Steuer sind Grundkreditanstalten und Schiffsbeleihungsbanken befreit (§ 19 Abs. 1 VO.).

(2) Als Grundkreditanstalten gelten insbesondere

a) Aktiengesellschaften und Kommanditgesellschaften auf Aktien, bei denen der Gegenstand des Unternehmens in der hypothekarischen Beleihung von Grundstücken und der Ausgabe von Schuldverschreibungen auf Grund der erworbenen Hypotheken besteht, sofern dem Unternehmen die nach § 1 des Hypothekenbankgesetzes erforderliche Genehmigung erteilt ist,

b) die nach § 45 des Hypothekenbankgesetzes zugelassenen Hypothekenbanken und eingetragenen Genossenschaften (z. B. Bayerische Landwirtschaftsbank, e. G. m. b. H.),

c) die Landschaften und Stadtschaften.

§ 6.

(1) Der Steuer unterliegen nicht Schuldverschreibungen, soweit sie vor dem 1. Januar 1918 getilgt worden sind (§ 19 Abs. 2 zu a VO.).

(2) Die Befreiung kann nur insoweit in Anspruch genommen werden, als die Tilgung bis zum 31. Dezember 1917 erfolgt ist. Sind vor dem 1. Januar 1918 ausgegebene Schuldverschreibungen zum Teil bis zum 31. Dezember 1917 getilgt, so fällt der vor dem 1. Januar 1918 noch nicht getilgte Betrag unter die Steuer.

§ 7.

(1) Der Steuer unterliegen wertbeständige oder auf ausländische Währung lautende Schuldverschreibungen nicht (§ 19 Abs. 2 zu b VO.).

(2) Als wertbeständig gelten Schuldverschreibungen, wenn in ihnen die Zahlung einer Geldsumme versprochen wird, deren Höhe nicht durch Angabe eines festen Betrags in Reichsmark, sondern durch Bezeichnung des Maßstabs bestimmt ist, nach dem der geschuldete Geldbetrag zu errechnen ist (z. B. Goldmarkobligationen sowie Obligationen, bei denen die ausländische Währung den Maßstab für eine geschuldete Reichsmarksumme bildet). Das gleiche gilt, wenn in der Schuldverschreibung eine andere Leistung versprochen wird, der Schuldner sich aber durch Zahlung eines Geldbetrags befreien kann, dessen Höhe durch Bezeichnung des Berechnungsmaßstabs bestimmt ist (Kohle-, Kali-, Roggen- usw. Anleihen).

§ 8.

(1) Der Steuer unterliegen nicht Schuldverschreibungen, soweit für sie bebaute Grundstücke haften, die durch eine auf Grund der §§ 26 bis 32 VO. erlassene besondere Steuer erfaßt werden (§ 19 Abs. 2 zu c VO.).

(2) Diese Befreiung gilt nur insoweit, als die bebauten Grundstücke ausschließlich für Wohnzwecke genutzt sind und nicht einem Gewerbebetriebe dienen.

C. Berechnung der Steuer. Fälligkeit.

Einfache Steuer.

§ 9.

Die einfache Steuer beträgt 2 v. H. des um den Aufwertungsbetrag — 15 v. H. — (§ 2 Abs. 1 Satz 1 VO.) verminderten Goldmarkbetrags der Schuldverschreibungen, d. h. 1,7 v. H. ihres vollen Goldmarkbetrags (§ 21 Abs. 1 VO.).

Goldmarkbetrag.

§ 10.

(1) Der Goldmarkbetrag von Schuldverschreibungen, die vor dem 1. Januar 1918 begeben sind, ist gleich dem Nennbetrage (§ 22 Abs. 1 VO.).

(2) Der Goldmarkbetrag der seit dem 1. Januar 1918 begebenen Schuldverschreibungen wird durch Umrechnung des Nennbetrags über den Dollarmittelkurs (§ 11) am Tage der Begebung (§ 12) in Goldmark (1 Goldmark = $^{10}/_{42}$ Dollar) festgestellt. Die Goldmarkbeträge sind auf volle Goldmark nach unten abzurunden.

Dollarkurs.

§ 11.

(1) Als Dollarkurs gilt der Mittelkurs der amtlichen Berliner Notiz des nordamerikanischen Dollar für Auszahlungen New York am Tage der Begebung.

(2) Für die Zeit von 1. Januar 1918 bis zum 31. Januar 1920, während der Dollar an der Berliner Börse amtlich nicht notiert worden ist, werden folgende Börsenkurse für den Dollar festgesetzt, denen jeweils der Umrechnungssatz für 1 Goldmark beigefügt ist:

Monat	1918 Wert von 1 Dollar in Papiermark (Dollarkurs)	1918 Wert von 1 Goldmark in Papiermark	1919 Wert von 1 Dollar in Papiermark (Dollarkurs)	1919 Wert von 1 Goldmark in Papiermark	1920 Wert von 1 Dollar in Papiermark (Dollarkurs)	1920 Wert von 1 Goldmark in Papiermark
Januar	5,25	1,25	8,19	1,95	64,89	15,45
Februar			9,03	2,15		
März			10,50	2,50		
April			12,60	3,00		
Mai			12,81	3,05		
Juni			14,07	3,35		
Juli	5,88	1,40	15,12	3,60		
August	6,09	1,45	18,90	4,50		
September . . .	6,51	1,55	23,94	5,70		
Oktober	6,51	1,55	26,88	6,40		
November . . .	7,35	1,75	38,22	9,10		
Dezember . . .	8,40	2,00	46,83	11,15		

Begebung.

§ 12.

(1) Als Tag der Begebung gilt der Tag, an dem die ersten Zahlungen auf die Schuldverschreibungen geleistet worden sind. Sind die Schuldverschreibungen an einem früheren Tage erstmals ausgegeben, veräußert, verpfändet oder zum Gegenstand eines Geschäfts unter Lebenden gemacht worden, so gilt der erste dieser Tage als Tag der Begebung.

(2) Sind anläßlich einer einheitlichen Darlehnsaufnahme Schuldverschreibungen in Teilabschnitten mit oder ohne Bezeichnung als Teilschuldverschreibungen (Partialobligationen) begeben worden, so ist maßgebend der erste Tag, an dem Schuldverschreibungen dieser Ausgabe (Emission, Serie, Gruppe) begeben worden sind.

Aufgeld.

§ 13.

(1) Sind Schuldverschreibungen zu einem über den Nennbetrag hinausgehenden Preis (Aufgeld, Agio) begeben worden, so ist das Aufgeld zunächst dem Nennbetrage hinzuzurechnen und alsdann aus dem Gesamtbetrage der Goldmarkbetrag festzustellen.

(2) Sind die Schuldverschreibungen zu einem geringeren Preise als dem Nennbetrage (mit Disagio) begeben worden, so kann vor der Umrechnung das Disagio vom Nennbetrag abgesetzt werden.

Schuldverschreibungsähnliche Aktien.

§ 14.

Der Goldmarkbetrag schuldverschreibungsähnlicher Aktien ist unter entsprechender Anwendung der §§ 9 bis 13 zu berechnen.

Erhöhung der Steuer.

§ 15.

Die Steuer erhöht sich, soweit die Schuldverschreibungen in der Zeit vom 1. Januar 1918 bis zum 14. Februar 1924 getilgt worden sind, um den Betrag, um den der Goldwert des für die Tilgung aufgewerteten Betrags (Tilgungsaufwand) hinter 15 v. H. des Goldmarkbetrags der Schuldverschreibungen (Aufwertungsbetrag — § 2 Abs. 1 Satz 1 VO.) zurückbleibt (§ 21 Abs. 2 VO.). Die Erhöhung der Steuer und der Tilgungsaufwand müssen zusammen stets 15 v. H. des vollen Goldmarkbetrags der Schuldverschreibungen ergeben, die in der Zeit vom 1. Januar 1918 bis zum 14. Februar 1924 getilgt worden sind.

Goldwert des Tilgungsaufwandes.

§ 16.

(1) Der Goldwert der für die Tilgung (§ 17) aufgewendeten Beträge (§ 18) wird durch Umrechnung über den Dollarmittelkurs am Tage der Tilgung (§ 19) in Goldmark (1 Goldmark = $^{10}/_{42}$ Dollar) festgestellt.

(2) § 11 findet entsprechende Anwendung.

Tilgung.

§ 17.

(1) Als Tilgung von Schuldverschreibungen gilt der Rechtvorgang, durch den der Anspruch aus der Schuldverschreibung auf Leistung des Kapital- oder Ablösungsbetrags (Hauptforderung) erlischt. Hierher gehören insbesondere

a) Zahlung des Kapital- oder Ablösungsbetrags an den Gläubiger (z. B. Einlösung von Schuldverschreibungen oder Einziehung von schuldverschreibungsähnlichen Aktien bei Fälligkeit, auf Grund von Auslosung oder Kündigung),

b) Annahme einer anderen als der geschuldeten Leistung an Erfüllungsstatt durch den Gläubiger (z. B. Umtausch von Markobligationen gegen Wertpapiere desselben oder eines anderen Schuldners, Leistung von Waren statt des Kapitalbetrags),
c) Hinterlegung durch den Schuldner unter Ausschluß der Rücknahme der hinterlegten Sache,
d) Aufrechnung,
e) Erlaß,
f) Vereinigung von Schuld und Forderung in einer Person (z. B. Erwerb von Schuldverschreibungen durch den Schuldner mittels Ankaufs).

(2) Als Tilgung ist es nicht anzusehen, wenn beschädigte oder verunstaltete Schuldverschreibungen zurückgegeben oder abhanden gekommene oder vernichtete Schuldverschreibungen für kraftlos erklärt werden, sofern an ihrer Stelle neue Verschreibungen ausgegeben werden.

Feststellung des Tilgungsaufwandes.

§ 18.

(1) Als Tilgungsaufwand gilt der Wert der an den Gläubiger bewirkten Leistung.

(2) Sind Wertpapiere oder Waren geleistet worden, die einen Kurswert haben, so ist der Kurs — bei verschiedenen Kursen an einer Börse der niedrigste Kurs — am Tage der Tilgung (§ 19) maßgebend. Bei Notizen an verschiedenen Börsenplätzen entscheidet der Berliner, andernfalls der niedrigste Kurs. Für ausländische Zahlungsmittel ist der Mittelkurs der amtlichen Notiz an der Berliner Börse maßgebend. Hat keine Notiz am Tage der Tilgung stattgefunden, so entscheidet die nächste Notiz. Ist dieser Kurs offenbar unbillig, so kann der Wert am Tage der Tilgung zugrunde gelegt werden. Im übrigen finden für die Wertermittlung die Vorschriften der §§ 137 bis 141, 143ff. der Reichsabgabenordnung entsprechende Anwendung.

(3) Nicht zum Tilgungsaufwande gehören die anläßlich der Tilgung aufgewendeten Kosten (z. B. Provisionen, Zinsen, Porti und sonstige Spesen).

Tag der Tilgung.

§ 19.

Als Tag der Tilgung gilt der Tag, an dem der Anspruch auf die Hauptforderung aus der Schuldverschreibung erlischt (§ 17).

Sind Schuldverschreibungen auf einen bestimmten Tag oder von einem bestimmten Tage ab zur Rückzahlung gekündigt worden, so gilt als Tag der Tilgung frühestens der Tag, auf den gekündigt ist, oder von dem ab die Schuldverschreibungen zum Zwecke der Einlösung vorzulegen oder einzureichen sind.

Fälligkeit.

§ 20.

(1) Die einfache Steuer (§ 9) ist am 1. März 1924 fällig und ohne Aufforderung an die Kasse des zuständigen Finanzamts zu zahlen.

(2) Die Erhöhung der Steuer (§ 25) ist in Höhe von je 2 v. H. des vollen Goldmarkbetrags der Schuldverschreibungen am 1. Oktober 1924 und weiter in Abständen von je einem halben Jahre fällig und an den Fälligkeitstagen ohne besondere Aufforderung an die Kasse des zuständigen Finanzamts zu zahlen. Bleibt die Erhöhung oder ein Restbetrag der Erhöhung hinter 2 v. H. des vollen Goldmarkbetrags der Schuldverschreibung zurück, so ist der geringere Betrag zu dem maßgebenden Fälligkeitstage zu entrichten.

(3) Da der Höchstbetrag der Erhöhung der Steuer 15 v. H. des vollen Goldmarkbetrags der Schuldverschreibungen nicht überschreiten kann, müssen die letzten Beiträge der Erhöhung bis spätestens 1. April 1928 entrichtet sein.

Folgen nicht rechtzeitiger Zahlung.

§ 21.

(1) Wird eine Zahlung, die nach §§ 17 bis 23 VO. zu leisten ist, nicht rechtzeitig entrichtet, so ist für jeden auf den Zeitpunkt der Fälligkeit folgenden angefangenen halben Monat ein Zuschlag in Höhe von 5 v. H.[1]) des Rückstandes zu zahlen. Als Zahlungen im Sinne dieser Bestimmungen gelten auch die Zuschläge gemäß § 170 Abs. 2 der Reichsabgabenordnung, aber nicht Geldstrafen. Als halber Monat gilt ein Zeitraum von 15 Tagen; hat ein Monat mehr als 30 Tage, so wird der 31. Tag nicht gerechnet. Wird die Zahlung innerhalb der auf den Zeitpunkt der Fälligkeit folgenden Woche entrichtet, so wird ein Zuschlag nicht erhoben.

---

[1]) 2% ab 20. Juli 1924 und 1 1/2% ab 16. November 1924 — Ver. über Verzugszuschläge v. 15. Juli 1924 (RGBl. I. S. 666) u. v. 3. November 1924 (RGBl. I S. 733). —

(2) Der Zuschlag wird nur von vollen Goldmark des rückständigen Betrags und nur dann erhoben, wenn der rückständige Betrag 10 Goldmark übersteigt.

(3) Gegen die Anforderung des Zuschlags steht nur die Beschwerde offen.

(4) Soweit ein Zuschlag erhoben wird, findet eine Verzinsung der rückständigen Beträge nicht statt.

D. Ermittlung der Steuerpflichtigen. Veranlagung.

Steuerliste.

§ 22.

(1) Die Finanzämter haben die Steuerpflichtigen, zu deren Veranlagung sie zuständig sind, in eine Steuerliste aufzunehmen. Als Vorbild dient Muster 1.

(2) Die Steuerliste ist am 30. September 1925 zu schließen. Später bekannt werdende Fälle oder Änderungen des Solls sind in eine Nachtragsliste einzutragen, die unter Verwendung eines entsprechend zu überschreibenden Musters der Steuerliste zu führen ist.

§ 23.

Personen und Personenvereinigungen, die geschäftsmäßig Darlehen gegen Hingabe von Schuldverschreibungen gewähren oder vermitteln oder den Zinsen- oder den Kapitaleinlösungsdienst von Schuldverschreibungen übernehmen, haben den Finanzämtern auf deren Antrag ein Verzeichnis der der Steuer unterliegenden Schuldverschreibungen mitzuteilen, bei deren Begebung oder bei deren Zinsen- oder Kapitaleinlösungsdienst sie, sei es als Übernehmer oder Vermittler (Emittent, Konsortialmitglied, Zeichnungsstelle), sei es als Zahlstellen (Annahmestellen oder in ähnlicher Weise), sei es in anderer Weise, beteiligt waren oder noch sind.

§ 24.

Die Finanzämter haben von Amts wegen in geeigneter Weise die erforderlichen Ermittlungen anzustellen (z. B. unter Zuhilfenahme der für die Versteuerung von Wertpapieren angelegten Listen, Durchsicht des Reichsanzeigers usw.).

Steuererklärung.

§ 25.

(1) Der Steuerpflichtige hat ohne besondere Aufforderung dem zuständigen Finanzamt bis zum 1. März 1924 eine Steuererklärung

(§ 27) abzugeben. In dieser ist gesondert der Nennbetrag der Schuldverschreibungen anzugeben, für die Befreiung nach § 19 Abs. 2 zu c VO. unter Berücksichtigung der Bestimmungen im § 8 beansprucht wird. Die Verpflichtung zur Abgabe einer Steuererklärung erstreckt sich auch auf diejenigen natürlichen Personen, Personenvereinigungen und juristischen Personen des Privatrechts, die Schuldverschreibungen begeben haben, auf die die Bestimmungen des § 19 Abs. 2 zu c VO. zutreffen.

(2) Die Steuererklärung zum 1. März 1924 kann auf den Teil beschränkt werden, der für die einfache Steuer maßgebend ist. Die Angaben zu dem Teil, der sich auf die Erhöhung der Steuer bezieht, sind spätestens bis zum 1. Mai 1924 in einer neuen Steuererklärung nachzuholen. Die Verpflichtung zur Entrichtung der einfachen Steuer am 1. März 1924 bleibt unberührt.

§ 26.

(1) Zur Abgabe der Steuererklärung sind verpflichtet
a) bei natürlichen Personen
der Steuerpflichtige,
b) bei Personenvereinigungen oder Zweckvermögen ohne eigene Rechtspersönlichkeit
die Vorstände oder Geschäftsführer oder, soweit solche nicht vorhanden sind, die Mitglieder oder Beteiligten,
c) bei juristischen Personen
die gesetzlichen Vertreter.

(2) Prokuristen und Handlungsbevollmächtigte sind zur Abgabe der Steuererklärung nicht berechtigt.

§ 27.

Als Vorbild für die Steuererklärung dient Muster 2. Die Steuererklärung ist von den zur Abgabe der Steuererklärung verpflichteten Personen (§ 26) eigenhändig zu unterschreiben. Sie muß die Versicherung enthalten, daß die Angaben nach bestem Wissen und Gewissen gemacht sind.

§ 28.

(1) Der rechtzeitige Eingang der Steuererklärungen ist zu überwachen. Dies gilt insbesondere für die Ergänzung der Steuererklärung im Falle des § 25 Abs. 2.

(2) Bei nicht rechtzeitigem Eingang der Steuererklärung sind die im § 202 der Reichsabgabenordnung vorgesehenen Maßnahmen

gegen die zur Abgabe der Steuererklärung verpflichteten Personen zu treffen.

§ 29.

(1) Das Finanzamt hat die eingegangenen Steuererklärungen nach Form und Inhalt zu prüfen.

(2) Trägt das Finanzamt Bedenken gegen die Richtigkeit der Erklärung, so ist nach §§ 204ff., §§ 172ff. der Reichsabgabenordnung zu verfahren.

Steuerbescheid.

§ 30.

(1) Nach Abschluß der Ermittlungen hat das Finanzamt die Steuer zu berechnen und festzusetzen. Dem Steuerpflichtigen ist ein schriftlicher Steuerbescheid zu erteilen. Als Vorbild dient Muster 3.

(2) Der Bescheid ist vor Absendung zunächst der Kasse zur Eintragung in das Sollbuch vorzulegen. Die Kasse bescheinigt auf dem Bescheide die Nummer des Sollbuchs und gibt ihn der Veranlagungsstelle mit einem Vermerk über die Höhe der bereits geleisteten Zahlungen und der noch an den einzelnen Zahlungsterminen (§ 23 VO.) zu entrichtenden Beträge zurück. Die Veranlagungsstelle stellt den Steuerbescheid nach Vermerk der Sollbuchnummer in der Steuerliste zu. Bei allen die Festsetzung ändernden oder bestätigenden Verfügungen ist entsprechend zu verfahren. Die Kasse hat die Ergänzung des Sollbuchs auf der Verfügung zu bescheinigen.

(3) Soweit von dem Steuerpflichtigen lediglich die einfache Steuer (§ 9) zu entrichten ist und der von ihm hierauf eingezahlte Steuerbetrag sich mit der festgesetzten Steuer deckt, genügt eine formlose Mitteilung an den Steuerschuldner, die ebenfalls vor Absendung der Kasse vorzulegen ist.

E. Erhebung der Steuer.

§ 31.

Für die Erhebung der Steuer werden von der Kasse des Finanzamts zwei Bücher geführt, ein Sollbuch und ein Einnahmebuch.

Sollbuch.

§ 32.

(1) Als Vorbild für das Sollbuch dient Muster 4. Das Sollbuch bildet die Grundlage für die Überwachung des rechtzeitigen und

vollständigen Steuereinganges. Die Eintragungen erfolgen auf Grund der der Kasse zugehenden Steuerbescheide oder der formlosen Mitteilung.

(2) Für jeden Steuerpflichtigen ist in dem Sollbuch ein Konto anzulegen. Zwischen den einzelnen Konten ist genügend Raum für Änderungen zu lassen.

(3) Am 30. Juli 1928 ist das Sollbuch zu schließen.

Einnahmebuch.

§ 33.

Als Vorbild für das Einnahmebuch dient Muster 5. Das Einnahmebuch ist am Ende jedes Monats und Vierteljahrs aufzurechnen und am 31. März abzuschließen.

F. Schlußbestimmungen.

§ 34.

Die Durchführungsbestimmungen treten mit Wirkung vom 29. Februar 1924 in Kraft.

Berlin, den 29. Februar 1924.

Der Reichminister der Finanzen
Dr. Luther.

Verordnung über die Fälligkeit der Obligationensteuer für das besetzte Gebiet. Vom 19. Juli 1914.

Auf Grund des § 23 Abs. 2 und des § 64 der Dritten Steuernotverordnung vom 14. Februar 1924 (RGBl. I S. 74) wird folgendes bestimmt:

§ 1.

Für das besetzte Gebiet (altbesetztes Gebiet und Einbruchsgebiet) ist die Steuer des § 21 Abs. I der Dritten Steuernotverordnung am 1. Oktober 1924, die Erhöhung des § 21 Abs. 2 der Dritten Steuernotverordnung zu je 2 vom Hundert des Goldmarkbetrags der Schuldverschreibungen am 1. April 1925 und weiter in Abständen von je einem halben Jahre fällig; bleibt die Erhöhung oder ein Restbetrag der Erhöhung hinter 2 vom Hundert des Goldmarkbetrags der Schuldverschreibungen zurück, so ist der geringere Betrag zu dem maßgebenden Fälligkeitstage zu entrichten.

§ 2.

Steuerpflichtige, bei denen sich die Fälligkeit der Obligationensteuer nach den Bestimmungen des § 1 regelt, haben dem zuständigen Finanzamt ohne besondere Aufforderung bis zum 15. September 1914 eine Steuererklärung nach Maßgabe des § 27 der Durchführungsbestimmungen zum Geldentwertungsausgleiche bei Schuldverschreibungen (RGBl. S. 67) abzugeben.

Berlin, den 19. Juli 1924.

Der Reichsminister der Finanzen
Dr. Luther.

Goldmarkkurse

nach § 1 Abs. 2 der 1. DurchfV. v. 1. Mai 1924 und Schweitzers Dollar- und Goldmarktabelle.

Wert 1 Goldmark in Papiermark — z. B. Jan. 1918: 1 Goldmark = 1,25 Papiermark. —

	1918	1919	1920
Januar	1,25	1,95	15,45
Februar	1,25	2,15	
März	1,25	2,50	
April	1,25	3,00	
Mai	1,25	3,05	
Juni	1,25	3,35	
Juli	1,40	3,60	
August	1,45	4,50	
September	1,55	5,70	
Oktober	1,55	6,40	
November	1,75	9,10	
Dezember	2,00	11,15	

Goldmarkkurse 1920.

	Jan.	Febr.	März	April	Mai	Juni		Juli	Aug.	Sept.	Okt.	Nov.	Dez.	
1.	—	—	23,81	—	—	9,35	1.	9,02	—	11,83	14,67	18,44	16,49	1.
2.	—	21,67	—	—	—	10,24	2.	8,99	10,07	11,74	14,57	19,05	16,55	2.
3.	—	22,92	23,75	—	13,57	10,68	3.	8,93	10,38	11,83	—	18,42	16,67	3.
4.	—	23,10	—	—	13,13	9,70	4.	—	11,10	11,93	14,52	19,05	17,02	4.
5.	—	24,05	23,71	—	12,95	9,52	5.	8,86	10,77	—	15,18	19,35	—	5.
6.	—	24,05	22,38	15,95	12,62	—	6.	8,93	11,10	11,93	15,17	19,51	17,98	6.
7.	—	24,52	—	15,12	12,62	9,52	7.	8,96	10,80	12,32	15,—	—	17,92	7.
8.	—	—	21,79	13,87	12,02	9,58	8.	8,94	—	12,41	15,25	20,68	17,65	8.
9.	—	24,70	21,37	13,69	—	9,31	9.	9,05	11,12	12,48	15,24	20,89	17,77	9.
10.	—	23,69	17,86	12,74	12,05	9,23	10.	9,05	11,19	12,65	—	20,29	17,68	10.
11.	—	24,05	16,43	—	11,79	9,31	11.	—	11,02	12,98	15,65	20,71	17,41	11.
12.	—	24,10	17,38	—	11,61	9,38	12.	9,08	10,89	—	15,95	20,86	—	12.
13.	—	23,93	—	12,86	—	—	13.	9,11	11,07	13,63	15,95	20,18	17,71	13.
14.	—	23,93	—	14,17	11,79	9,58	14.	9,19	10,86	14,17	16,19	—	17,94	14.
15.	—	—	—	14,05	11,67	9,73	15.	9,21	—	14,52	16,72	20,—	17,62	15.
16.	—	23,63	—	14,88	—	9,40	16.	9,11	11,12	15,12	16,79	18,15	17,56	16.
17.	—	23,69	—	14,82	11,58	9,31	17.	9,12	11,28	15,48	—	—	17,02	17.
18.	—	23,93	—	—	11,34	9,20	18.	—	11,55	15,65	16,70	16,52	17,26	18.
19.	—	23,69	—	14,94	10,83	9,20	19.	9,17	11,93	—	16,77	17,68	—	19.
20.	—	22,68	—	14,40	11,34	—	20.	9,35	11,93	15,48	16,81	17,56	17,56	20.
21.	—	22,62	—	14,31	9,94	7,92	21.	9,31	12,29	15,12	16,76	—	17,19	21.
22.	—	—	19,29	14,43	—	8,72	22.	9,58	—	14,25	16,76	16,01	17,14	22.
23.	—	22,86	19,11	14,58	—	8,75	23.	10,85	12,11	14,64	16,76	16,43	17,17	23.
24.	—	23,33	17,86	14,40	—	8,92	24.	10,60	12,19	15,—	—	16,33	—	24.
25.	—	23,33	17,86	—	8,27	8,81	25.	—	11,90	15,12	16,57	17,17	—	25.
26.	—	23,33	17,92	13,81	8,33	8,84	26.	9,46	11,55	—	16,52	16,72	—	26.
27.	—	23,95	17,86	13,87	9,40	—	27.	9,58	11,73	14,54	17,29	16,49	—	27.
28.	—	23,93	—	13,99	9,35	8,93	28.	9,88	11,75	14,17	17,86	—	17,50	28.
29.	—	—	17,38	13,69	9,35	8,99	29.	9,97	—	14,58	17,86	16,39	17,62	29.
30.	—	—	17,38	13,63	—	9,17	30.	10,06	11,70	14,82	18,21	16,85	17,38	30.
31.	—	—	17,14	—	8,87	—	31.	10,12	11,85	—	—	—	17,47	31.

Goldmarkkurse 1921.

	Jan.	Febr.	März	April	Mai	Juni		Juli	Aug.	Sept.	Okt.	Nov.	Dez.	
1.	—	15,95	14,52	14,91	—	15,09	1.	17,85	19,28	20,36	29,64	43,21	45,24	1.
2.	—	15,12	15,00	14,78	15,50	15,29	2.	—	19,73	20,80	—	45,41	48,57	2.
3.	17,74	14,91	14,71	—	—	15,18	3.	—	19,61	21,19	30,35	48,81	51,84	3.
4.	17,93	15,—	14,70	14,70	15,74	15,62	4.	17,37	19,61	—	29,52	54,76	—	4.
5.	17,82	14,98	14,82	14,66	—	—	5.	17,70	19,31	21,67	30,44	59,28	56,19	5.
6.	17,76	—	—	14,66	15,68	15,62	6.	17,88	—	22,20	28,84	—	54,10	6.
7.	17,40	14,95	14,34	14,76	15,74	15,78	7.	17,94	—	22,40	28,82	68,33	49,82	7.
8.	17,19	14,95	14,88	14,67	—	15,80	8.	17,98	19,43	23,15	29,28	73,80	48,34	8.
9.	—	14,40	15,26	14,75	16,01	16,25	9.	—	19,16	22,85	—	60,24	44,88	9.
10.	17,32	14,34	15,02	—	15,42	16,37	10.	—	19,28	23,96	29,16	64,88	44,65	10.
11.	16,67	13,99	14,89	14,71	14,94	—	11.	18,66	19,46	—	28,99	68,45	—	11.
12.	16,25	13,81	14,90	14,70	14,40	—	12.	18,31	19,67	25,15	31,43	67,14	39,43	12.
13.	16,60	—	—	14,80	13,90	17,20	13.	17,70	—	25,95	33,70	—	45,—	13.
14.	16,16	13,57	14,90	15,01	—	16,63	14.	17,82	—	26,12	33,18	61,19	42,91	14.
15.	15,92	14,25	15,02	14,96	—	16,60	15.	17,76	20,48	26,15	35,65	62,16	43,15	15.
16.	—	13,62	14,91	14,89	—	16,49	16.	—	21,67	25,71	—	—	46,44	16.
17.	14,88	13,99	14,98	—	13,80	16,34	17.	—	20,60	23,93	44,05	61,90	46,67	17.
18.	14,82	14,22	14,95	14,94	13,90	—	18.	18,33	19,88	—	43,10	64,40	—	18.
19.	15,35	15,09	14,79	15,06	14,30	—	19.	18,43	20,60	24,22	40,90	65,—	43,16	19.
20.	14,58	—	—	15,18	14,16	16,40	20.	18,27	—	25,12	37,61	—	41,55	20.
21.	14,58	14,76	14,67	15,70	14,16	16,55	21.	18,33	—	26,06	37,02	64,34	41,19	21.
22.	14,34	14,45	14,76	16,25	—	16,80	22.	18,21	21,25	25,88	39,88	66,90	42,57	22.
23.	—	14,45	14,88	15,90	14,28	17,20	23.	—	20,95	25,76	—	66,37	45,06	23.
24.	14,16	14,70	14,96	—	14,58	17,10	24.	—	20,24	25,90	40,73	67,80	—	24.
25.	13,48	15,00	—	16,29	14,37	—	25.	18,66	19,97	—	39,40	70,24	—	25.
26.	13,57	14,97	—	15,43	14,77	—	26.	18,66	20,48	27,97	39,40	69,77	—	26.
27.	13,45	—	—	15,18	14,76	17,74	27.	18,81	—	29,58	41,37	—	—	27.
28.	13,60	14,97	—	15,68	14,85	14,32	28.	19,31	—	30,24	42,38	65,35	43,57	28.
29.	13,57	—	15,12	15,65	—	17,70	29.	19,20	20,62	29,52	42,32	65,77	44,28	29.
30.	—	—	14,95	15,74	15,07	17,90	30.	—	20,30	27,50	—	58,33	44,40	30.
31.	14,40	—	14,87	—	15,06	—	31.	—	20,57	—	42,98	—	43,80	31.

Goldmarkkurse 1922.

	Jan.	Febr.	März	April	Mai	Juni		Juli	Aug.	Sept.	Okt.	Nov.	Dez.	
1.	—	48,57	54,76	70,95	67,38	64,76	1.	95,71	153,33	309,52	—	1083,33	1821,83	1.
2.	44,47	48,51	57,02	—	69,29	64,52	2.	—	185,—	321,43	432,14	1175,71	1964,28	2.
3.	44,76	48,75	59,94	76,19	72,38	—	3.	100,—	197,62	—	449,28	1470,—	—	3.
4.	46,07	48,04	60,—	77,62	68,81	—	4.	—	181,43	347,62	507,14	1434,52	1988,09	4.
5.	47,98	—	—	75,—	68,09	—	5.	101,43	187,85	339,29	509,52	—	1992,85	5.
6.	44,88	48,33	62,26	74,04	69,05	68,33	6.	108,33	—	297,62	514,24	1529,78	2003,57	6.
7.	44,23	48,57	62,14	72,86	—	68,33	7.	127,62	179,05	309,52	534,52	2011,90	1928,57	7.
8.	—	47,38	61,90	73,10	70,71	66,19	8.	124,52	181,66	339,29	—	—	1880,95	8.
9.	40,12	45,65	59,52	—	68,57	68,81	9.	—	185,48	326,19	619,—	1857,14	1988,09	9.
10.	41,72	47,08	60,48	70,95	67,38	70,71	10.	125,71	206,40	—	707,14	1826,19	—	10.
11.	42,08	47,61	60,95	66,90	67,85	—	11.	114,52	207,13	366,66	619,—	1952,38	2016,66	11.
12.	43,10	—	—	70,48	68,33	75,71	12.	106,43	186,19	355,95	588,09	—	2009, 52	12.
13.	45,18	48,33	62,62	71,43	68,81	74,52	13.	104,76	—	380,95	648,81	1934,52	1925,71	13.
14.	43,04	47,50	65,48	—	—	74,28	14.	108,81	196,43	370,24	648,81	1678,57	1826,19	14.
15.	—	47,14	64,52	—	68,09	74,04	15.	104,52	243,09	347,62	—	1789,28	1767,85	15.
16.	43,87	47,80	64,64	—	67,14	75,47	16.	—	244,52	354,04	685,71	1791,66	1511,90	16.
17.	44,35	48,69	66,13	—	68,81	76,66	17.	107,38	247,10	—	678,57	1577,38	—	17.
18.	45,06	49,88	67,50	69,53	70,—	—	18.	114,52	275,95	355,23	690,47	1666,66	1452,38	18.
19.	45,36	—	—	69,29	70,48	77,62	19.	116,66	298,09	351,19	761,90	—	1740,95	19.
20.	46,96	51,61	72,62	66,90	72,14	75,95	20.	118,81	—	348,81	848,81	1613,09	1592,38	20.
21.	47,14	52,38	68,69	65,—	—	77,38	21.	115,47	278,57	332,14	1054,76	1470,—	1607,14	21.
22.	—	50,71	72,50	63,57	74,76	78,09	22.	120,95	309,52	330,95	—	—	1613,09	22.
23.	48,63	51,19	77,86	—	71,66	78,81	23.	—	342,85	355,—	972,62	1496,66	1648,81	23.
24.	50,—	52,32	78,93	60,95	69,76	82,14	24.	119,76	470,24	—	1052,38	1680,95	—	24.
25.	48,33	53,04	76,55	60,—	—	—	25.	119,05	440,47	335,—	1065,47	1719,05	—	25.
26.	47,56	—	—	66,66	69,05	83,09	26.	122,38	428,57	347,62	1061,90	—	—	26.
27.	47,98	54,40	80,60	67,14	68,81	—	27.	123,81	—	394,05	988,09	1910,71	1746,90	27.
28.	47,68	54,17	80,72	67,38	—	83,33	28.	131,19	345,25	396,90	985,24	2089,28	1802,38	28.
29.	—	—	78,51	67,38	66,66	89,05	29.	144,29	339,29	388,09	—	1992,85	1785,71	29.
30.	48,51	—	77,26	—	64,52	89,05	30.	—	369,06	392,87	996,90	1821,43	1750,—	30.
31.	47,92	—	72,62	—	65,95	—	31.	159,52	410,71	—	1071,43	—	—	31.

Goldmarkkurse 1923.

	Januar	Februar	März	April	Mai	Juni	Juli	
1.	—	9 856	5415	—	—	17 753	—	1.
2.	1 724	9 452	5411	—	7 530	18 584	38 000	2.
3.	1 787	8 845	5414	5011	9 322	—	38 000	3.
4.	1 906	—	—	5019	8 930	18 097	38 142	4.
5.	2 066	10 034	5407	5019	8 140	14,844	39 425	5.
6.	2 028	8 965	5362	5005	—	18 287	41 800	6.
7.	—	8 692	4910	5006	8 941	18 881	41 800	7.
8.	2 244	7 956	4607	—	8 639	18 643	—	8.
9.	2 375	7 386	4942	5018	8 970	19 378	42 750	9.
10.	2 437	7 340	4880	5023	—	—	44 293	10.
11.	2 481	—	—	5021	9 613	19 178	44 412	11.
12.	2 523	6 602	4943	5008	10 236	20 021	44 412	12.
13.	2 457	6 578	4878	5013	—	23 453	44 412	13.
14.	—	5 581	4950	5013	10 925	25,650	—	14.
15.	2 820	4 631	4958	—	10 046	25,578	—	15.
16.	3 954	4 490	4964	5023	10 800	27 312	46 455	16.
17.	4 322	4 631	4966	5037	11 555	—	51 755	17.
18.	5 468	—	—	5937	11 637	35 150	—	18.
19.	4 690	4 714	4963	7006	—	33 226	51 755	19.
20.	4 453	5 521	4960	6068	—	30 875	67 450	20.
21.	—	5 462	4964	6187	—	30 162	—	21.
22.	5 320	5 403	4966	—	13,537	32 300	—	22.
23.	4 750	5 403	4964	6531	13 419	28 856	83 125	23.
24.	5 177	5 409	4967	7184	13 074	—	98 325	24.
25.	5 130	—	—	7101	12 896	27 134	—	25.
26.	5 522	5 403	4967	6935	13 193	29 925	180 500	26.
27.	6 412	5 391	4965	7077	—	35 150	180 500	27.
28.	—	5 391	4968	7077	14 730	35 603	—	28.
29.	7 897	—	4991	—	14 244	36 696	—	29.
30.	9 440	—	—	7077	14 250	36 693	261 250	30.
31.	11 637	—	—	—	16 506	—	261 250	31.

Goldmarkkurse 1923

	August	September	Oktober	November	Dezember	
1.	261 250	—	57 646 498	30 875 000 000	997 500 000 000	1.
2.	—	—	76 244 937	76 000 000 000	—	2.
3.	261 250	2 303 750	104 811 815	99 750 000 000	„	3.
4.	—	3 087 510	131 014 769	—	„	4.
5.	—	4 750 000	142 925 202	99 750 000 000	„	5.
6.	351 875	7 885 000	—	99 750 000 000	„	6.
7.	783 750	12 587 500	—	149 625 000 000	„	7.
8.	1 154 250	—	199 618 866	149 625 000 000	„	8.
9.	1 154 250	—	285 714 286	149 625 000 000	„	9.
10.	926 250	—	708 670 796	149 625 000 000	„	10.
11.	—	—	1 204 761 905	—	„	11.
12.	—	—	—	149 625 000 000	„	12.
13.	878 750	22 010 451	1 204 761 905	199 500 000 000	„	13.
14.	712 514	21 534 064	—	299 250 000 000	„	14.
15.	641 250	—	—	598 500 000 000	„	15.
16.	641 250	—	976 190 476	598 500 000 000	„	16.
17.	—	31 491 186	1 309 523 952	598 500 000 000	„	17.
18.	760 000	35 731 301	1 942 857 142	—	„	18.
19.	—	43 353 978	2 857 142 857	598 500 000 000	„	19.
20.	997 500	43 354 975	—	997 500 000 000	„	20.
21.	1 306 250	26 202 954	—	997 500 000 000	„	21.
22.	1 258 750	—	9 523 809 523	„	„	22.
23.	1 206 500	—	13 333 333 333	„	„	23.
24.	1 116 250	35 016 675	15 000 000 000	„	„	24.
25.	—	28 823 249	15 476 190 476	„	„	25.
26.	—	30 014 293	15 476 190 476	„	„	26.
27.	1 333 333	33 920 915	15 476 190 476	—	„	27.
28.	1 523 809	38 113 387	—	„	„	28.
29.	1 781 250	—	15 476 190 476	„	„	29.
30.	2 612 500	—	15 476 190 476	„	„	30.
31.	2 446 250	—	—	—	„	31.

Verordnung zur einstweiligen Regelung der Aufwertung. Vom 4. Dezember 1924. (RGBl. I S. 765.)

Auf Grund des Artikels 48 der Reichsverfassung wird folgendes verordnet:

Artikel I.

Bis zur Regelung im Wege der ordentlichen Gesetzgebung sind die Vorschriften

der Dritten Steuernotverordnung vom 14. Februar 1924 (RGBl. I S. 74),

der Durchführungsverordnungen vom 1. Mai 1924, vom 24. Mai 1924, vom 15. August 1924, vom 28. August 1924 und vom 18. November 1924 (RGBl. I S. 430, 561, 682, 694 und S. 745),

der Durchführungsbestimmungen zum Geldentwertungsausgleiche bei Schuldverschreibungen (Obligationensteuer) vom 29. Februar 1924 (Reichsministerialbl. S. 67) und

der Verordnung über die Fälligkeit der Obligationensteuer für das besetzte Gebiet vom 19. Juli 1924 (RGBl. I S. 668)

für die Aufwertung und die übrigen in diesen Verordnungen behandelten Gegenstände maßgebend.

Artikel II.

Die im § 2 Abs. 1 Satz 3, § 7 Abs. 1 Satz 1 der Dritten Steuernotverordnung, § 7 Abs. 3 der Ersten Durchführungsverordnung, § 6 Abs. 1 Satz 1 der Zweiten Durchführungsverordnung und im § 16 Abs. 1 Satz 2 der Dritten Durchführungsverordnung bestimmten Fristen werden bis zum 31. März 1925 verlängert.

Berlin, den 4. Dezember 1924.

Der Reichspräsident
Ebert.

Der Reichskanzler
zugleich für den Reichsminister des Innern
Marx.

Der Reichsminister der Finanzen
Dr. Luther.

Der Reichsminister der Justiz
In Vertretung
Dr. Joel.

Anmerkungen.

1. Wie in der Einleitung S. 4 und in den Erläuterungen S. 69, 127, 136, 140 ausgeführt ist, wurde die Rechtsgültigkeit der 3. Steuernotverordnung und ihrer Durchführungsbestimmungen von der Öffentlichkeit und von dem Schrifttum bestritten, von letzterem insbesondere soweit, als in den Durchführungsbestimmungen abändernde Vorschriften gegenüber der 3. Steuernotverordnung selbst erblickt wurden. Es sei die Reichsregierung auch auf Grund des § 64 der 3 StNV. nicht in der Lage, ergänzende oder abweichende Bestimmungen zu treffen. Dieser Auffassung des Schrifttums ist bereits die Rechtsprechung gefolgt. So hat zunächst das Kammergericht Berlin im Beschlusse vom 13. November 1924 den § 7 der 1. DV. zu Art. I für ungültig erklärt. Dann entschied das Reichsgericht im Urteil vom 21. November 1924, (VI 181/24), daß die in § 1 der 4. DV. zu Art. I nachträglich unter gewissen Voraussetzungen erfolgte Gleichstellung von Unfallversicherungen mit den Lebensversicherungen rechtsungültig sei. Mit dem 15. Februar 1924, an dem das Ermächtigungsgesetz außer Kraft getreten sei, habe die Ermächtigung der Reichsregierung zum Erlasse von Notverordnungen im Sinne des Ermächtigungsgesetzes aufgehört. Wenn ihr damit selbstverständlich die Befugnis nicht entzogen sei, zur Durchführung innerhalb dieser Frist ergangener Notverordnungen erforderliche Ausführungsbestimmungen zu erlassen, so sei es doch nun, da der verfassungsmäßige Zustand wieder eingetreten, unzulässig gewesen, ergänzende oder abweichende Bestimmungen zu einer Notverordnung zu erlassen, die nach dem 15. Februar 1924 nur noch auf dem verfassungsmäßigen Gesetzgebungswege getroffen werden konnten. Dieser verfassungsmäßige Weg habe auch nicht dadurch umgangen werden können, daß die Reichsregierung sich in § 64 der 3. StNV. selbst ermächtigte, „soweit es sich als notwendig erweisen sollte, für besondere Fälle allgemeine Anordnungen ergänzenden oder abweichenden Inhalts zu treffen." Denn dies sei gleichbedeutend mit einer zeitlichen Ausdehnung des Ermächtigungsgesetzes über den von ihm selbst bestimmten Zeitpunkt hinaus. Die erwähnte Bestimmung der 4. DV. enthalte aber nicht etwa nur eine gesetzliche Auslegung des § 1 Abs. 2 Ziff. 10 und des § 8 der 3. StNV., sondern eine Erweiterung, die, weil der verfassungsmäßigen Grundlage entbehrend, ungültig sei (Simonson, „Das Reichsgericht zur 3. Steuernotverordnung — Ungültigkeit abändernder Durchführungsvorschriften" in der Deutschen Allgemeinen Zeitung vom 9. Dezember 1924 Nr. 577/578). Dieses Reichsgerichtsurteil würde auch auf die ebenfalls in § 1 der 4. DV. den Lebensversicherungen gleichgestellten Kranken- und Haftpflichtversicherungen anzuwenden sein. Als nächstes Opfer der reichsgerichtlichen Auffassung wäre wohl der bereits vom Kammergericht für ungültig erklärte § 7 d. 1. DV. in Frage gekommen.

Die Reichsregierung hat jedoch nun durch die Verordnung vom 4. Dezember 1924 einer solchen weiteren Rechtsentwicklung durch die Gerichte, die vielleicht berechtigten Belangen der Gläubiger Rechnung getragen hätte, Halt geboten bzw. die bisherige außer Kraft gesetzt. So bleibt nur abzuwarten, wie die Regelung durch das zu erwartende Reichsgesetz ausfällt.

2. Die Verlängerung des bisherigen Termins vom 31. Dezember 1924 auf 31. März 1925 war mit Rücksicht auf die Aufwertungsverhandlungen vor dem neuen Reichstag geboten, die hoffentlich in möglichster Bälde das Aufwertungsproblem einer sicheren Grundlage zuführen werden.

Alphabetisches Sachregister.

(Die Zahlen bedeuten die Seiten.)

G. Pätz'sche Buchdruckerei Lippert & Co. G. m. b. H., Naumburg a. d. S.

FSC
www.fsc.org
MIX
Papier | Fördert gute Waldnutzung
FSC® C083411

Kolibri 360 GmbH
Ferdinand-Jühlke-Straße 7
99095 Erfurt, Deutschland
produktsicherheit@kolibri360.de